Christiane Gohl

Pferde

Teil 1:
Pferdekunde

KOSMOS

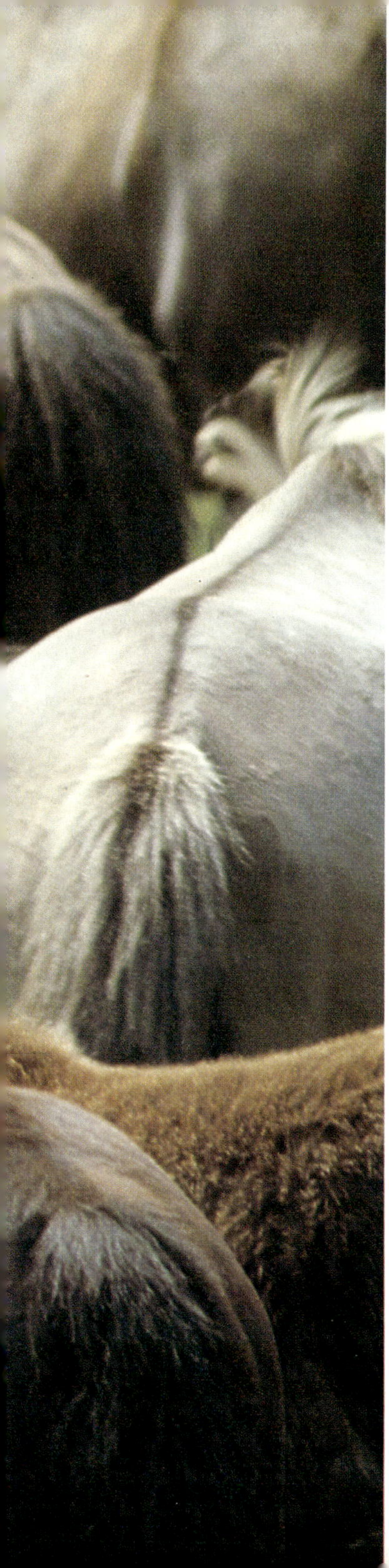

Pferde richtig halten

Viele natürlichen Eigenschaften, Ängste und Gefühle des Pferdes machen es zum idealen Partner des Menschen. Sein Herdentrieb erleichtert ihm die Unterordnung unter den Willen des Reiters, seine Friedfertigkeit und Kooperationsbereitschaft machen es dem Menschen leicht, ein Jungpferd zur willigen Mitarbeit zu überreden.

In den Erbanlagen des Pferdes sind aber auch Verhaltensweisen verankert, die uns weniger in den Plan passen. Die natürliche Vorsicht des Fluchttieres zum Beispiel, die bei impulsiven Pferden zum Scheuen und Durchgehen führen kann, während kaltblütigere Vierbeiner in vermeintlichen Gefahrensituationen auf stur schalten.

All das können wir grundsätzlich nicht ändern, wir können nur lernen, damit umzugehen, das Pferd besser zu verstehen und unser gemeinsames Leben auf eine für beide Teile harmonische Basis zu stellen.

Grundlage all dessen ist eine Haltungsform, die der Natur und den Bedürfnissen des Pferdes entgegenkommt. Sie nützt letztlich auch dem Menschen, denn nur ein zufriedenes Pferd ist uns ein guter und zuverlässiger Reitpartner.

Das Wesen des Pferdes begreifen

▸ Geborgenheit in der Herde

Wenn es etwas gibt, was Menschen und Pferde gemeinsam haben, so ist es der Wunsch nach Geselligkeit. Weder Mensch noch Pferd mag auf die Dauer allein sein – Isolation wird von beiden als quälend empfunden und führt zu seelischen und körperlichen Leiden.

Nun ist das menschliche Bedürfnis nach Kommunikation und Gedankenaustausch dem Herdentrieb des Pferdes natürlich nicht vollständig gleichzusetzen. Ihre Ursprünge sind jedoch dieselben. Wie das Fluchttier Pferd war auch der Urmensch vielen Bedrohungen durch eine feindliche Umwelt

ausgesetzt. Ein Mensch allein konnte schnell Opfer von Raubtieren werden. In der Gruppe dagegen fand er Schutz und fühlte sich sicher: Wenn ein Gruppenmitglied wachte, konnten die anderen ruhig schlafen. Dieses Gefühl der vermehrten Sicherheit in der Gruppe, das für den modernen Menschen nur noch am Rande eine Rolle spielt, bestimmt heute noch das Denken und Fühlen eines jeden Pferdes. Ein Pferd, das allein gehalten wird, empfindet nicht einfach nur Langeweile, sondern leidet an einem unerfüllten Grundbedürfnis. Es kann sich nur geborgen fühlen, wenn es mindestens einen Gefährten hat, der die grundlegenden Wachaufgaben mit ihm teilt. Wer Pferde hält, kann das jede Nacht beobachten: Nur selten legen sich alle Tiere gleichzeitig zum Schlafen nieder. In der Regel bleibt mindestens eins auf den Beinen und behält die Gegend im Auge.

Freie Pferde leben meist in kleinen Familiengruppen, die aus einem Hengst, ein bis drei Stuten und deren Fohlen bestehen. Junge Hengste werden vertrieben, sobald sie geschlechtsreif werden und sich an die Stuten heranmachen. Sie bilden dann »Junggesellengruppen«, in denen viel gespielt und gerauft wird, bis die Mitglieder erwachsen und fit genug sind, sich um eigene Stuten zu bemühen.

Entgegen der landläufigen Meinung gibt in Pferdeherden gewöhnlich eine Stute den Ton an. Der »Leithengst« ist eine

Gemeinsam mit Freunden rennen und toben ist eine Lust für jedes Pferd

Erfindung schwärmerischer Schriftsteller und Filmemacher. Tatsächlich hat der Hengst in der Gruppe mehr Schutzfunktion. Er treibt seine Stuten zusammen, wenn Gefahr droht und stellt sich auch schon mal einem Angreifer entgegen. In der Regel allerdings nur dann, wenn der Aggressor ein anderes Pferd ist. Nähert sich dagegen ein Raubtier, so entscheidet sich auch der vierbeinige Macho eher zur Flucht als zum Kampf. Und sofern es einen »geordneten Rückzug« gibt, ist dafür wieder die Leitstute verantwortlich.

Das Leben in der Gruppe hat aber noch andere Aspekte als die reine Absicherung. Da ist zum Beispiel die Unterhaltungsfunktion. In einer Pferdegruppe ist immer etwas los, die Herde bietet Bewegung und Abwechslung, Zärtlichkeit und Auseinandersetzung. Für die gemeinsame Arbeit zwischen Pferd und Mensch bedeutet das: Interessante Aufgaben und ein ausgeglichenes Verhältnis zwischen Spannung und Entspannung erhalten die Freundschaft.

Aber Vorsicht: Auch wenn das Verhältnis zwischen Mensch und Vierbeiner noch so gut ist, ganz und gar kann der Zweibeiner dem Vierbeiner die Herde nicht ersetzen. Während einer Reitstunde oder eines Ausritts genügen wir dem Pferd – und genügt das Pferd uns! – als Gesellschaft. Im sonstigen Alltag trennt uns aber mehr als uns verbindet. Ein ausgeglichenes Pferd will mit anderen Pferden zusammenleben. Wie wir das Gespräch mit menschlichen Freunden vorziehen, ziehen Pferde erst recht das gemeinsame Heufressen dem menschlichen Kontakt vor.

▸ Die Rangordnung im Herdenverband

Das Pferd ist ein soziales Wesen, und die Mitgliedschaft in einer Herde ist ihm ein äußerst wichtiges Anliegen. Damit ist jedoch keine extreme Harmoniesucht verbunden. Wie in Menschengruppen wird auch in der Pferdeherde gestritten und paktiert. Es gibt persönliche Freundschaften und Feindschaften, Ärger und Versöhnung. Aus all dem ergibt sich eine Rangordnung, in der jedes einzelne Pferd seinen Platz findet. Es muß sich stärkeren Tieren unterordnen, kann seinerseits aber schwächere davonjagen, wenn es darum geht, wer an das beste Futter darf oder zuerst zur Tränke geht.

Zur Not ersetzen auch andere Weidetiere dem Pferd die Herde

Ein neues Pferd wird von einer bestehenden Herde nur selten mit offenen Armen aufgenommen. In aller Regel lehnen die Alteingesessenen es zunächst ab. Besonders das Leitpferd hält es auf Abstand, indem es den schüchternen Neuling mit angelegten Ohren und gebleckten Zähnen attackiert. Im Laufe der ersten Tage kommt es dann aber immer häufiger zu direkten Begegnungen zwischen den neuen und alten Gruppenmitgliedern. Die Tiere treten einander entgegen, beschnuppern Nase, Hals und Schulterpartie des Gegenübers und geben ihr Mißfallen durch lautes Quietschen kund. Fast immer wird dann kurz mit den Vorderbeinen nacheinander ausgeschlagen, bevor sich die beiden wieder trennen. Mitunter tritt man aber auch schon in erste »Verhandlungen« über den Rang des Neulings in der Herde: meist in Form eines Schlagabtausches mit den Hinterhufen. Das sieht gefährlicher aus, als es ist. Die Streithähne tragen selten schlimmere Verletzungen davon als ein paar Hautabschürfungen.

Über mehrere Tage hinweg etabliert sich das neue Pferd so in der Herde. Es findet Freunde, setzt sich gegenüber Schwächeren durch und merkt sich, wem es besser aus dem Weg geht. Die so aufgestellte Rangordnung muß jedoch nicht für immer gelten. Besonders selbstbewußte Pferde und Heranwachsende stellen sie immer mal wieder in Frage und erkämpfen sich einen höheren Rang. Und manchmal wird sie auch aus rein emotionalen Gründen außer Kraft gesetzt. Ein starker Wallach, der in eine freche, junge Stute vernarrt ist, läßt sie mitunter mit an die Futterkrippe, obwohl er ohne weiteres in der Lage wäre, ihr die Zähne zu zeigen.

So gesehen sind manche Reitlehren und Ausbildungsmethoden, welche die Begriffe »Rangordnung« und »Dominanz« stark in den Mittelpunkt stellen, mit Vorsicht zu betrachten.

Betrachten wir die Sache mit Rang und Dominanz und ihre Bedeutung für unseren Umgang mit dem Pferd also pragmatisch. Das Wichtigste dabei: Das Pferd muß uns respektieren. Wenn es seinem Reiter oder Führer nicht gehorcht, wird es sonst nämlich schnell gefährlich für beide Teile. Schließlich bewegen wir uns meist in dicht besiedelten Gebieten mit viel Straßenverkehr. Der Reiter sollte im Rang also über dem Pferd stehen – nicht weil er diktatorisch veranlagt ist, sondern einfach aus Sicherheitsgründen. Nun wird Rangordnung zum Glück nicht allein über Kraft ausgemacht, sondern auch über Klugheit und Geschicklichkeit.

Gemeinsames Dösen

Soziale Fellpflege hat weniger mit Rangordnung als mit Sympathie zu tun

Wie schon gesagt ist die Chefin des Ganzen meist eine Stute, oft ein älteres Tier, dem viele andere kräftemäßig überlegen sind. Sie achten es jedoch aufgrund seiner Erfahrung und Intelligenz. Auf dieser Basis können auch wir als umsichtige Pferdepfleger und Reiter den Respekt unserer Schützlinge erringen, indem wir freundlich, aber energisch mit ihnen umgehen. Die Pferde werden es uns nicht übelnehmen, wenn wir sie gelegentlich mit einem Gertenklaps in ihre Schranken verweisen – und andererseits verlieren sie nicht gleich den Respekt vor uns, nur weil wir ein paar Leckerbissen verteilen. Verdrehte menschliche Logik der Sorte »Wer etwas gibt, vergibt sich etwas« ist dem Denkmuster des Pferdes fremd. Der Vierbeiner denkt eher: »Der Chef

darf alles« – und nimmt auch die »Macken« eines Ranghöheren klaglos hin. Das soll nun allerdings kein Freibrief für launische Reiter sein! Für uns gelten immer noch die Regeln von Ethik und Moral. Schließlich bilden wir uns doch so viel darauf ein, dem Pferd gegenüber der Klügere zu sein!

Weiterhin wichtig in Sachen Rangordnung: Das Pferd muß lernen, daß Rangstreitigkeiten ebenso wie Sympathiebekundungen unter Artgenossen in seine Privatsphäre gehören. Unter dem Reiter, am Führstrick oder an der Longe gibt es nur noch die Zweiergruppe Pferd und Mensch. Weder hat das Pferd nach anderen zu keilen, noch nach seinen Freunden zu wiehern oder ihnen gar hinterherzulaufen. Ein Pferd kann das durchaus lernen. In einer fremden Gruppe sollten Sie sich aber nicht grundsätzlich darauf verlassen, daß alle Mitreiter ihre Pferde damit vertraut gemacht haben. Halten Sie also in eigenem Interesse Abstand von der Hinterhand des Pferdes vor Ihnen, lassen Sie Ihr Pferd nie an anderen Pferden schnuppern, und reiten Sie nicht ohne Sicherheitsabstand an Pferdeweiden vorbei.

Achten Sie andererseits aber auch das Privatleben der Vierbeiner! Pferde müssen sich gelegentlich streiten und mit ihren Kumpanen raufen dürfen. Natürlich kann dabei in Ausnahmefällen etwas passieren. Aber wie sagt schon Erich Kästner? »Das Leben ist immer lebensgefährlich!« Also: Lassen Sie Ihren Pferden den Spaß am Leben!

Junge Hengste in spielerischem Kampf

Mit etwas Geduld können Pferde auch an scheuträchtige Situationen herangeführt werden

▸ Der Fluchtinstinkt

Die Überlebensstrategie eines Pferdes beruht auf Flucht, nicht auf Angriff oder Verteidigung. Mit der Schlagkraft seiner Hufe hätte es einer Meute Raubtiere wenig entgegenzusetzen gehabt. Der einzige Vorteil der Pferdeherde ist ihr Tempo. Wenn sie verfolgt werden, erreichen die Tiere imponierende Geschwindigkeiten. Und schon ein wenige Stunden altes Fohlen hält dabei erstaunlich gut mit.

Bedingung für eine erfolgreiche Flucht ist immer ein schneller Start. Lange Überlegung vor dem Aufbruch liegt folglich nicht im Verhaltensrepertoire des Pferdes; sehr sinnvoll aus der Sicht des Wildlings, heute aber ein erhebliches Problem für viele Reiter, deren Pferde zum Scheuen und Durchgehen neigen. In den Köpfen der Tiere spukt nach wie vor der Gedanke an Raubtiere. Den Bremsweg eines Autos können sie dagegen nicht einschätzen. So kann der Überlebensinstinkt des Pferdes in seiner modernen Umwelt zur Bedrohung werden. Stichwort zur Abhilfe ist hier »Scheutraining«. Ein guter Reiter und Ausbilder kann auch nervösen Pferden durch Verständnis und geduldige Arbeit klar machen, daß ihnen auf der Straße keine Gefahr droht. Vor einem Erschrecken – zum Beispiel vor einem plötzlich aufspringenden Hasen – ist aber auch das gelassenste Pferd nicht gefeit. Je nach Schulung und Persönlichkeit wird es darauf mit einem kleinen Seitensprung oder kopflosem Durchgehen reagieren. Ängstliche und unsichere Reiter sollten sich darüber schon bei der Entscheidung für Rasse und Alter ihres zukünftigen Reitpferdes klar werden. Ältere Pferde reagieren meist gelassener als jüngere, und die Vertreter von Robustrassen sind oft nicht so erregbar wie ein hochblütiges Pferd.

SCHEUTRAINING Im Rahmen eines Scheutrainings lernen junge Pferde, auf ungewohnte Situationen nicht mit Angst, sondern mit Interesse zu reagieren. Sie werden dazu mit bunten Plastikplanen, aufgespannten Regenschirmen und schwankendem Untergrund wie etwa Wippen oder Brücken vertraut gemacht, später natürlich auch mit Autos und Straßenverkehr. Das alles geschieht zunächst an der Hand und ist immer mit viel Zuspruch und vielen Belohnungen verbunden. Zum Scheutraining gehört auch die Arbeit über Bodenhindernisse, die dem Pferd ein besseres Körperbewußtsein vermittelt. Es muß, salopp gesagt, entdecken, wo es anfängt und wo es aufhört – nicht einfach für ein Lebewesen, das sich niemals ganz im Spiegel betrachten kann! Körperbewußte Pferde sind geschickter, stoßen seltener irgendwo an und erschrecken entsprechend weniger häufig. Wichtig ist hier auch die Gewöhnung an Berührungen am ganzen Körper. Man streicht das Pferd mit der Hand, mit einer Gerte, mit Tüchern und Plastikfolien ab. Im Ernstfall wird es dann nicht gleich fortlaufen, nur weil beim Ausritt ein Ast abbricht und auf seine Kruppe fällt.

▸ Die Körpersprache

Pferde verständigen sich nur in geringem Maße durch Laute. Ihr Wiehern entspricht unserem Rufen, und es wird lediglich dann angewandt, wenn ein Pferd sich über weitere Entfernungen verständigen will. Häufiger als Wiehern hört man ein Quietschen, das oft mit Rangeleien verbunden ist, aber auch in den Bereich sexueller Annäherung gehört. Der »Pferde-Sprachwissenschaftler« Henry Blake übersetzt es mit den Worten: »Geh weg, Hengst, wir sind lauter anständige Mädchen!«

Im Zweifelsfall suchen Pferde immer ihr Heil in der Flucht

Pferdemütter rufen ihre Fohlen mit sanftem Blubbern, einem Laut, den sehr menschenbezogene Pferde auch oft zur Begrüßung ihrer Besitzer ausstoßen.

Auch ohne ständige Lautäußerungen findet in einer Pferdegruppe eine recht komplexe Kommunikation statt. Schon um die Rangordnung auszumachen, ist schließlich Verständigung nötig. All das läuft in der Pferdegruppe über Gesten, die sogenannte Körpersprache. Wichtigstes Mittel dazu ist das Ohrenspiel. Aber auch die Mimik des Pferdes, das Zuwenden verschiedener Körperteile sowie Berührungen spielen eine Rolle. Die meisten dieser Bewegungen sind für den menschlichen Beobachter recht leicht zu entschlüsseln. Eine freundliche Annäherung zwischen zwei Pferden erfolgt zum Beispiel von vorn seitwärts. Man geht auf die Schulter des Partners zu und signalisiert ihm damit: »Bleib stehen, ich möchte etwas von dir!« Kommt das andere Pferd jedoch von hinten, so befindet es sich in einer treibenden, also eher aggressiven Position. Der Partner kann darauf reagieren, indem er weg-

»Komm mir bloß nicht zu nahe!« Wenn ein Pferd die Ohren anlegt, ist nicht mit ihm zu spaßen

»Tu mir nichts, ich bin noch klein!« Diese Maulbewegungen des Fohlens signalisieren Unterlegenheit

geht, aber er kann auch drohend ein Hinterbein aufstellen: »Überleg dir, ob du mir wirklich zu nahe kommen willst!«

In den letzten Jahren wurde diese Gestensprache der Pferde bis in Einzelheiten analysiert. Das geschah aus der Überlegung heraus, sie genauer nachzuvollziehen und damit zu einer besseren Verständigung zwischen Pferd und Mensch zu gelangen. Besonders bei der Grunderziehung von Pferden, die ihr bisheriges Leben in freier Wildbahn verbrachten, erzielten Pferdekenner damit spektakuläre Erfolge. Allerdings: Für eher unsportliche Menschen ist es nicht einfach, die Gesten der Pferde perfekt nachzuahmen. Außerdem ist die Annäherung über Körpersprache keine so sichere Sache, wie manche Ausbilder es vertreten. Versuche in diese Richtung können sich bei unterschiedlichen Pferden auch ganz verschieden auswirken. Selbst wenn Sie Ihr Pferd noch so höflich in seiner Muttersprache um etwas bitten: Es kann nein sagen! Und dann braucht es einiges an Erfahrung und auch Durchsetzungsvermögen, um richtig zu reagieren.

Die Sinne des Pferdes

Die Sinne des Fluchttieres Pferd arbeiten in vieler Hinsicht anders als die des Menschen. Sie sind in erster Linie auf schnelles Erkennen von Gefahr oder Entdecken von Verfolgern ausgerichtet. Dabei funktioniert ihr Zusammenspiel perfekt. Und auch im Zusammensein mit dem Menschen entgeht dem Pferd fast nichts.

Sehen

Da die Augen des Pferdes seitlich des Kopfes sitzen und nicht frontal wie bei uns, ist es uns im räumlichen Sehen unterlegen. Dafür sieht es aber mit jedem Auge ein anderes Bild, und beide ergänzen sich fast zur Rundumsicht. Nur einen kleinen Teil dieses sehr großen Gesichtsbereichs sieht das Pferd jedoch wirklich scharf. Der weitaus größere Teil des Blickfelds ermöglicht nur schemenhafte Wahrnehmung. Hauptsächlich registriert das Pferd hier Bewegungen. In der Praxis bedeutet das: Wenn ein Pferd seitlich oder schräg hinter sich etwas wahrnimmt, so muß es den Kopf heben und drehen, um genau zu erkennen, worum es sich handelt. Ob es sich die Zeit dafür nimmt oder vorsichtshalber auf »Raubtier in Angriffsposition« schließt und davonstürmt, hängt sehr davon ab, wieviel Vertrauen es in die Sicherheit seiner Umgebung setzt. Der Reiter kann das fördern, indem er einem aufgeregten Pferd den Kopf frei gibt, damit es sich umsehen kann. Zwingt er seinen Kopf dagegen durch fest angenommene Zügel oder gar durch ein Hilfszügelkorsett nach unten und begrenzt damit sein Sichtfeld, so macht er es nur nervöser. Das gilt auch und besonders beim Springen. Das Pferd muß vor dem Hindernis den Kopf heben, um den Sprung taxieren zu können. Andernfalls wird es ein für Pferd und Reiter gefährlicher Blindflug!

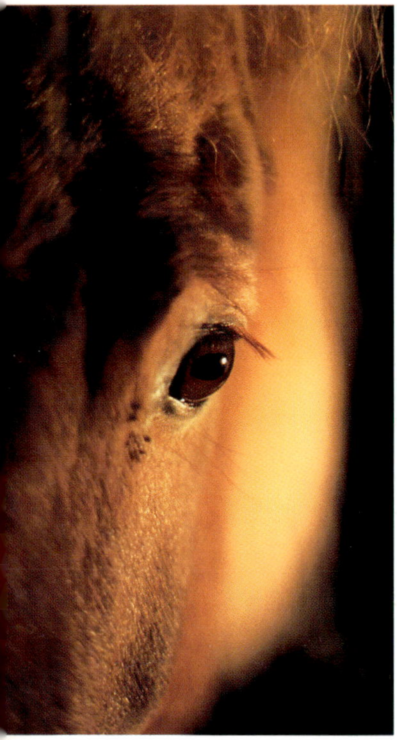

Die seitliche Lage der Pferdeaugen ermöglicht fast Rundumsicht

Beim Dressurreiten in richtiger Haltung verzichtet das Pferd übrigens auf einen Teil seiner Rundumsicht und gibt sich damit stark in die Hand seines Reiters. Ein solches Vertrauen muß über lange gemeinsame Arbeit aufgebaut werden. Jeder Zwang und jede Eile sind sinnlos und führen nur zu Arbeitsunlust, Muskelverspannungen und vermehrter Neigung zum Scheuen.

Hören

Fast ebenso wichtig wie der Gesichtssinn des Pferdes ist sein Gehör. Selbst wenn das Tier döst und in tiefen Träumen gefangen scheint, ist es gar nicht so einfach, sich unbemerkt anzuschleichen. Die großen Tütenohren des Pferdes wirken dabei als »Richtmikrofone«. Ihre Beweglichkeit hilft ihm, Geräusche aus allen Richtungen zu orten und zu identifizieren. Aber das Pferd nimmt Töne nicht nur über relativ weite Entfernungen wahr, es unterscheidet auch feinste Nuancen. Als Reiter kann man sich das zunutze machen, indem man viel mit ihm spricht. Die menschliche Stimme kann aufmuntern, beruhigen und tadeln – ein scharfes, lautes Wort ist oft wirksamer als ein Gertenklaps. Mitunter verrät unser Tonfall dem Pferd aber auch mehr, als uns lieb ist. Das mit dem Menschen vertraute Pferd nimmt Stimmungen wahr und weiß recht genau, wann wir einen Befehl ernst meinen und wann nicht. Auch um Zaghaftigkeit und Angst ihrer Reiter zu erkennen, brauchen Pferde keinen »Sechsten Sinn«.

Neben dem reinen Hören haben die beweglichen Ohren des Pferdes wichtige Aufgaben im Bereich der Körpersprache. Mittels Ohrenspiel gibt der Vierbeiner vor allem Stimmungen kund. Nach vorn gestellte Ohren bedeuten zum Beispiel freundliches Interesse. Verbunden mit sehr hoch erhobenem, angespanntem Hals und allgemein angespannter Muskulatur signalisieren sie allerdings auch Fluchtbereitschaft.

Flach zurückgelegte Ohren gehören zu den Drohgebärden. Legt das Pferd sie nur leicht an, so signalisieren sie schlechte Laune und dadurch vermehrte Reizbarkeit. Oft schlagen solche Pferde zusätzlich unruhig mit dem Schweif. Zeigen sie dabei aber mit angelegten Ohren auch noch die Zähne, so steht der Angriff sicher kurz bevor.

Bei sonst entspannter Körperhaltung, gelassenem Gesichtsausdruck und nur leicht nach hinten gerichteten Ohren droht allerdings keine Gefahr. Wahrscheinlich horcht das Pferd nur auf ein Geräusch hinter sich, oder es wendet seinem Reiter aufmerksam die Ohren zu.

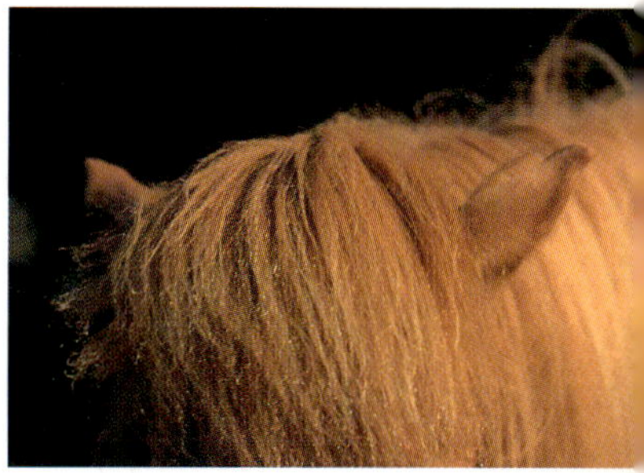

Das Pferd kann seine Ohren nach jedem Laut ausrichten

»Was läuft da hinter meinem Rücken?«

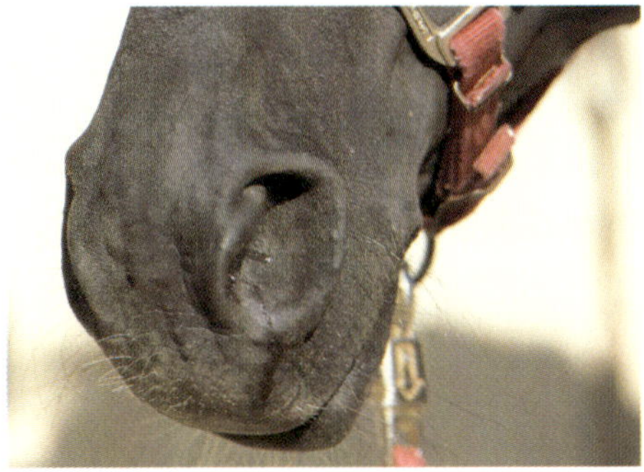

Die Tasthaare – unentbehrlich zur Orientierung

Riechen

Der Geruchssinn des Pferdes ist nicht so hoch entwickelt wie etwa der des Hundes, aber der Menschennase sind die Pferdenüstern doch weit überlegen. Kommt ein Pferd in einen neuen Stall oder Auslauf, so wird die Umgebung zunächst mit der Nase erkundet. Das Pferd nimmt zum Beispiel wahr, ob die Anlage vor ihm von einem Hengst, einer Stute oder einem Wallach bewohnt wurde. Weist ein besonders spannender Geruch zum Beispiel auf einen möglichen Sexualpartner hin, so flehmt das Pferd. Dazu kräuselt es die Nüstern und zieht die Luft mit vorgestrecktem Hals genüßlich ein. Analysiert wird der Duft dann mit Hilfe des Jacobschen Organs, einer Riechhilfe, die uns Menschen im Laufe unserer Entwicklung verloren gegangen ist.

Schmecken

Im allgemeinen mögen Pferde die Geschmacksrichtungen »sauer« und »salzig« fast genauso gern wie »süß«. Praktisch alle schätzen saure Äpfel, Silage und natürlich ihren Salzleckstein. Wie alle Individuen zeigen sie aber auch persönliche Vorlieben und Abneigungen in bezug auf bestimmte Futtermittel. Zum Beispiel schmecken nicht allen Pferden Rote Beete oder Futterrüben, während sich manche sogar für exotische Leckereien wie Bananen oder Orangen begeistern. Verlassen Sie sich also nicht auf die Lehrmeinung, Pferde lehnten Bitterstoffe grundsätzlich ab! Auch die Vorstellung, die Vierbeiner wüßten Giftpflanzen und bekömmliches Grünzeug instinktiv zu unterscheiden, gehört zumindest teilweise in den Bereich der Fabel. Selbst ein noch sehr naturverbundenes Robustpferd oder Pony kann sich irren. Zudem verlieren viele Giftpflanzen ihren unangenehmen Geschmack, sobald sie gepflückt sind. Es kommt immer wieder vor, daß Pferde an Pflanzen verenden, die ihnen von freundlichen Spaziergängern über den Zaun geworfen wurden. In frischem Zustand rühren die Tiere sie nicht an, aber wenn sie nach einigen Stunden angewelkt sind, versagt oft der Instinkt. Dies ist übrigens auch der Grund dafür, weshalb Heu grundsätzlich drei Monate abgelagert werden sollte, bevor man es verfüttert. So lange brauchen nämlich die Giftstoffe des Hahnenfuß, der auf vielen Weiden wächst und beim Mähen nicht ausgesondert werden kann, um sich zu verflüchtigen.

Tasten und Fühlen

Was den Tastsinn angeht, so bedient sich das Pferd dabei vor allem der langen Tasthaare am Kinn und am Maul. Sie helfen ihm, seine Umgebung zu erkunden und dürfen auf keinen Fall abrasiert werden.

Pferde haben eine sehr empfindliche Haut und nehmen selbst kleine Berührungen wahr. Besonders sensible, dünnhäutige Tiere lassen sich schon von einer Fliege auf dem Fell irritieren. In der Pferdeherde sind Berührungen vor allem da zu beobachten, wo zwei Pferde sich mögen. Sie kraulen einander gegenseitig das Fell, verjagen sich die Fliegen oder dösen, einer den Kopf auf die Kruppe des anderen gelegt. Auch zwischen Pferd und Reiter haben Berührungen eine wichtige soziale Funktion. So baut man den Kontakt zu einem neuen Pferd am besten dadurch auf, daß man sich einige Zeit nimmt und es intensiv putzt oder streichelt. Lassen Sie sich nicht von »Hardlinern« erzählen, das Pferd würde den Respekt vor Ihnen verlieren, wenn Sie es zu liebevoll behandeln. Beobachtungen in Pferdeherden bestätigen diese Ansicht nicht.

»Riecht das aufregend!« Dieses Pferd flehmt

▸ Artgerechte Pferdehaltung

Pferde in dunklen Boxen oder gar angebunden in Ständern unterzubringen, mag vertretbar gewesen sein, solange die Tiere jeden Tag acht Stunden in frischer Luft arbeiteten. Das moderne Reitpferd ist jedoch kein Kriegsgerät mehr und kein »Landwirtschaftliches Nutzfahrzeug«. Es wird nicht mehr gebraucht, um Güter zu transportieren oder Menschen das Reisen zu ermöglichen. Statt dessen sprechen wir vom »Sportpartner Pferd« und von harmonischer Zusammenarbeit auf dem Springplatz und im Dressurviereck. Einen Partner hält man jedoch nicht wie einen Sklaven. Jedes Pferd sollte heute in seiner reichlich bemessenen »Freizeit« ganz »Pferd sein« dürfen. Moderne Pferdehaltung muß sich an den Bedürfnissen des Tieres orientieren, nicht am Wunsch des Menschen nach Bequemlichkeit. Das Tierschutzgesetz nennt dies »artgerechte Tierhaltung«. Die Haltungsbedingungen für ein Nutz- und Haustier sollten den Lebensbedingungen seiner Vorfahren in freier Wildbahn so weit als möglich entsprechen. Für ein Pferd bedeutet das: Gemeinschaftshaltung mit anderen Pferden, viel frische Luft, viel Bewegung.

Die Haltungsform, die diesen Bedürfnissen am nächsten kommt, ist die Haltung im Offenstall. Ein einfacher Offenstall besteht aus einem frei zugänglichen Stallraum und einem trockenen Auslauf davor. Die Pferde bewohnen ihn meist in Gruppen, aber natürlich ist auch Einzelhaltung möglich. Je nachdem, wieviel Geld der Pferdehalter investieren kann und wie viele Pferde in dem Stall untergebracht werden sollen, kann die Anlage mehr oder weniger aufwendig gestaltet werden. Komfortable Offenställe beinhalten Freßständer und Liegeplätze, befestigte Stallvor-

Pferde sind Geschöpfe der Weite. Artgerechte Tierhaltung bedeutet für sie Freiheit und frische Luft

plätze und drainierte Ausläufe sowie die Möglichkeit, kranke Tiere in Einzelboxen zu separieren.

Die Gruppenhaltung im Offenstall kommt den natürlichen Lebensbedürfnissen des Pferdes am nächsten. Die Pferde können soziale Kontakte knüpfen, eine Rangordnung ausmachen, gegenseitige Fellpflege betreiben und sich frei bewegen. Nur wenige Offenstallanlagen ermöglichen längere Galoppaden in der Gruppe. Oft müssen die Ausläufe über aufwendige Drainagetechnik trockengehalten werden, und dann beschränkt man sich meist auf die Befestigung weniger Quadratmeter. Doch schon dieses Minimum an Bewegung in frischer Luft trägt dazu bei, die Verdauung des Pferdes anzukurbeln und es gesünder zu erhalten.

Für den Reiter und Pferdehalter ist Offenstallhaltung leider mit einem erheblichen Mehraufwand an Arbeit und Organisation verbunden. So ist der Mist der Pferde hier zum Beispiel auf eine größere Fläche verteilt – wenn die Anlage nicht voll beleuchtet ist, muß das Ausmisten zudem während der Tagesstunden erfolgen. Die Pferde müssen beim Füttern oft beaufsichtigt werden, damit nicht nur das ranghöchste ans Futter kommt, während die anderen zusehen. Verschwitzte Pferde sollten nach dem Reiten eingedeckt oder eingesperrt und später wieder ausgezogen oder freigelassen werden. Wenn der Stall nicht neben der eigenen Wohnung liegt, wird das schnell zum Problem! Arbeitsteilung bei mehreren Pferdebesitzern in einer Stallanlage läßt sich mittels Stundenplan organisieren. Aber wenn jemand nicht mitspielt, gibt es schnell böses Blut. Schließlich stehen dann nicht nur die Reitpferde des Faulpelzes im Mist. Trotzdem: Die Sache lohnt sich. Offenstallpferde sind zufriedener und ausgeglichener als Boxenpferde. Beim Reiten arbeiten sie freudiger mit. Bei einigermaßen geräumigen Ausläufen entfällt auch der Zwang

für den Reiter, sein Pferd jeden Tag zu bewegen. Reiter und Pferd kommen sich außerdem näher. Wer sich beim Ausmisten, Füttern und Putzen unter den Pferden bewegt und nicht ständig durch Boxenwände von ihnen getrennt ist, erlebt das Zusammensein mit den Vierbeinern intensiver.

Aufgrund all dieser Vorteile ist artgerechte Pferdehaltung eindeutig auf dem Vormarsch. Viele professionelle Stallvermieter bieten heute bereits Offenställe an, und gelegentlich finden sich auch Reitschulen, in denen die Schulpferde in Gruppen gehalten werden. Die Industrie stellt immer mehr technische Hilfsmittel zur Pflege pferdegerechter Anlagen zur Verfügung, die sich meist allerdings nur für große Ställe lohnen. In kleinen Offenstallanlagen schlägt dafür die Stunde der Tüftler: So mancher Stall ist inzwischen mit Zeitschaltuhren ausgestattet, die dafür sorgen, daß pünktlich zur Fütterungszeit Heunetze von der Decke fallen oder die Tore zur Weide geöffnet werden.

▸ Weideglück und Weidepflege

Das natürliche Grundfutter für das Steppentier Pferd ist Gras. Auch Kräuter werden gern gefressen. Im Winter füttert man Pferde deshalb meist mit Heu, also getrocknetem Gras, im Sommer sollte frisches Grün die Futtergrundlage bilden. Die ideale Pferdehaltung zwischen Mai und Oktober ist insofern der Freilauf auf der Weide. Das kommt sowohl dem Freß-, als auch dem Bewegungsbedürfnis des Pferdes entgegen. Stuten mit Fohlen, Jungpferde im Wachstum, aber auch Reitpferde, die nicht übermäßig zum Dickwerden neigen, können im Sommer Tag und Nacht auf der Weide verbringen, sofern eine Schutzhütte gegen Regen und zu starke Sonneneinstrahlung zur Verfügung steht. Bei sehr leichtfuttrigen Pferden geht das allerdings nicht, denn Gras macht dick, und sein hoher Eiweißgehalt kann die Stoffwechselerkrankung Hufrehe verursachen. Deshalb wird der Weidegang bei Pferden mit Gewichts-

Eine Außenbox beugt Langeweile vor

Einzelboxen sind praktisch, aber nicht im Sinne der Pferde

problemen besser auf einige Stunden am Tag reduziert. Sechs Stunden, gesplittet in zwei Futterzeiten à drei oder noch besser in drei Futterzeiten à zwei Stunden reichen mitunter aus. Zwischendurch sollte das Pferd dann aber Stroh zum Knabbern erhalten, ansonsten ist sein Verdauungsapparat nicht ausgelastet.

Für Reiter und Pferdehalter hat es einige Vorteile, wenn ihre Schützlinge viel Zeit auf der Weide verbringen, denn dadurch reduziert sich die Stallarbeit. Ganz so arbeitssparend, wie es auf den ersten Blick scheint, ist der sommerliche Weidegang aber nicht. Schließlich verfügen die meisten Pferdehaltungsanlagen nicht über unbeschränkt viel Grasland. Die relativ kleinen Weideflächen, die den meisten Pferden zur Verfügung stehen, müssen deshalb sorgfältig bewirtschaftet und gepflegt werden.

Das fängt damit an, daß die Grasnarbe vor zu starkem Verbiß und Zerstörung durch die Pferdehufe geschützt werden muß. Das heißt, die Pferde müssen die Weide wechseln, bevor sie das Gras bis zur Wurzel abgenagt haben. Nach starken Regenfällen, wenn der Grasnarbe Zerstörung durch galoppierende Pferdehufe auf matschigem Untergrund droht, muß die Weide vielleicht für ein paar Tage ganz gesperrt werden. Fast alle kleineren Pferdehaltungen haben ihr Weideland deshalb in mehrere Parzellen aufgeteilt, damit das Gras immer wieder Gelegenheit erhält, nach-

TIP VOM

alten Stallmeister

Stroheinstreu und besonders Sägemehleinstreu in Boxen und Offenställen bleibt länger trocken, wenn man darunter eine dünne Schicht Sand anbringt. Der Sand bewirkt eine Drainage und verhindert ein schnelles Vollsaugen der Einstreu mit Urin. Er muß bei etwa jeder dritten großen Ausmistaktion gewechselt werden.

zuwachsen und sich zu erholen, während die Pferde auf anderen Flächen fressen. Im allgemeinen rechnet man insgesamt mit etwa 0,5 Hektar Weidebedarf pro Pferd, aber das ist nur eine Faustregel. Leichtfutterige Pferde mit Weidezeitbegrenzung kommen mit weniger aus, bei wenig ertragreichen Weideflächen (Sandböden) muß erheblich mehr angepachtet werden. Allgemein gilt: Je kleiner die Fläche, desto aufwendiger die Pflege. Bewegen sich die Pferde nämlich auf relativ engem Raum, so besteht erheblich größere Gefahr, sich an den eigenen Exkrementen immer wieder mit Parasiten zu infizieren. Der Kot der Pferde muß also regelmäßig von der Weide entfernt werden. Am besten täglich. Das ist auch zur Begrenzung der sogenannten »Geilstellen« notwendig. »Geilstellen« nennt man die Wiesenbereiche, auf denen die Pferde Kot absetzen. Das Pferd teilt seine Weide nämlich in Freß- und Mistbereiche auf. Letztere werden ungern und nur geringfügig abgefressen, weshalb dort vor allem stickstoffliebende Pflanzen wie etwa der Hahnenfuß üppig gedeihen und kräftig aussamen. Mäht man die Geilstellen nicht regelmäßig ab, so nehmen sie überhand. Zur Einebnung der Maulwurfshaufen müssen die Wiesen im Frühjahr abgeschleppt und eventuell gewalzt werden. Am besten bittet man einen Landwirt, diese Arbeiten kurz vor Beginn der Vegetationsperiode zu erledigen. Vielleicht übernimmt er dabei auch gleich die Düngung der Weide. Dazu ist Kompost natürlich ideal, aber nicht jeder

Ein Offenstall mit großem Auslauf ist der Traum aller Pferde

Pferdehalter hat Lust, selbst einen Komposthaufen anzulegen und zu pflegen. In diesem Fall empfiehlt sich sparsame Verwendung von Volldünger. Die Anlage eines Misthaufens ist überhaupt ein Problem für sich. Hier bestehen strenge Auflagen von Seiten der Umweltämter zum Schutz des Grundwassers, und ein Verstoß dagegen wird mit hohen Geldstrafen geahndet. Es empfiehlt sich also, sich vor Anlage eines Komposthaufens bei den Landwirtschaftskammern oder -ämtern genau über die regional geltenden Bestimmungen zu informieren.

Bei der Einzäunung einer Pferdeweide ist vor allem auf Sicherheit zu achten. Stacheldrahtzäune und Knotengitter verbieten sich

In der Mittagshitze bietet der Offenstall Schatten

Im Sommer gehört jedes Pferd auf die Weide

aus Gründen der Verletzungsgefahr, reine Holzzäune müssen schon sehr robust gestaltet sein, um Scheuern oder Versuchen, unter dem Zaun durchzufressen, auf Dauer standzuhalten. Am besten bewährt haben sich Elektrozaunsysteme. Rund um die Weide installiert man den E-Zaun am besten fest, wobei breite, gut sichtbare Elektrobänder die sicherste Begrenzung darstellen. Die Einzelparzellen innerhalb der Weide trennt man am besten mittels versetzbarer Elektrozaunstangen und schmaleren Bändern ab. Sie können leicht entfernt werden, wenn zum Beispiel der Bauer mit dem Trecker zur Weidepflege anrückt.

Natürlich muß auf der Weide, ebenso wie im Stall, ständig sauberes Trinkwasser für die Pferde zur Verfügung stehen. Stellen Sie also möglichst schon beim Anpachten einer Weide fest, ob und wo Sie in der Nähe Wasser holen können, ob vielleicht ein Landwirt einen Wasserwagen zur Verfügung stellt oder eine natürliche Wasserquelle vorhanden ist. Das Trinkwasser mittels Kanistern im Auto auf die Weide zu fahren, ist ein aufwendiges Unterfangen. An heißen Tagen konsumiert ein Großpferd mitunter über 60 Liter Wasser!

Die Fütterung

Das Pferd ist ein sogenannter »Dauerfresser«. Sein gesamter Verdauungsapparat ist darauf eingerichtet, ständig kleine Futtermengen zu verarbeiten. Das hat wiederum mit der Evolution des Weide- und Fluchttieres »Pferd« zu tun. Anhaltende Fluchtbereitschaft verträgt sich nicht mit der Trägheit nach einer reichhaltigen Mahlzeit. Lange Ruhezeiten zur Verdauung wären gefährlich. Das freilebende Pferd bewegt sich deshalb den ganzen Tag, meist langsam, von einem Grasbüschel zum anderen. Das Futter wird gut gekaut und wandert durch einen engen Schlund in einen sehr kleinen Magen. Die Hauptverdauungsarbeit leistet ein mehrere Kilometer langer Darm, dessen Funktion äußerst störanfällig ist. Nimmt das Pferd zuviel Futter auf einmal auf, so kann es sich im Darm stauen und gären. Kommt plötzlich ungewohntes Futter auf den Darm zu, so sterben die Darmbakterien ab, und das führt ebenfalls zu Bauchschmerzen. All diese Probleme werden unter dem Sammelbegriff »Kolik« zusammengefaßt,

Schattenspender auf der Weide

Romantische Pferdehalter träumen gern von einer Weide unter Apfelbäumen, eine Idee, von der auch Pferde viel halten – Äpfel schmecken schließlich gut. Der Gesundheit der Tiere ist die Sache allerdings nicht so zuträglich, denn das Naschen an unreifen Äpfeln kann leicht zu Koliken führen. Bessere Schattenspender auf der Weide sind deshalb Walnußbäume. Sie wachsen schnell, werden ungern benagt und sind vor allem nicht giftig.

Wenn Pferde Bäume benagen, so kann das auf Vitaminmangel zurückzuführen sein, aber meist handelt es sich einfach um eine schlechte Angewohnheit. Man kann dem abhelfen, indem man die Stämme in regelmäßigen Abständen mit Huffett oder Holzteer einpinselt. Das verdirbt den Pferden den Appetit und versiegelt auch kleine »Bißwunden« an den Bäumen.

Wer statt Bäumen lieber Hecken setzt, findet in der schnellwüchsigen Holunderhecke die beste Lösung. Sie spendet nicht nur Schatten, sondern hat auch auf Stechinsekten abschreckende Wirkung.

der uns beim Thema Krankheiten noch ausführlicher beschäftigen wird.

Vorerst ist es wichtig zu wissen, daß Pferde nicht darauf eingerichtet sind, ihren Nährstoffbedarf mit zwei oder drei großen Mahlzeiten am Tag zu decken. Um gesund zu bleiben, müssen sie regelmäßig kleine Futtermengen zu sich nehmen. Ansonsten gliedert man die Speisekarte des Pferdes in Rauhfutter, Saftfutter und Kraftfutter. Die Vitamin- und Mineralstoffversorgung der Vierbeiner wird von den meisten Pferdehaltern durch ein Zusatzfutter sichergestellt.

SAFTFUTTER Im Sommer deckt frisches Gras und Weidegang die Saftfutterversorgung des Pferdes optimal. Im Winter, sowie bei Pferden, die ganzjährig in der Box oder in Ausläufen gehalten werden, füttert man Möhren, Gelbe Rüben, Futterrüben, Rote Beete oder Äpfel zu.

RAUHFUTTER Rauhfutter, d.h. Futter mit hohem Rohfaseranteil, bietet im Winter die Futtergrundlage des Pferdes. Das wichtigste Rauhfutter ist Heu. Dazu kommt, besonders bei leichtfuttrigen Pferden, die vom Heu schnell dick werden, hochwertiges Futterstroh. Meist werden Weizen- oder Haferstroh verfüttert.

Lebhaft und gesund durch die richtige Fütterung

Bekömmliche Leckerbissen

Beim Heukauf ist sehr auf Qualität zu achten. Gutes Heu riecht angenehm, fast ein bißchen wie Tee, und ist von grüner Farbe. Idealerweise kommt es von artenreichen Wiesen und ist nach der Grasblüte geschnitten. Ansonsten enthält es nämlich oft zu viele Staubpartikel, die insbesondere von sogenannten Heuallergikern schlecht vertragen werden. Hustet ein Pferd bei und nach der Heufütterung, so sollte man sein Heu vor der Fütterung gut durchfeuchten, um die Staubpartikel zu binden. Etwas Salz im Wasser verbessert dabei den Geschmack und die Verträglichkeit. Eventuell kann man auch auf Silagefütterung oder einen anderen Heuersatz ausweichen. So werden zum Beispiel von Futtermittelfirmen »Heu Cobs« oder Alfalfa-Pellets angeboten, die eine staubfreie Fütterung möglich machen. Zum Teil müssen aber auch sie vor dem Füttern angefeuchtet werden. Jeder Heuersatz ist allerdings nur in Verbindung mit Strohfütterung empfehlenswert. Allein gegeben reicht die Futtermenge hier nicht, den Darm des Pferdes ausreichend zu beschäftigen, und die Kolikgefahr steigt.

KRAFTFUTTER Unter Kraftfutter versteht man Hafer oder fertige Futtermischungen mit relativ hohem Eiweißgehalt. Damit wird die Energieversorgung

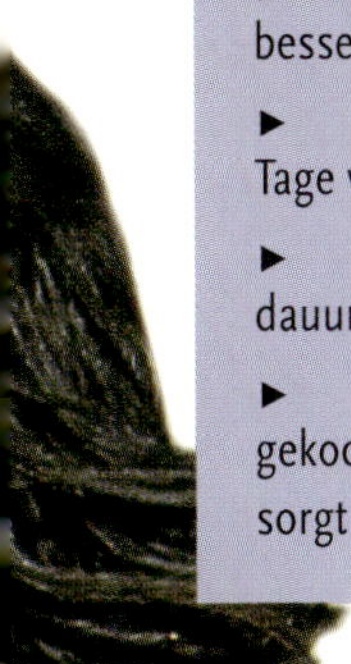

Tips zum Füttern

- Mehrere kleine Mahlzeiten sind immer besser verträglich als wenige große.
- Jedes Pferd braucht Ruhe zum Fressen. Offenstallpferde also besser anbinden oder in Freßständern separieren!
- Futterumstellungen grundsätzlich langsam, über mehrere Tage verteilt, vornehmen.
- Etwas Öl (Olivenöl, Leinöl, Lebertran) ins Futter fördert die Verdauung und verbessert die Aufnahme von Vitaminen.
- Leinsamen (pro Pferd etwa 100 Gramm 20 Minuten in 1 l Wasser gekocht, 2 x wöchentlich verabreicht) wirkt verdauungsregelnd und sorgt für ein schönes Fell.

des Reit- und Arbeitspferdes sichergestellt. Kraftfutter wird nur dann benötigt, wenn das Pferd wirklich etwas tut oder wenn sein Energiebedarf an anderen Gründen wie etwa Trächtigkeit oder Krankheit erhöht ist. Besonders in konventionellen Reitställen wird oft zuviel Kraftfutter gegeben. Das führt dann zu einem vermehrten Bewegungsbedürfnis der Pferde, das die Tiere aber infolge der Boxenhaltung nicht ausleben können. Verständlicherweise nutzen sie dann die Reitstunde, um dem aufgestauten »Stallmut« Luft zu machen, und bringen ihre Reiter durch Buckeln und Durchgehen in Bedrängnis.

Auch Schnittgras gehört in den Bereich »Saftfutter«

ZUSATZFUTTER Die meisten Reiter füttern zusätzlich zum Grundfutter ein Vitamin- und Mineralstoffpräparat. Damit sichern sie die Versorgung mit den wichtigsten Spurenelementen in der richtigen Zusammensetzung. Sowohl auf der Weide als auch im Stall sollte zudem ständig ein Salzleckstein oder Mineralleckstein zur Verfügung stehen.

Als Belohnungsfutter kommen die praktischen – da nicht schmierenden oder bröselnden – Leckerlis aus dem Reitsportgeschäft in Frage, aber auch hartes Brot, Äpfel oder Möhren. Wenig bekannt ist Johannesbrot aus dem Reformhaus oder im Urlaub in südlichen Gefilden vom Baum gepflückt. Die meisten Pferde nehmen es gern, es ist gesund und leicht in taschengerechte Stücke zu brechen. Zuckerstückchen verbieten sich dagegen aus Gründen der Kariesgefahr!

RATIONSPLANUNG Pferdefütterung ist ein umfassendes Thema, für das es neuerdings sogar Computerprogramme gibt. Die Aufstellung des richtigen Futterplans für das eigene Pferd muß aber immer individuell abgestimmt werden. Nicht zu Unrecht sagt ein altes Sprichwort »Das Auge des Herrn macht das Pferd fett«. Betrachten Sie also kritisch Ihr Pferd und fahren Sie vor allem einmal mit der Hand über seinen Rippenbereich. Können Sie die Rippen fühlen, aber nicht sehen, so ist das Tier weder zu dick noch zu dünn. Weiterhin wichtig ist die Fellqualität. Wenn das Fell glänzt und sich das Pferd auch in seinem Gesamtverhalten lebhaft und gesund zeigt, ist die Vitamin- und Mineralstoffversorgung mit ziemlicher Sicherheit in Ordnung.

Individuelle Mahlzeiten

Der Futterplan für das einzelne Pferd will genau überlegt werden. Die individuelle Diät richtet sich unter anderem danach, wieviel und wie intensiv das Tier zum Reiten oder zu anderen Arbeiten eingesetzt wird. Die Heumenge oder der Weidegang wird danach bemessen, ob es eher ein guter oder schlechter Futterverwerter ist. Bei der Kraftfutterzuteilung muß man dagegen oft etwas herumprobieren, denn die Wirkung ist individuell sehr verschieden. Viele Pferde werden schon von einem Pfund Hafer kernig, andere brauchen deutlich mehr, um beim Reiten nicht einzuschlafen. Sie werden das bald einschätzen können, wenn Sie ein Pferd regelmäßig reiten und versorgen!

Krankheiten erkennen und behandeln

Artgerechte Haltung, wie bisher beschrieben, bietet die beste Grundlage, ein Pferd gesund zu halten. Hundertprozentige Sicherheit gibt es dabei jedoch nicht. Jeder Pferdebesitzer muß mit gelegentlichen Krankheiten – und damit Tierarztkosten! – rechnen. Letztere fallen meist nicht so hoch aus, wenn man den Arzt rechtzeitig hinzuzieht, bevor der Zustand des Pferdes wirklich schlimm wird. Als Reiter sollten Sie deshalb mit den wichtigsten Krankheitssymptomen vertraut sein und auch mal Erste Hilfe leisten können.

Ein gesundes Pferd erkennt man an seinem glänzenden Fell, wachen Augen, lebhaftem Ohrenspiel und vor allem gutem Appetit. Wenn der »Dauerfresser« Pferd einen Leckerbissen ablehnt, stimmt fast immer etwas nicht. Andere Gründe zur Besorgnis sind Teilnahmslosigkeit und auffallende Müdigkeit sowie außergewöhnliche Unruhe. Um dem Tierarzt gleich am Telefon genauere Auskünfte geben zu können, sollten Sie im Verdachtsfall folgende Untersuchungen vornehmen.

Hafer ist traditionell das beliebteste Kraftfutter

Atem und Puls messen

Ein Pferd in Ruhe atmet gewöhnlich etwa 8 – 16mal in der Minute. Sie können die Atemzüge zählen, indem Sie die Bewegungen der Flanken beobachten

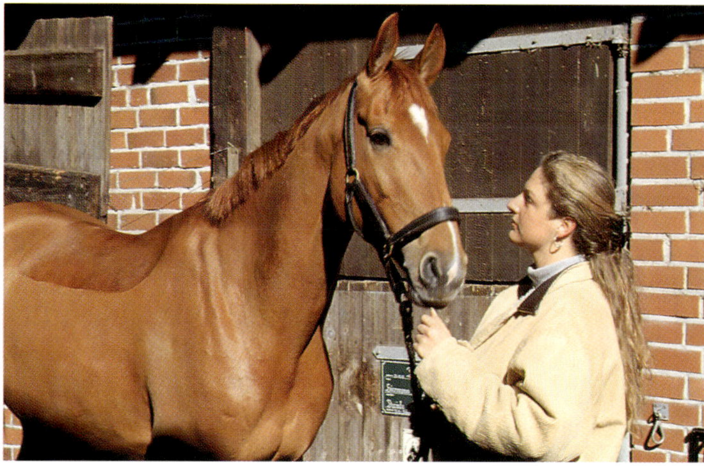

Gesunde Pferde haben glänzendes Fell und einen wachen Blick

Untersuchung der Beine und Hufe

oder dem Pferd die flache Hand vor die Nüstern halten, um den Luftzug beim Ausatmen zu spüren.

Den Puls erfühlt man mit Zeige- und Mittelfinger an der Unterseite der Kinnpartie des Pferdes. Der Ruhepuls liegt normalerweise bei 28 – 48 Schlägen in der Minute. Am besten üben Sie die Messungen gelegentlich beim gesunden Pferd. Es ist auch immer gut zu wissen, wo die individuellen Ruhewerte des eigenen Pferdes liegen.

Fiebermessen

Die Normaltemperatur eines erwachsenen Pferdes liegt zwischen 37,5 und 38,2 Grad Celsius. Bis 39 Grad spricht man von leicht erhöhter Temperatur, danach von Fieber. Sie messen die Temperatur Ihres Pferdes im After mit einem gewöhnlichen, zwecks leichterem Einführen angefeuchteten oder eingefetteten Thermometer. Aber Vorsicht: Nicht jedes Pferd läßt diese Prozedur widerstandslos über sich ergehen! Achten Sie also darauf, neben und nicht hinter dem Pferd zu stehen, wenn Sie das Thermometer einführen. Sie können einem Hineinrutschen in den Darm vorbeugen, indem Sie das Thermometer während des Messens festhalten, oder Sie versehen das Stallthermometer mit einem etwa 40 cm langen Bändchen, an dessen anderem Ende eine Wäscheklammer befestigt wird. Während des Fiebermessens steckt man diese am Schweif fest und sichert das Thermometer damit.

Vorsicht – giftig!

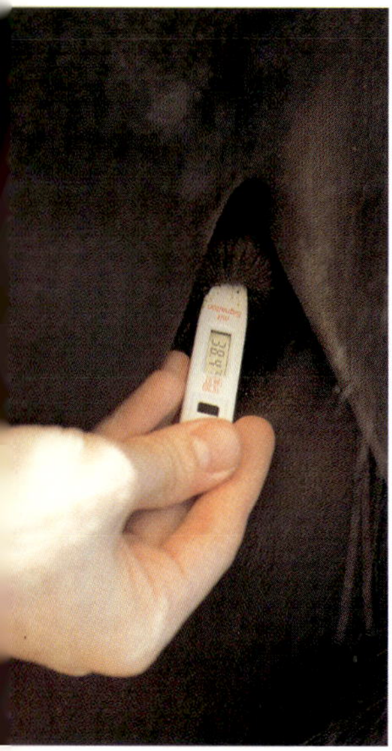

Fiebermessen geht am schnellsten mit einem digitalen Fieberthermometer

Rund und gesund – Pferdeäpfel, wie sie sein sollen

Checkliste Stallapotheke

- Fieberthermometer
- Schere
- Evt. Nasenbremse (Der Tierarzt hat immer eine dabei, aber es ist hygienischer, eine eigene zu verwenden)
- Desinfektionsspray für kleine Wunden (Blauspray)
- Rivanol für Angußverbände
- Wundsalbe
- Kühlende »Sportsalbe« bzw. essigsaure Tonerde, Retterspitz o. ä. zur Ersten Hilfe bei Schwellungen
- Augensalbe oder -tropfen gegen Bindehautentzündung (Verfallsdaten genau beachten!)
- Breite Mullbandagen
- Elastische, selbstklebende Bandagen
- Sterile Wundauflagen
- Breite Watterollen zum Abpolstern von Verbänden
- Wollbandagen
- Evt. homöopathische Mittel zur Vorbeugung und Unterstützung der Heilung bei Infektionen (Echinacea) oder Lahmheiten und Verletzungen (Traumeel)

Koliken erkennen

Wie schon gesagt, gehört der Darm des Pferdes zu seinen anfälligsten Organen. Es gibt kaum ein Pferd, das nicht gelegentlich an Kolik erkrankt, egal, wie sorgfältig man die Fütterung handhabt. Der Verdacht auf Kolik besteht immer dann, wenn das Pferd sein Futter ablehnt, unruhig ist, mit den Hufen scharrt und sich immer wieder hinlegt und wälzt. Aber auch auffallend ruhiges Stehen in Streckstellung oder langes Liegen zu ungewöhnlichen Tageszeiten (zum Beispiel zur Futterzeit oder während des Ausmistens) kann auf Bauchschmerzen hindeuten. Solche stillen Koliken sind besonders häufig bei nordischen Ponys und Kaltblütern zu beobachten, aber sie können auch bei hochblütigen und sonst hoch temperamentvollen Pferden auftreten. Ob ein Pferd dazu neigt, weiß man erst, wenn es eine hatte. Bei dem geringsten Verdacht, daß etwas nicht stimmt, sollten Sie das Pferd deshalb zum Aufstehen bewegen und Ihr Ohr an seinen Unterbauch legen. Auf der linken Seite müßten in Abständen von wenigen Sekunden gurgelnde Geräusche zu hören sein, rechts erfolgt etwa einmal pro Minute ein lautes Gluckern, das Blinddarmgeräusch. Bleiben diese Geräusche aus, bzw. sind sie stark vermindert oder deutlich verstärkt, hat das Pferd sicher eine Kolik. Sie muß unbedingt vom Tierarzt behandelt werden. Bis er eintrifft, können Sie dem Pferd den Bauch und die Ohren massieren. Hier liegen Akupressurpunkte, die Entspannung bewirken und damit Bauchschmerzen lindern können. Manchmal bessert sich die Kolik auch, wenn das Pferd etwas herumgeführt wird, um den Darm in Bewegung zu bringen.

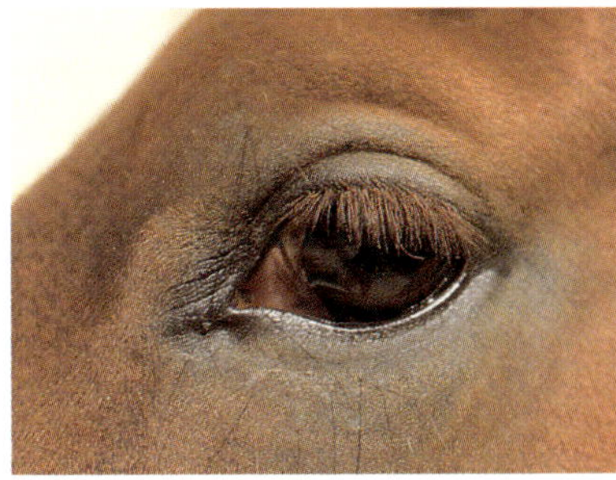

Das Pferdeauge darf nicht verklebt sein

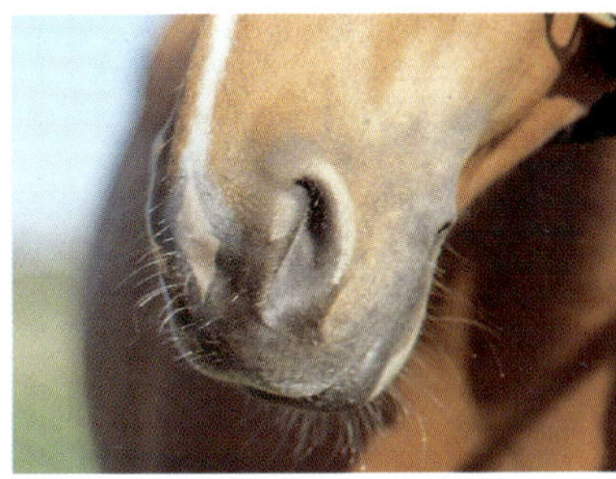

Auch saubere Nüstern sind ein Beweis für Gesundheit

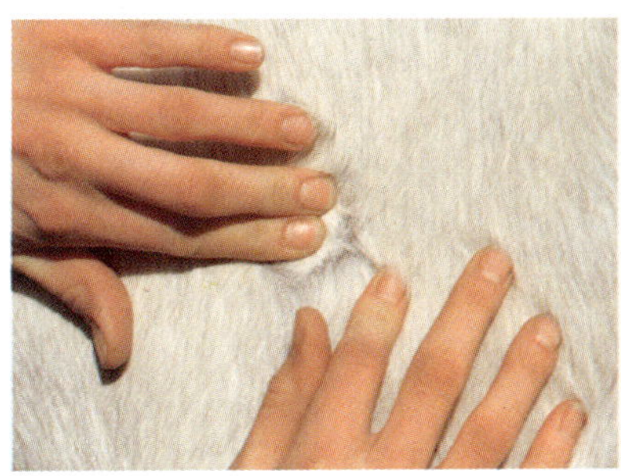

Gesundes Fell liegt am Körper an und ist frei von Ungeziefer

Vorsicht Husten!

Husten und Nasenausfluß, schweres Atmen und allgemeine Mattigkeit deuten auf eine Erkrankung der Atemwege hin. Sie ist immer ernst zu nehmen, denn sie kann schnell chronisch werden und das Pferd dann dauerhaft schädigen. Früh erkannte Infektionen können meist gut durch den Tierarzt behandelt werden und heilen rasch ab. Besonders Stallpferde leben gefährlich, denn die meisten Stallgebäude sind zu warm, die Luftfeuchtigkeit ist zu hoch, und die aus der benutzten Einstreu aufsteigenden Ammoniakdämpfe greifen zusätzlich die Lungen an. Ein zum Husten neigendes Pferd sollte deshalb grundsätzlich im Offenstall oder zumindest in einer Außenbox untergebracht werden. Gegen schlechtes Wetter schützt man es besser mit einer dicken Decke als durch die Unterbringung im stickigen Stall.

So gibt man Wurmkuren ein:

Im Maulwinkelbereich hat das Pferd eine zahnlose Stelle, die Laden

Dort den Einwegdosierer einführen und die Wurmkur auf die Zunge drücken

Verletzungen

In jede Stallapotheke gehört ein Desinfektionsspray für frische, oberflächliche Wunden. Die weitere Behandlung erfolgt dann mit einer Wundsalbe aus der Apotheke.

Liegt die Wunde an einem Pferdebein, so muß man ihr besondere Aufmerksamkeit schenken, denn dabei kommt es leicht zu einem gefährlichen »Einschuß«, einer Unterhautentzündung. Hier unterstützt man die Heilung durch feuchte Umschläge, die mit einem leichten Desinfektionsmittel getränkt werden.

Schnittwunden und Rißwunden, besonders im Gesicht des Pferdes, sollten besser genäht werden, sonst bleiben häßliche Narben. Rufen Sie den Tierarzt möglichst schnell und desinfizieren Sie die Wunde nicht vor seinem Eintreffen.

Wenn eine Wunde stark blutet, heißt es kühlen Kopf bewahren! Ein Pferdekörper enthält 50 Liter Blut und mehr – das Pferd kann einen ganzen Eimer davon verlieren, ohne daß es kritisch wird! Natürlich werden Sie bei starken Blutungen den Tierarzt rufen, aber Sie brauchen nicht in Panik zu geraten. Bei arteriellen Blutungen ist es natürlich gut, wenn jemand eine Aderkompresse anlegen kann. Lassen Sie sich das am besten mal vom Tierarzt zeigen oder besuchen Sie einen Erste-Hilfe-Kurs für Pferdehalter, wenn sich die Gelegenheit dazu bietet.

Lahmheiten

Die Ursache einer Lahmheit herauszufinden, ist nicht immer einfach, auch das Erkennen, auf welchem Fuß das Pferd lahmt. Üben Sie sich also so oft es geht in Lahmheitsdiagnosen. Dazu lassen

Schon passiert! Das Pferd muß jetzt nur noch abschlucken

Sie sich das Pferd vortraben. Erst von Ihnen weg, dann auf Sie zu. Der Vorführer sollte das Pferd weder vorwärtszerren noch mühsam am Wegstürmen hindern müssen. Typisch für eine Lahmheit auf der Vorhand ist ein »Nicken« des Kopfes. Das Pferd senkt den Kopf, wenn es mit dem gesunden Fuß auftritt und hebt ihn wieder, wenn der kranke an der Reihe ist. Zu erklären ist das mit dem Versuch, das Gewicht auf das gesunde Bein zu stützen und dieses Bein möglichst lange am Boden zu lassen, während das kranke entlastet wird. Bei Lahmheiten der Hinterhand ist ein ähnliches Auf- und Niederwippen der Kruppe zu beobachten.

Krankheiten vorbeugen

▶ **IMPFUNGEN:** Jedes Pferd sollte gegen Grippe und Tetanus geimpft sein. In tollwutgefährdeten Gebieten ist zudem eine Tollwutimpfung notwendig. Weitere Impfmöglichkeiten gibt es gegen Herpesinfektionen und ansteckendes Verfohlen.

▶ **WURMKUREN:** Wurmeier und Larven im Stall und auf der Weide lassen sich nicht vermeiden. Insofern sind mindestens drei, besser vier Wurmkuren im Jahr unerläßlich. Mittels Einwegdosierer ist die Sache in wenigen Sekunden erledigt.

▶ **ANSTECKUNGSGEFAHR REDUZIEREN:** Lassen Sie Ihr Pferd möglichst nicht an fremden Pferden schnuppern, nicht aus fremden Eimern fressen oder trinken, und bemühen Sie sich auf Schauen und Turnieren, streichelnde Menschen fernzuhalten, die ungewollt Keime übertragen. Vorbeugende Gaben von Echinacea (30 Tropfen 3 x täglich) oder Lachesis stärken die Abwehrkräfte.

▶ **KOLIK VORBEUGEN:** Neigt das Pferd zu Koliken, so kann man mit regelmäßigen Gaben spezieller Hefekulturen vorbeugen. Der Tierarzt wird Ihnen ein Präparat empfehlen. Auch 2 x wöchentliche Zufütterung von gekochtem Leinsamen mit etwas Weizenkleie pflegt den Darm.

Welches Pferd für welchen Zweck?

»Mein Pferd, ein Pferd, ein Königreich für ein Pferd!« rief Richard III. Allerdings: Irgendein beliebiges Pferd hätte dem bedrängten König wohl auch nicht weitergeholfen. Vermutlich wären seine Probleme weder durch ein kleines Shetlandpony noch durch ein behäbiges Kaltblut zu lösen gewesen. Denn Pferd ist nicht gleich Pferd. In Sachen Größe und Eigenschaften gibt es erhebliche Unterschiede zwischen den verschiedenen Rassen, und auch innerhalb einer Rasse ist durchaus nicht jedes Pferd gleich. Bevor man sich also für einen Pferdekauf entschließt, lohnt sich die Information über Pferdetypen und Rassen, Großpferde und Ponys, Vollblüter und Robuste. Und noch ein wichtiger Tip: Fragen Sie sich bei der Entscheidung für ein Pferd nicht nur, welche Rasse oder welches Individuum Ihnen am besten gefällt. Viel wichtiger kann die nüchternere Überlegung sein, welcher Vierbeiner wirklich zu Ihnen paßt. Nehmen Sie sich also Zeit zum Schauen, Entdecken und Ausprobieren vor der endgültigen Entscheidung!

Pferde kennen und beurteilen

▸ Das Exterieur: Körperbau, Farben, Abzeichen

Mit dem Fachwort »Exterieur« bezeichnet die Reitersprache den Körperbau eines Pferdes. Man spricht von einem guten oder weniger guten Exterieur, und seine Beurteilung ist eine Wissenschaft für sich. Hier geht es ja nicht nur darum, das Pferd nach mehr oder weniger willkürlichen Gesichtspunkten als »schön« einzuordnen, sondern auch um die Frage, ob sein Körperbau es zu sportlichen Leistungen unter dem Reiter befähigt. Die Vorstellungen von einem solchen »perfekten Sportkörper« differieren auch von Reitweise zu Reitweise, Disziplin zu Disziplin. Das ideale Springpferd hat zum Beispiel kaum Gemeinsamkeiten mit dem optimalen Gang- oder

Missouri Foxtrotter in Turnieraufmachung

Rodeo – Spannend anzusehen, aber nicht identisch mit Westernriding

Westernpferd. Wer sich zu einer Spezialrasse hingezogen fühlt und einen ihrer Vertreter erwerben möchte, sollte sich deshalb rechtzeitig über ihre Besonderheiten kundig machen.

GRÖSSE Das einfachste Exterieurmerkmal ist die Größe. Sie wird mittels des »Stockmaßes« ermittelt, wozu ein spezieller Meßstab am Widerrist des Pferdes angelegt wird. Der Widerrist ist die knöcherne Erhebung am Halsansatz, gebildet durch die Dornfortsätze der vorderen Rückenwirbel.

Grob unterteilt man Pferde in Großpferde und Kleinpferde. Bis zum Stockmaß von 1,48 Meter (Diese etwas krumme Zahl ergibt sich daraus, daß hier eine englische Maßangabe von Inches in Meter übertragen wurde) ist ein Pferd ein Kleinpferd oder Pony, darüber darf es sich Pferd nennen.

Größe entscheidet aber nur in ganz geringem Maße über die Leistungsfähigkeit und vor allem die Tragkraft eines Pferdes. Sie werden eher durch das Kaliber bedingt, also die Schwere des Knochenbaus. So manches kalibrige Kleinpferd kommt besser mit einem schweren Reiter zurecht als ein zierliches Vollblut. Insofern ist es nur vom persönlichen Geschmack abhängig, ob man lieber ein Großpferd oder ein kräftiges Pony reitet.

KOPF Auch welche Kopfform bei welcher Rasse als »schön« gilt, ist mehr ein ästhetisches Problem. Beim Araber zum Beispiel wird ein Hechtkopf mit konkaver Einsenkung der Profillinie gern gesehen, iberische Pferde neigen eher zum Gegenteil, dem Ramskopf. Beim modernen Sportpferd wünscht man sich einen

Viele alternative Reitweisen orientieren sich an der Gebrauchsreiterei von Hirten. Hier die spanische Doma Vaquera

geraden Kopf, für viele Ponyrassen ist ein Keilkopf mit breiter Stirn und breit ausladenden Ganaschen charakteristisch.

HALS Doch schon beim Pferdehals werden praktische Überlegungen interessant. Beim Reitpferd sollte er nicht zu dick und nicht zu dünn, am Mähnenkamm schön bemuskelt und aufgewölbt sowie schräg aufgesetzt sein. Zeigt das Pferd dann noch eine ausreichende Ganaschenfreiheit, behindern die »Backenknochen« es also nicht dabei, den Hals anzuwinkeln, so wird es leicht an den Zügel zu reiten sein.

RÜCKEN Auch ein gerader Rücken erleichtert dem Pferd die Zusammenarbeit mit dem Reiter. Ob er im Verhältnis zur Beinlänge eher lang oder kurz gewünscht wird, ist rasseabhängig. Das ideale Westernpferd zum Beispiel ist ein »Quadratpferd« mit eher kurzem Rücken. Die Länge des Pferderumpfes soll mit der Widerristhöhe ein Quadrat bilden. Auch klassische Dressurreiter bevorzugen diese Körperform, während im internationalen Sport eher das »Rechteckpferd« erwünscht ist.

KRUPPE Das Hinterteil des Pferdes bezeichnet man als »Kruppe«. Von ihrer Form und Bemuskelung ist die wichtige Hinterhandaktion des Pferdes abhängig. Bei den meisten Pferderassen leistet eine lange und breite, mäßig abfallende Kruppe mit langen Ober- und Unterschenkelknochen die besten Dienste. Besonders bei Gangpferden ist aber auch eine abschüssige Kruppe erwünscht.

Korrekte Aufstellung zur Exterieurbeurteilung

»Materialprüfungen« für Pferde sind keine reinen Schönheitskonkurrenzen

GLIEDMASSEN Eine wichtige Rolle bei der Pferdebeurteilung spielt der Blick auf die Gliedmaßen. Ein Reitpferd ohne gesunde Beine ist schließlich undenkbar. Aber Achtung: Nicht jedes Pferd, das etwas schief auf den Beinen steht, ist verschleißanfällig oder gar krank! Zwar wünscht man sich heute in den meisten Zuchten senkrechtstehende Gliedmaßen. Jahrhundertelange Erfahrung hat aber gezeigt, daß manche Fehlstellungen, so etwa die »Kuhhessigkeit« der Hinterbeine, mehr Ausdauer und Trittsicherheit bewirken. Wichtiger als ganz korrekte Stellung ist also, daß eventuelle kleine Fehler keine Auswirkungen auf die Bewegung haben.

FESSELSTAND Wichtig ist dann auch noch der Fesselstand. Die Fessel verbindet das Röhrbein mit dem Huf und bildet damit idealerweise einen Winkel von etwa 45 Grad. Ist er steiler, so spricht man von einer »steilen Fessel«, ist er flacher, so gilt das Pferd als »weich gefesselt«. Letzteres findet man vor allem bei Pferderassen, die auf bequeme Gänge für den Reiter gezüchtet wurden. Aber es führt häufig, ebenso wie die sehr steile Fesselung, zu frühem Verschleiß des Pferdes.

FELLFARBE Nachdem wir das Pferd nun von Kopf bis Fuß begutachtet haben, kommen wir wieder zu einem offensichtlichen Merkmal, der Fellfarbe. Sie wird aus gutem Grund so spät behandelt, denn der Grundsatz alter Pferdekenner: »Ein gutes

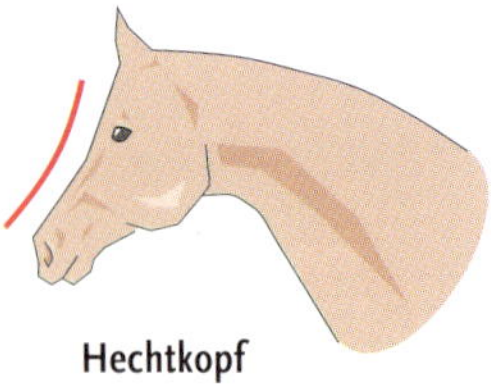

Hechtkopf

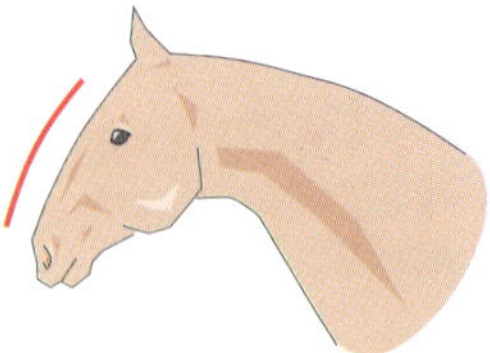

Ramskopf

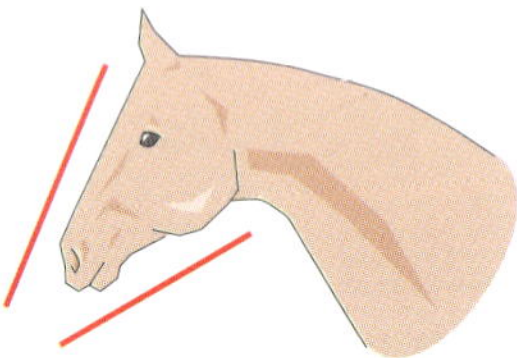

Keilkopf

Pferd hat keine Farbe!« gilt auch heute noch. So schön es ist, ein Pferd mit attraktiver Felltönung sein eigen zu nennen – wesentlich wichtiger sind der Körperbau und die Reiteigenschaften!

Der Keilstern macht diesen hübschen Ponykopf auffällig

Bevor Sie sich jedoch für eine Lieblingsfarbe entscheiden können, müssen Sie die Felltönung korrekt benennen können. Das ist im Prinzip ganz einfach, wenn Sie sich nur ein paar Grundregeln merken. Beginnen wir mit dem weißen Pferd, dem Schimmel. Seine Farbe ergibt sich durch ein Gen, das vorzeitige Vergreisung bewirkt. Ein braunes, fuchsfarbenes oder gar schwarzes Fohlen entwickelt im Laufe weniger Jahre zunächst weiße Stichelhaare, die es zum Rotschimmel oder Grauschimmel werden lassen. Irgendwann ist es dann schneeweiß oder milchweiß, aber wie lange dieser Prozeß sich genau hinzieht, kann niemand voraussagen. Bei Pferderassen mit sehr hohem Schimmelanteil geht es meist schneller als bei anderen. Viele Camarguepferde, Lipizzaner oder Andalusier sind schon mit drei Jahren ganz und gar weiß.

Wird ein Fohlen gleich weiß oder besser gesagt cremefarben geboren, so ist es kein Schimmel, sondern ein Cremello. Diese Ausnahmepferde haben oft blaue Augen und tragen eine interessante Erbanlage in sich, die man »Aufhellungsfaktor« nennt. Paart man sie mit einem Fuchs, so entstehen die begehrten Isabellen bzw. Palominos.

Schwarze Pferde nennt man Rappen, wobei ein richtig tiefschwarzes Fell selten ist. Bei artgerecht gehaltenen Pferden kommt es im Sommer unweigerlich zu einer Ausbleichung durch die Sonne. Bevor Sie einen Glanzrappen also so richtig bewundern, denken Sie an all die Zeit, die er zur »Schönheitspflege« im Stall verbracht hat!

Füchse und Braune zeigen beide eine braune oder rotbraune Grundfarbe. Der entscheidende Unterschied: Beim Fuchs sind

Mähne und Schweif gleichfarbig oder heller, beim Braunen sind sie schwarz. Durch den schon erwähnten Aufhellungsfaktor im Erbgut wird aus einem Fuchs ein Isabelle oder Palomino, aus dem Braunen ein Falbe. Isabellen und Falben haben beide eine cremefarbene bis hellbraune (beim Falben auch graue) Grundfarbe, Mähne und Schweif sind beim Isabellen hell, beim Falben gleichfarbig oder schwarz.

Viele Western- und Freizeitreiter schätzen besonders farbige Pferde, also Schecken. Neuerdings wird ihre Zucht gezielt betrieben, wobei jedes gescheckte Pferd ins Zuchtbuch aufgenommen wird. Dadurch, daß man den Schecken dann »Pinto« nennt, wird er aber noch längst nicht zum Rassepferd. »Pinto« ist nur das spanische Wort für »bemalt« oder »gescheckt«.

Auch bezüglich ihrer Gangveranlagung unterscheiden sich Einzelpferde und Pferderassen. Einige zeigen sehr hohe, spektakuläre Bewegungen, andere eher lange und flache. Neben den Gangarten Schritt, Trab und Galopp, die fast jedes Pferd zeigt, sind im Erbgut mancher Rassen weitere Gänge, zum Beispiel Tölt und Paß, fest verankert.

FEHLERPFERD Sie wissen jetzt, wie ein korrekt gebautes Pferd aussieht. Aber was ist ein »Fehlerpferd«? Der Ausdruck geistert immer wieder durch die Reitersprache und bezeichnet ein Pferd, das sich aufgrund seiner mannigfaltigen Gebäudefehler wenig zum Reiten eignet. Sehr nett ist das Wort natürlich nicht, denn das Individuum Pferd kann nicht einfach als Anhäufung

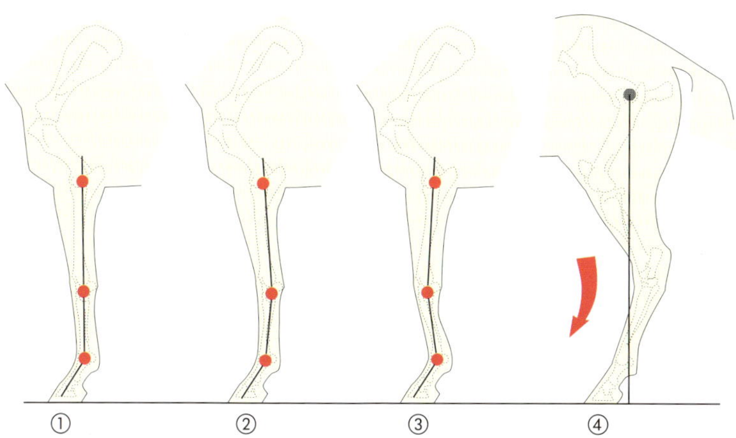

① normale Stellung
② rückbiegige Stellung
③ vorbiegige Stellung
④ säbelbeinige Stellung

Viele Reiter lieben Pferde in auffälligen Farben

von Problemen betrachtet werden! Gerade hinter einem häßlichen Entlein steht oft ein besonders angenehmer, freundlicher Charakter, und auch wenn sich das Pferd nicht zum Sportpferd eignet, kann es einem Freizeitreiter, der weniger Leistung verlangt, noch viel Freude machen. Hüten wir uns also davor, zum »Fehlergucker« zu werden. Nicht jedes Problem beeinträchtigt ein Pferd so sehr, daß es absolut unbrauchbar ist. Sie sollten deshalb auch sehr gut überlegen, welchen Freund oder Bekannten Sie bei einem eventuellen Pferdekauf um Beratung bitten. Versierte Reiter raten Anfängern gern zu Pferden, die zwar ein hervorragendes Gebäude und großes Potential für den Sport haben, ihren künftigen Besitzer aber in Sachen Gangwerk, Temperament und Ausbildungsbedarf erheblich überfordern.

Auch ein Pferd, das sich nicht absolut perfekt trägt, kann problemlos alt werden. Sollte Ihr Traumpferd also über eher enge Ganaschen verfügen oder sein Hals infolge einer zu steilen Halsansatzfläche etwas zu weit vorhängen, so werden Sie zwar wahrscheinlich keine Dressurschleifen gewinnen können, aber durchaus mit einem gesunden Pferd durchs Gelände kommen. Jedenfalls dann, wenn Sie halbwegs passabel reiten, denn ein guter Reiter kann fast jeden Gebäudefehler durch Training ausgleichen.

Zeigt das Pferd allerdings eine Neigung zum Hirschhals, so wird das schwieriger. Hier wird dem Reiter deutlich mehr abverlangt, um dem Pferd zu einer annehmbaren Arbeitshaltung zu verhelfen. Dabei spielt das Zusammenspiel von treibenden und verhaltenden Hilfen eine große Rolle. Die Verwendung von Hilfszügeln ist keine Lösung, sondern macht das Problem nur schlimmer. Das Pferd beginnt, sich gegen den Zwang aufzulehnen, und wird schnell zum Puller und Durchgänger. Vorsicht deshalb bei Pferden mit Hirschhals und stark bemuskeltem Unterhals! Anfänger kommen selten mit ihnen zurecht. Das gilt besonders, wenn das Pferd auch noch Rückenprobleme hat. Ein Senkrücken oder ein Karpfenrücken begünstigt Verspannungen und Rückenschmerzen, das Pferd versucht eine Vermeidungshaltung einzunehmen und reißt den Kopf hoch. Auch bei diesen Schwierigkeiten sind sehr gute Reiter mit viel Erfahrung und Einfühlungsvermögen gefragt.

Fehlstellungen der Beine müssen die Reiteignung, wie gesagt nicht beeinträchtigen. Unterständige Hinterbeine, oft in Verbindung mit einer stark abfallenden Kruppe, können es dem Reiter sogar erleichtern, das Pferd in der richtigen Haltung zu reiten. Sie sind beim Sportpferd nur deshalb unerwünscht, weil das damit behaftete Tier in der Regel weniger Raumgriff entwickelt, also keine weiten, langen Bewegungen zeigt. Dafür besticht es mitunter durch besonders erhabene Gänge und begeistert damit Fans der Klassisch-Iberischen Reitweise.

Auf keinen Fall sollte man sich beim ersten Pferdekauf auf Experimente einlassen. Kaufen Sie kein Fohlen, auch wenn das eine gute Idee zu sein scheint, weil die erwachsenen Exemplare Ihrer Traumrasse sehr teuer sind. Die Ideallösung ist ein erwachsenes Pferd, das Sie ausgiebig probereiten können. Es sollte Ihnen aufgrund seines Äußeren, aber auch durch sein angenehmes Gangwerk und seine Umgänglichkeit unter dem Reiter sympathisch sein.

Abzeichen

Weiße Abzeichen am Kopf oder an den Beinen tragen sehr zum Charme und zur Individualität eines Pferdes bei. Es handelt sich dabei übrigens um Domestikationsmerkmale. Wildpferde tragen keine weißen Abzeichen, sondern lediglich einen dunklen »Aalstrich« von der Mähne bis zum Schweifansatz und gelegentlich »Zebrastreifen« im Schenkelbereich.

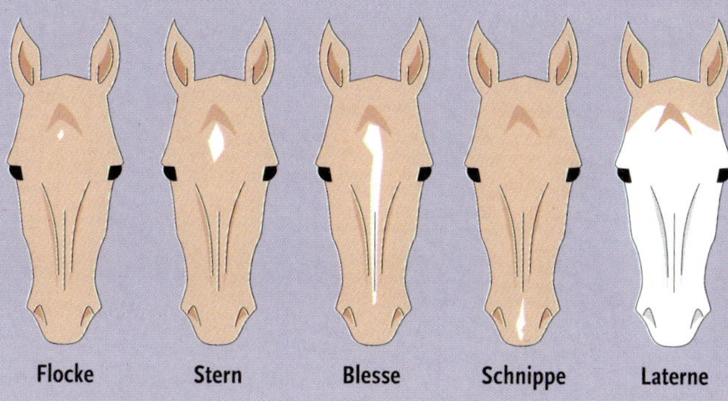

TIP VOM

alten Stallmeister

Wer ein junges Pferd kauft, möchte stets gern wissen, welche Endgröße es einmal erreichen wird. Mit Hilfe des altenglischen »Zigeunermaßes« kann man das recht genau errechnen. Dazu mißt man den Abstand zwischen Ellbogen und Fesselkopf und zwischen Ellbogen und Boden. Addiert ergeben diese Werte die spätere Widerristhöhe des Pferdes. Die sichersten Aussagen erlaubt diese Schätzung bei Jährlingen.

Das Interieur – Charakter und Persönlichkeit

Auf den letzten Seiten haben wir uns ausführlich mit der körperlichen Eignung des Pferdes zum Reitpferd auseinandergesetzt. Ein Pferd ist jedoch ein Lebewesen, und seine Psyche spielt bei all seinen Leistungen eine fast ebenso große Rolle wie seine physische Begabung. Das »Interieur« erschließt sich allerdings nicht beim ersten Vortraben, und die Einstellung des Pferdes zum Menschen und zur Leistung ist auch nicht nur angeboren, sondern zu einem großen Teil erworben. Viele aggressive Pferde beißen und schlagen zum Beispiel nur aus Angst und Frustration über unfähige, brutale Reiter und zu enge Ställe. In einfühlsamer Hand würden sie ihren starken Charakter für ihren Reiter einsetzen statt ihn zu bekämpfen. Durchgänger sind oft besonders sensible und ängstliche Pferde, die vor ihrem Reiter davonlaufen. Ihr gefährliches Fehlverhalten ergibt sich nicht aus Bosheit, sondern Unsicherheit.

Benimmt sich ein Pferd nicht so, wie wir es wollen, sprechen wir meist von »Untugenden«. Das beginnt mit den sogenannten »Stalluntugenden« Koppen und Weben. Koppen bezeichnet ein Abschlucken von Luft, das dem Pferd aus irgendeinem Grund Befriedigung verleiht und suchtartige Züge annehmen kann. Früher nahm man an, es begünstige Koliken, und bekämpfte es mit sehr rigiden Methoden. Heute sehen es die meisten Tierärzte nur als lästig, nicht als gefährlich an. Ebenso wie Weben, ein an den Hospitalismus bei Kindern erinnerndes »Auf-der-Stelle-Treten«, ist es eine Folge von Langeweile bei

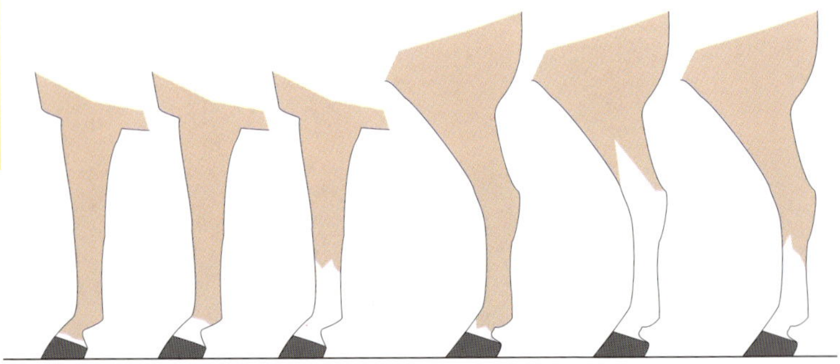

① Vorderkrone weiß ② Vorderfessel weiß ③ Vorderfuß halb weiß ④ Hinterfessel unregelmäßig weiß ⑤ Hinterbein unregelmäßig weiß ⑥ Hinterfuß unregelmäßig weiß

normaler Hals

Schwanenhals

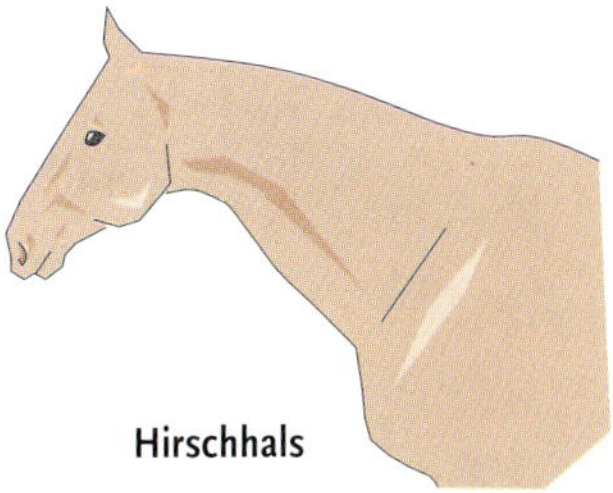

Hirschhals

Stallhaltung. Bei artgerechter Haltung gibt es sich meist schnell. Aggressivität im Stall ist nicht so leicht zu bekämpfen. Ist ein Pferd erst soweit, daß es seine Pfleger angreift, und hat es damit die ersten Erfolge, so wird es kaum wieder davon ablassen. Mit Liebe allein läßt sich diese Untugend nicht korrigieren. Als Anfänger lassen Sie also besser die Hände von derart gefährlichen Pferden – auch wenn sie Ihnen leid tun und Ihr Mitleid zweifellos verdienen!

Das gilt auch für Pferde, die unter dem Reiter gefährliche Unarten entwickelt haben. Steigen, Buckeln und Durchgehen sind einem Pferd nur schwer wieder abzugewöhnen, man braucht dazu profunde reiterliche Kenntnisse und Sattelfestigkeit. Fachkundige Berater, die das Pferd mit dem richtigen Maß an Liebe und Strenge für seinen Besitzer korrigieren, sind leider ebenfalls Mangelware. Besser als Heilen ist deshalb Vorbeugung: Ein guter Pferdeausbilder sollte immer auch ein »Pferdepsychologe« sein.

Solche Fehlstellung der Vorderbeine kann die Nutzung des Pferdes beeinträchtigen

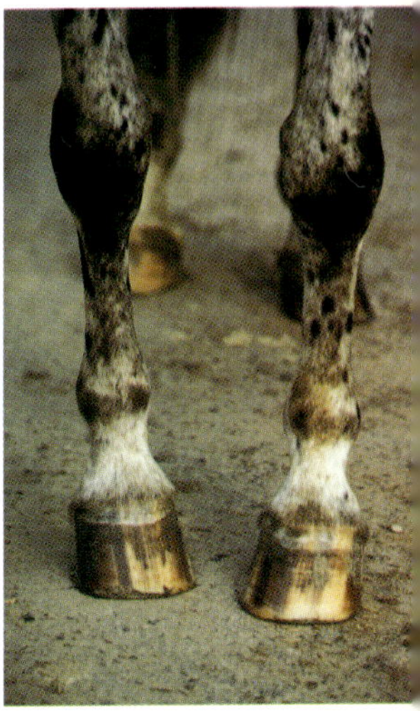

▸ Pferdetypen

Pferderassen entstanden ursprünglich dadurch, daß man versuchte, den idealen Pferdetyp für eine bestimmte Nutzungsart zu züchten. Unsere Vorfahren brauchten starke Pferde zum Pflügen der Felder und Ziehen schwerer Lasten, elegante Pferde zum repräsentativen Reisen, schnelle Pferde für Botendienste. Die genaue Vorstellung vom Idealpferd für diese oder jene Nutzungsart differierte dabei natürlich je nach Land und Gegend und war vor allem von praktischen Überlegungen abhängig. Wer schwere Böden zu bearbeiten hatte, brauchte Kaltblutpferde; in den Bergen waren Kleinpferde wie Haflinger die bessere Wahl für die gleiche Arbeit. In Mitteleuropa reiste man bequem per Kutsche und züch-

Knabbern am Holz ist keine Untugend, sondern Ausdruck von Langeweile oder Unterversorgung mit Vitaminen

tete dazu elegante Warmblüter; im unwirtlichen Island war man gezwungen, weite Strecken auf dem Pferderücken zurückzulegen, züchtete sich dazu aber wenigstens bequeme Tölter. Auf diese Weise kam es weltweit zu einer ungeheuren Vielfalt an Pferderassen, aber viele verloren an Bedeutung, als die Technik ihren Siegeszug antrat. In den sechziger Jahren schien es überhaupt so, als habe in der modernen Zeit nur noch das konventionelle Sportpferd eine Zukunft.

PFERDE FÜR FREIZEITREITER Erst durch die Freizeitreiterbewegung kamen viele alte Rassen zu neuen Ehren. Heute zeichnet sich weiterhin eine Art »Gründungsboom« für neue Pferderassen ab. Meist geht es dabei darum, die erwünschten Eigenschaften zweier Rassen miteinander zu kombinieren. Ein Beispiel dafür ist der Aegidienberger, der Größe und Sensibilität des Peruanischen Paso mit Robustheit und Gelassenheit des Isländers verbinden soll. Der Versuch zur Gestaltung einer neuen Rasse ist jedoch immer ein Glücksspiel, denn im Allgemeinen braucht es viel Zeit, Eigenschaften wirklich genetisch zu konsolidieren. Lassen Sie sich also nicht davon täuschen, daß man auf Schauen und Turnieren nur die gelungenen Vertreter der neuen Rassen sieht. Die Fehlschläge landen ohne Papiere beim Händler oder gleich in der Tiefkühltruhe.

KREUZUNGEN Nun war bisher stets von rassereinen Pferden die Rede, und auch wenn wir auf den nächsten Seiten verschiedene Pferdetypen vorstellen, wird es schwerpunktmäßig um Pferde »mit Papieren« gehen. Das soll aber nicht darüber hinwegtäuschen, daß in jedem Reitstall auch Pferde ohne Abstammungsnachweis stehen. Nicht ganz zu Unrecht erklären ihre Besitzer, man reite schließlich nicht auf der Geburtsbescheinigung. Trotzdem gibt es gewichtige Gründe, Rassetieren den Vorzug vor Kreuzungen zu geben. Das ist besonders dann der Fall, wenn man selbst ein Fohlen aufziehen möchte. Ohne die Eltern zu kennen, kann kein Mensch auch nur annähernd sagen, wie sich das Pferd entwickeln wird. Beim erwachsenen Tier sieht das natürlich anders aus. Ein Pferdekenner kann aufgrund des Körperbaus sagen, ob sich das Pferd für bestimmte Einsatzzwecke eignet oder nicht, zudem kann man es meist probereiten. Dabei erlebt man aber leider selten positive Überraschungen. Auf die Ausbildung und Versorgung von Pferden ohne Papiere wird in der Regel weniger

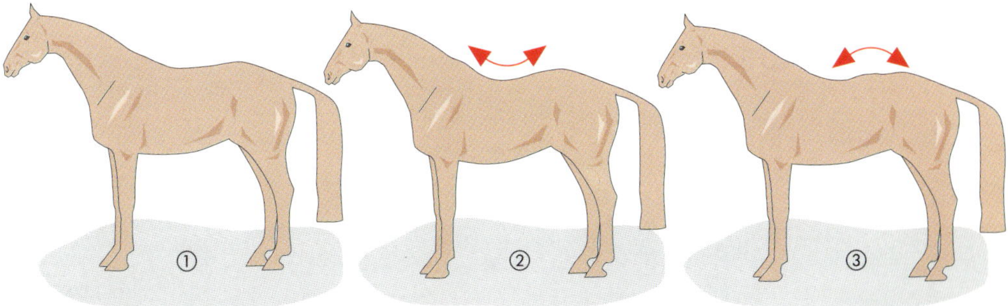

① gerader Rücken
② Senkrücken
③ Karpfenrücken

Sorgfalt verwendet als auf die von Rassetieren. Sie sind meist kein Ergebnis sorgfältiger Zuchtplanung, sondern ein Zufallsprodukt oder das Ergebnis der Profitgier eines Händlers, der schnell aus zwei beliebi-

Pferdeflüsterer und Magier?

Menschen, die Problempferden auch schwerste Verhaltensstörungen rasch abgewöhnen wie der »Pferdeflüsterer« im Kino – Gibt es sie wirklich, oder entstammen sie nur der Phantasie von Drehbuchschreibern und Buchautoren?
Unzweifelhaft gibt es Menschen, die einen besseren »Draht« zu Pferden haben als andere. Jeder Reiter verfügt über mehr oder weniger Begabung dazu, sich in das Tier einzufühlen und Verständnis für seine Eigenarten aufzubringen. Wer viel von diesem »sechsten Sinn« mitbringt, kommt natürlich gerade mit schwierigen Tieren besser zurecht. Allerdings muß auch er die grundlegenden Techniken des Reitens und des Umgangs mit Pferden zunächst erlernen. Ein technisch ungeschickter Reiter wird immer schnell an seine Grenzen stoßen.
Außerdem: Wunder bewirken kann niemand! Problempferde haben ihre Verhaltensstörungen über einen längeren Zeitraum hinweg entwickelt und kultiviert. Ihre Schwierigkeiten sind durchaus mit Phobien und Zwangshandlungen zu vergleichen, also massiven psychischen Störungen, die selbst beim einsichtigen, menschlichen Patienten nicht durch ein einziges Gespräch mit dem Psychologen aus der Welt zu schaffen sind. Also Vorsicht vor falschen Versprechungen! Korrektur von Problempferden ist harte, langfristige Arbeit für erfahrene Reiter und Pferdekenner.

Dülmener Wildpferde leben heute noch in Freiheit

gen Pferden drei machen wollte. Papierlose Pferde haben häufiger Aufzuchtschäden körperlicher oder seelischer Natur als andere. Ein Käufer braucht viel Erfahrung, um sie zu erkennen, und noch mehr, sie vielleicht zu beheben. Also Vorsicht vor dem »Schnäppchen« vom Händler nebenan!

▸ Kaltblüter – Eine starke Truppe

Die Bluttemperatur eines Kaltblutpferdes ist natürlich nicht niedriger als die eines Vollbluts oder Warmbluts. Die Oberbezeichnung für die schweren Arbeitspferde, die noch vor wenigen Jahrzehnten von keinem Bauernhof wegzudenken waren, bezieht sich eher auf deren ruhigen, »kaltblütigen« Charakter. Die meisten Kaltblüter zeichnen sich nämlich durch Umgänglichkeit und Gelassenheit aus. Sie sind von jeher darauf gezüchtet, ihre gewaltige Kraft nicht gegen den Menschen einzusetzen, und sie neigen nicht zu Panikreaktionen. Ihre Lieblingsgangart ist der Schritt. Während man in den sechziger Jahren ihr Aussterben fürchtete, er-

Rassepferde werden oft mit einem Brandzeichen versehen

leben die Kaltblüter heute eine Renaissance als umweltfreundliche Waldarbeiter. Immer häufiger werden sie als Holzrückepferde eingesetzt. Die etwas kleineren und leichteren Rassen wie etwa Schwarzwälder Füchse und Noriker finden aber auch im Freizeitbereich neue Aufgaben. Viele Hobbyreiter und -fahrer schätzen sie als Familienpferde.

Die bekannteste Kaltblutrasse ist der Belgier. Oft wird der Name »Belgier« sogar als Sammelbegriff für alle Kaltblüter genannt. Die extrem schweren Pferde, die ursprünglich aus Flandern und Brabant stammten, blicken auf eine große Geschichte als Ritterpferde zurück. Im Mittelalter schätzte man sie als Streitrösser, da sie mühelos mit dem Gewicht der schweren Rüstungen fertig wurden. Später war der Belgier oder Brabanter an der Schaffung vieler anderer Kaltblutrassen beteiligt.

Aus England kommen die fast ebenso berühmten Shire-Horses. Die Vertreter dieser größten Pferderasse der Welt erreichen häufig ein Stockmaß über zwei Meter! Auch sie blicken auf eine Vergangenheit als Streitrosse zurück, sind heute aber bekannter als Vertreter diverser englischer Brauereien, deren Bierwagen sie werbewirksam durch jede größere Pferdeshow ziehen.

Etwas eleganter als das typische Kaltblut ist der Percheron. Die Rasse führt nachweislich Araberblut und war bis in die ersten Jahrzehnte des 20. Jahrhunderts nicht nur als Arbeits-, sondern auch als schweres Kutschpferd beliebt. Heute erwartet viele Percherons im französischen Ursprungsland ein weniger glamouröses Schicksal. Sie werden als Schlachtpferde gezüchtet.

In Deutschland wird die Kaltblutzucht traditionell von den Warmblutzuchtverbänden mitbetreut. In praktisch jedem Landgestüt gibt es auch Kaltbluthengste, die Züchtern zur Verfügung stehen, und man bemüht sich vor allem dort sehr intensiv um die Erhaltung der alten Rassen. Mit dem Aussterben einer Rasse gehen immer unwiederbringliche Verluste eines Genpools einher. Genreserven sind jedoch für die Einkreuzung zur Gesunderhaltung der anderen Rassen wichtig.

Kaltblüter wie diese Percherons ziehen schwere Lasten mühelos weg

Kaltblüter reiten?

Auf Hengstparaden oder Schauen sieht man sogar relativ schwere Rassen wie Westfälische oder Rheinische Kaltblüter immer wieder unter dem Sattel. Die »Dicken« glänzen hier sogar in Zirkuslektionen und werden stets mit donnerndem Applaus bedacht. Für Freizeitreiter ist es aber eher die Ausnahme, sich ein so schweres Pferd, das in der Unterhaltung verständlicherweise nicht billig ist, in den Offenstall zu holen. Die meisten Kaltblutfans entscheiden sich eher für kleinere und leichtere Rassen. Der Freiberger aus der Schweiz ist dabei sicher die beliebteste. Diese vielseitigen, freundlichen Pferde werden in den letzten Jahren gezielt als Allrounder gezüchtet und vermarktet.
Ein Geheimtip ist dagegen das Finnpferd, ein sehr kleiner Kaltblüter, der beinahe im Ponytyp steht. Finnpferde gelten als die schnellsten Kaltblüter der Welt - In ihrer Heimat Finnland fährt man mit ihnen Trabrennen. Als Freizeit- und Familienpferde sind sie noch nicht so bekannt, haben aber sicher Zukunft!

Holzrücken – Idealer Job für die »Dicken«

▸ Warmblüter – Die Vielseitigen

Praktisch alle klassischen Reitpferderassen gehören zu den Warmblütern. Der konventionelle Dressur- und Springsport wird praktisch nur mit ihnen bestritten. Aber auch als leichte, elegante Kutschpferde wurden und werden Warmblüter eingesetzt, und im Freizeitreiterbereich bewähren sie sich im Distanzsport und als Wanderreitpferde. Nehmen Sie es also nicht so ernst, wenn besonders den Warmblutpferden deutscher Zuchten, die im Sport besonders erfolgreich sind, ein oft schwieriger Charakter nachgesagt wird. Verhaltensprobleme dieser sensiblen Pferde lassen sich fast immer mit nicht artgerechter Haltung erklären, denn gerade Sportpferde verbringen ihr Leben immer noch vorwiegend in Boxen. Grundsätzlich besteht jedenfalls kein Grund, den Warmblüter als Familienpferd auszuschließen.

Warmblutpferde deutscher Zuchten werden nach ihren Zuchtgebieten benannt. Die bekanntesten sind wohl Westfalen und Hannoveraner, aber auch Brandenburger und Mecklenburger, Holsteiner und Oldenburger, Baden-Württemberger, Bayern und Hessen haben im internationalen Sport einen sehr guten Ruf. Ein Sonderfall sind die Trakehner, die vor dem Zweiten Weltkrieg im Staatsgestüt Trakehnen in Ostpreußen gezüchtet wurden und sich schnell einen hervorragenden Ruf als Dressur-, Spring- und vor allem Kavalleriepferde erwarben. Sie werden heute von einem überregionalen Zuchtverband betreut. Im Alltag erweisen sie sich oft als besonders nervige und intelligente Reitpferde – großartige Partner, wenn ihr Reiter sie zu nehmen weiß.

In anderen europäischen Ländern bestehen natürlich ebenfalls Warmblutzuchten. Der französische Selle Français besticht zum Beispiel als Dressurpferd in der Traditionsreitschule in Saumur, während sich die englischen Zuchten mehr auf Spring- und Jagdpferde konzentrieren.

Eleganz und Temperament: ein Warmblut im Freilauf

Vollblüter – Zum Rennen geboren

»Vollblüter« darf sich jedes Pferd nennen, das auf eine rein arabische Abstammung zurückblicken kann. Schon zu Zeiten des Propheten Mohammed züchteten die Beduinen Arabiens die eher kleinen, aber schnellen Galopp-Pferde. Durch Mohammeds Glaubenskriege erhielten sie einen geradezu legendären Ruf, denn der Prophet und seine Nachfahren riefen in unnachahmlich schönen Worten zu ihrer Pflege und guten Behandlung auf. Sätze wie »Sage nicht, es ist mein Pferd, sage, es ist mein Sohn!« und »Soviel Körner Gerste du deinem Pferde gibst, soviel Sünden seien dir vergeben!« rühren immer noch an das Herz des Pferdefreundes, obwohl die internationalen Araberverbände heute ganz andere Vorstellungen vom gut gepflegten Pferd haben als vormals der Prophet. Der Vollblut-Araber läuft Gefahr, immer mehr zum »Modepüppchen« zu entarten. Die »schönsten Pferde der Welt« werden für die Schau geschoren und geschminkt, der elegante Schwung ihres Halses geht oft auf Schwitzpackungen zurück, und wenn das alles nichts hilft, greift man auch mal zum Silikonimplantat, um der zweifelhaften Schönheit nachzuhelfen. Zum Glück gibt es immer noch Araberfreunde, für die natürliche Ausstrahlung und Leistung zählen. Besonders im Distanzsport stehen arabische Pferde oft vorn, und viele Freizeitreiter lieben sie aufgrund ihrer besonderen Menschenbezogenheit.

Edler Kopf eines Vollblüters

Wem der Vollblut-Araber zu klein und zierlich ist, der findet sein orientalisches Traumpferd vielleicht im Shagya-Araber. Diese ebenfalls sehr edle, aber etwas größere und kalibrigere Pferderasse entstand im 19. Jahrhundert auf dem ungarischen Staatsgestüt Babolna. Man kreuzte dazu Mutterstuten, die arabisches, aber auch Lipizzaner- und Kladruber-Blut führten, mit Araberhengsten.

Orientalische Hengste waren auch die Begründer der zweiten

Oft wurden Vollblüter zur Veredelung von Warmblutrassen eingesetzt

wichtigen Linie der Vollblut-Familie. Praktisch alle Vertreter des Englischen Vollbluts gehen auf drei Stammhengste zurück: Godolphin Barbian, Byerley Turk und Darley Arabian. Englische Vollblüter sind die schnellsten Pferde der Welt. Ihr Haupteinsatzbereich sind die Rennbahnen, auf denen sie ihren Besitzern zum Teil horrende Geldsummen verdienen – aber auch schon so manchen Ruin verursachten. Lernt man sie nicht als »Rennmaschinen«, sondern als Persönlichkeiten kennen, so bestechen sie oft durch freundlichen, sanften Charakter und entwickeln sich zu hervorragenden Freizeitpartnern.

Auch die Traber auf unseren Rennbahnen erheben Anspruch auf den Titel »Vollblut«, und darüberhinaus sollte der Achal Tekkiner bei der Aufzählung der edlen Renner nicht vergessen werden. Diese noblen russischen Pferde werden seit Menschengedenken in der südrussischen Steppe gezüchtet. Charakteristisch für sie ist der Goldglanz im Fell, zudem sagt man ihnen nach, sie würden unter schwersten Einsatzbedingungen Blut schwitzen. So weit werden sie heute gewöhnlich nicht mehr gefordert. In Mitteleuropa schätzt man sie mehr als besonders exklusive Freizeitpferde.

Traumpferde

Orientalische Legenden besagen, daß Allah die erste Stute aus dem Südwind erschuf. Ein Segen für den Guten sollte sie sein, aber auch ein Unheil für den Bösen, und Glück sollte auf ihrem Rücken wohnen. »Denn du sollst fliegen ohne Flügel und siegen ohne Schwert.«

Die fünf besten dieser windschnellen Geschöpfe erwählte dann Mohammed der Prophet für seine Pferdezucht. Angeblich gehen alle Araber auf die einzigen fünf Stuten zurück, die seinem Ruf in die Schlacht folgten, statt zum Wasser zu gehen und sich zu erfrischen. Da er den Krieg mit fünf Pferden kaum gewonnen hätte, muß es sich um einen Fehlalarm gehandelt haben ... Aber so weit hinterfragt man diese Legenden besser nicht. Das gilt auch für die Geschichten rund um die legendären drei orientalischen Hengste, auf die sich sämtliche Englische Vollblüter zurückführen lassen sollen. Tatsächlich finden sich im ersten General Studbook von 1793 durchaus noch weitere Hengste. Nur sehr selten hält eine der vielen, zum Teil sehr verkaufsfördernden Legenden rund um die verschiedensten Pferderassen einer nüchternen Prüfung stand. Aber das hindert niemanden daran, sie weiterzuerzählen. Was wäre die Pferdewelt schließlich ohne ihre Mythen und Träume?

Auch Araber fühlen sich im Winter auf der Weide wohl

Kleinpferde und Ponys – Handlich und klug

Die Vertreter der kleinsten Ponyrasse – es handelt sich hier um die argentinischen Falabella-Ponys – sind nur 40 bis 60 cm hoch; die größten – englische Ponyrassen wie Welsh Cob oder Connemara – liegen um 1,48 m. Cobs können auch schon mal aus dem Ponymaß herauswachsen, ohne daß sie gleich als untypisch für ihre Rasse gelten. Der Cob-Typ, der ein kräftiges, kompaktes Pferd mit gutem Halsansatz, kleinem, elegantem Kopf und starken Trabbewegungen bezeichnet, ist hier wichtiger als die Größe. Zwischen diesen »Pony-Extremen« vom Liebhaberpferdchen bis zum Gewichtsträger liegen viele andere Kleinpferderassen. Als Kinderpferd kennen wir dabei vor allem das Shetlandpony, dessen enormer Leistungswille und hohe Intelligenz es aber auch zum hervorragenden Fahrpferd machen. Die selbstbewußten Shetlandponys sind alles andere als Spielzeuge! Sanfter und damit besser für Kinder geeignet sind meist Dartmoor-Ponys und Welsh-A-Ponys.

Nachwuchs-Turniercracks sind mit Connemara-Ponys, Deutschen Reitponys oder Welshponys der Sektionen B und C am besten beritten. Insbesondere Deutsche Reitponys sollen im Typ möglichst genau dem Warmblüter entsprechen und verfügen über ein dementsprechend gutes Gebäude für konventionelle Dressur- und Springprüfungen.

Die meisten Kleinpferde- und Ponyrassen sind jedoch Familienpferde. Insbesondere die sogenannten Robustrassen bieten eigentlich für jeden etwas. Sie sind unproblematisch in der Haltung und preiswert in der Unterhaltung, auch von schwereren Erwachsenen problemlos reitbar und meist von eher gelassenem Temperament. Die hier in Frage kommenden Rassen sind zum Beispiel Haflinger, die freundlichen Füchse mit hellen Mähnen, Fjordpferde, die Falben aus Norwegen, oder das urwüchsige Highland Pony aus Schottland. Wer ein besonders bequemes Pferd wünscht, findet sein Kleinpferd vielleicht unter den Isländern oder Aegidienbergern, welche die weiche Viertaktgangart Tölt mitbringen. Auf ihnen ist auch Erwachsenen die Teilnahme an Spezialturnieren möglich.

Viele Kleinpferde- und Pony-Enthusiasten kommen aus dem konventionellen Reitsport und haben sich die praktischen Kleinpferde gerade deshalb angeschafft, weil ihnen Warmblüter zu unhandlich und das Leben zwischen Reithalle und Turnierplatz zu langweilig war. Kleinpferde sind in aller Regel intelligenter als ihre größeren Verwandten und lernen gerne neue Lektionen wie z. B. Zirkuskunststücke.

Ein typischer Ponykopf

Nicht jedes Pony ist auch das ideale Kinderpferd

Vielfalt der Rassen

Die moderne Pferdeszene ist außerordentlich vielfältig und bietet wirklich für jeden etwas. Neben den traditionellen Disziplinen Dressur und Springreiten feiert zum Beispiel die Klassische Dressur auf Barockpferden eine Renaissance. Aber auch wer sein Glück im Westernreiten sucht oder sich gern im Tölt oder Walk durch den Wald tragen läßt, hat eine große Auswahl unter Pferderassen aus der ganzen Welt.

Westernreiten hat heute allerdings nichts mehr mit Viehtriebromantik zu tun. Der lockere Reitstil der Cowboys ist einer sehr wettbewerbsorientierten Reitweise gewichen, in der Profireiter die Szene beherrschen und die Pferde nicht immer mit Samthandschuhen anfassen. Informieren Sie sich also ausgiebig, bevor Sie sich aufgrund Ihrer Träume auf diesen oder einen anderen Reitstil festlegen! Geeignete Pferde fürs Westernriding sind in erster Linie das Quarter Horse, das traditionelle Pferd des amerikanischen Cowboys, sowie das Paint Hor-

Ein Pferd für Kinder?

»Ein eigenes Pony!« Bei vielen Kindern steht es ganz oben auf dem Wunschzettel. Es ist jedoch nur in den seltensten Fällen ratsam, diesem Wunsch zu entsprechen. Das gilt vor allem dann, wenn das Kind bisher noch nicht über Reiterfahrung verfügt und das Pony zudem noch so billig wie möglich sein soll. Erfahrene Kinderponys, von denen der junge Reiter etwas lernen kann, finden sich nicht auf dem nächsten Pferdemarkt! Solche Goldstücke werden meist innerhalb der Reiterszene weitergegeben und haben selbst im gestandenen Alter von über 15 Jahren noch Preise, die manchen nach Luft schnappen lassen. Natürlich sind sie jede Mark wert, aber Anfänger im Pferdebereich können das oft nicht ermessen. Die erstehen dann lieber ein blutjunges »Billigpony« vom Händler, mit dem die Kinder hoffnungslos überfordert sind.
Grundsätzlich gilt: Reiten lernt man nicht von allein. Schicken Sie Ihr pferdebegeistertes Kind also zunächst in die Reitschule, und nutzen Sie die Zeit, um sich auch selbst gründlich über den Umgang mit Pferden zu informieren.

se, sein gescheckter Verwandter. Zu den klassischen Westernrassen gehört weiterhin der Appaloosa. Die sympathischen Tigerschecken wurden ursprünglich vom Indianerstamm Nimipu am Fluß Palouse gezüchtet. Westernreiten kann man aber auch auf allen anderen Pferderassen.

Eine weitere Alternative zum konventionellen Reitstil ist das Reiten auf Gangpferden. Unter Gangpferden versteht man Rassen, die neben oder anstatt der bekannten drei Gangarten Schritt, Trab und Galopp eine oder mehrere weiche Viertaktgangarten mitbringen. Die Besonderheit dieser Gänge ist, daß hier die Schwebephasen entfallen und der Reiter weniger durchgeschüttelt wird. Die wichtigsten Viertaktgangarten sind Tölt und Walk. Dabei kennt man den Tölt vor allem vom Islandpferd, aber auch bei Gangpferden aus Südamerika wie Peruanischen Pasos, Paso Finos und Mangalarga Marchadores ist er im Erbgut verankert. Aus Amerika kommen die größten Tölter: der American Saddlebred Horses Walk ist vor allem dem Tennessee Walking Horse und dem Missouri Foxtrotter zu eigen.

Isländer bringen die Viertaktgangart »Tölt« mit

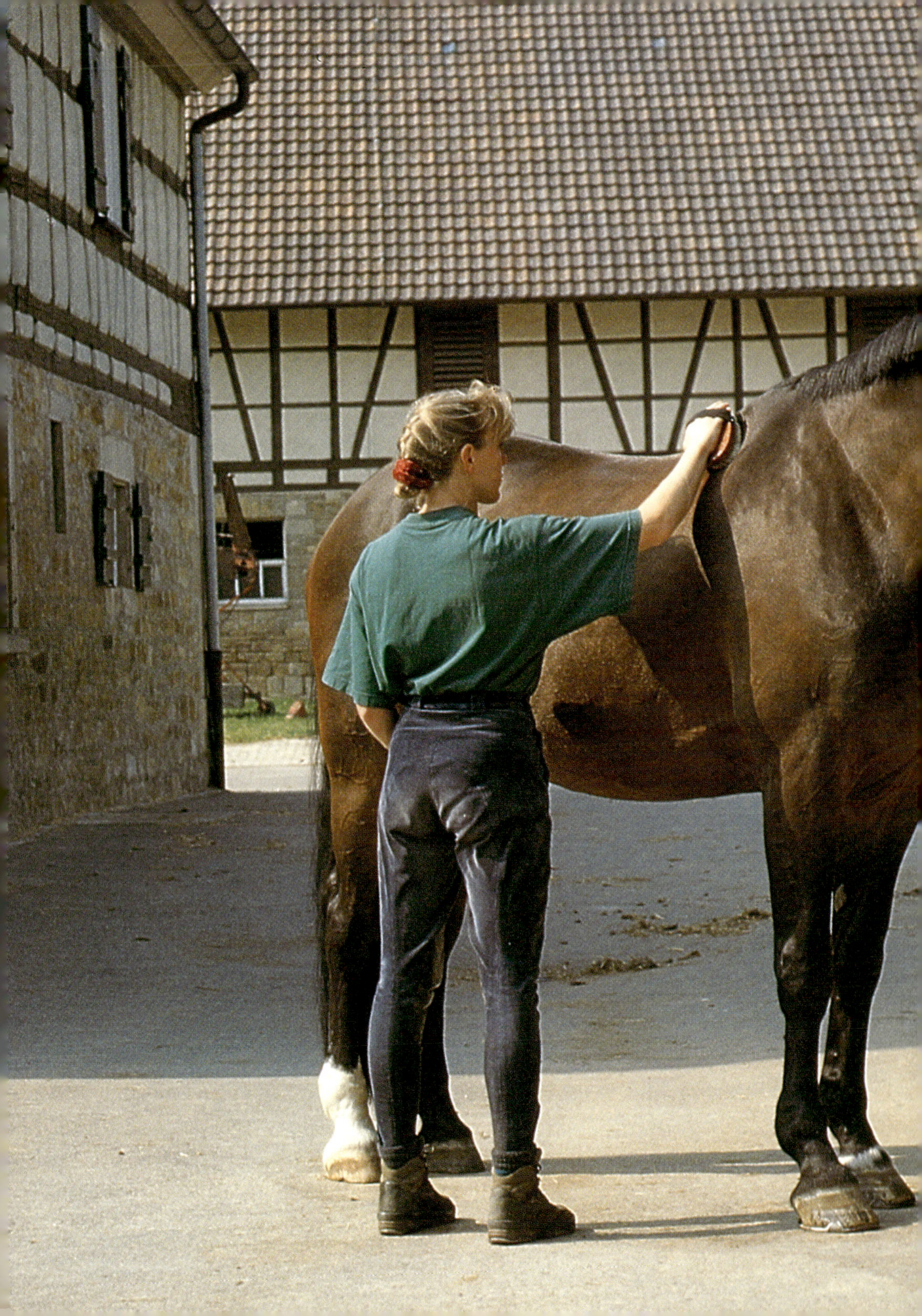

Umgang mit Pferden

In vielen Reitställen bietet sich dem Schüler ein Rundumservice: Das Pferd erwartet ihn bereits gesattelt und gezäumt in seiner Box oder gar in der Reithalle, und er braucht nur noch aufzusitzen. Nach der Stunde klopft er dem Pferd zum Abschied den Hals und gibt es dann an den nächsten Reitschüler weiter. Wenn Ihnen das gefällt, so finden Sie sicher einen Reitstall, der Ihnen auch als Privatpferdebesitzer einen solchen Service bietet. Billig ist das allerdings nicht – und aus der Sicht des Pferdeliebhabers auch keineswegs wünschenswert. Der Unterschied zwischen dem Reiten und anderen Sportarten liegt ja gerade darin, daß man hier mit einem anderen, zunächst fremdartigen Lebewesen zusammenarbeitet, es kennen und verstehen lernt. Mit rein mechanischem Einüben der Hilfen ist das nicht getan. Vertrautheit zwischen Pferd und Mensch ergibt sich letztlich nur im täglichen Umgang.

Nehmen Sie sich Zeit, und probieren Sie es aus. Sie werden dabei merken, wie geduldig und mit wieviel Toleranz gegenüber Fehlern und Ungeschicklichkeiten Ihnen Ihr Partner Pferd entgegenkommt!

Die tägliche Begegnung mit dem Pferd

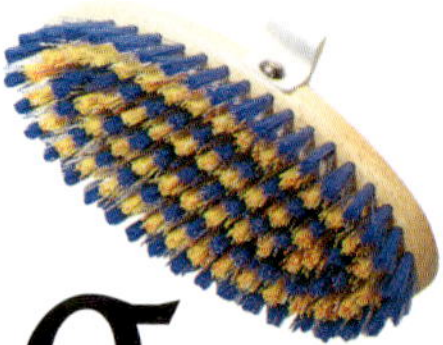

▸ Erstmal aufhalftern

Bevor man irgend etwas mit einem Pferd anstellt, egal ob man es putzen oder aufsatteln, zum Schmied bringen oder verladen möchte, legt man ihm ein Stallhalfter an. Das sollten Sie auch tun, wenn Sie es in der Box putzen möchten. Wenig Sinn hat es allerdings, dem Pferd das Stallhalfter ständig am Kopf zu lassen. Das ist unbequem und zudem verletzungsträchtig, denn das Pferd kann damit leicht irgendwo hängenbleiben. Seien Sie deshalb skeptisch, wenn Sie in eine Haltungsanlage kommen, in der alle

Nicht alle Pferde geben die Freiheit der Weide gern auf

Pferde ständig Halfter tragen. Bestenfalls spricht das für die Bequemlichkeit des Stallpersonals, schlimmstenfalls dafür, daß sich die Pferde auf der Weide nicht fangen lassen.

Bevor Sie zu Ihrem Pferd gehen, ordnen Sie das Halfter zunächst in Ihrer Hand, und vergewissern Sie sich, ob das jeweilige Modell mit Hilfe einer Schnalle am Nackenriemen oder eines Karabinerhakens am Kehlriemen geschlossen wird. Zum Aufhalftern nähern Sie sich dem Pferd von vorn seitlich. Falls Sie dazu in die Box gehen müssen, und das Pferd dreht Ihnen gerade das Hinterteil zu, rufen Sie es an, bevor Sie sich nähern. Auf-

Legen Sie dem Pferd das Halfter über die Nase …

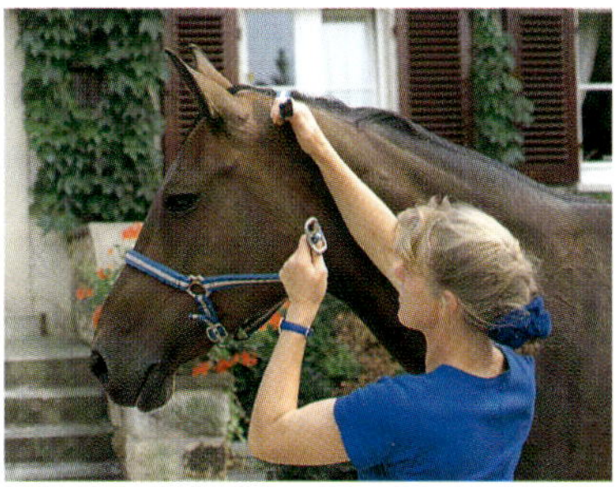

Führen Sie den Nackenriemen hinter seinen Ohren her …

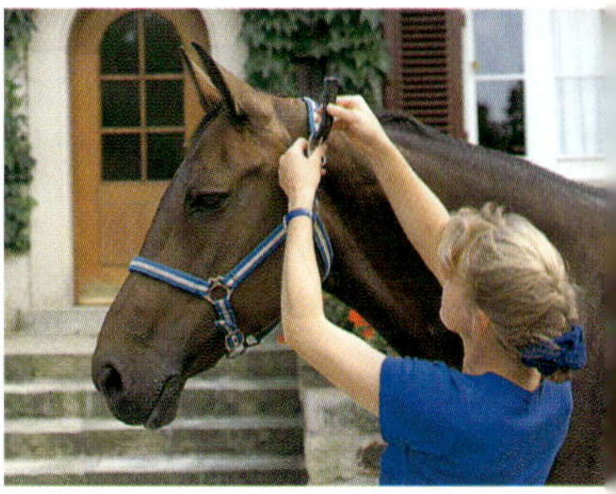

…und verschnallen ihn so, daß das Halfter korrekt sitzt

geschlossene Pferde werden sich dann meist zu Ihnen umdrehen, aber falls es sich um ein Schulpferd handelt, das Sie zu Recht als den nächsten Reiter identifiziert, bleibt es vielleicht einfach, wo es ist. Dann gehen Sie freundlich sprechend zu ihm und versüßen ihm den Gedanken an Arbeit mit einem Leckerbissen.

Stellen Sie sich nun neben den Pferdehals nahe am Pferdekopf und umfassen die Nase des Vierbeiners mit dem rechten Arm. Die rechte Hand legen Sie ihm auf den Nasenrücken und drücken seinen Kopf damit sanft nach unten. Mit der linken Hand schieben Sie den Nasenriemen des Halfters über den Nasenrücken. Anschließend ziehen Sie das Nackenstück über die Ohren. Wenn nichts verdreht ist, können Sie das Halfter nun schließen. Falls es am Nackenstück zu verschnallen ist, wählen Sie das Schnallenloch so, daß der Nasenriemen auf dem harten Teil der Nase und mindestens vier Finger breit oberhalb der Nüstern sitzt.

Um ein Pferd einzufangen, gehen Sie von vorn seitwärts darauf zu

Meist wird es sich Ihnen bereitwillig zuwenden

Klinken Sie zum Führen immer einen Strick ins Halfter

EINFANGEN AUF DER WEIDE Das alles klingt einfach und ist es auch – wenn das Pferd mitspielt! Nun hat es in der Box nur geringe Chancen, dem Menschen zu entkommen. Auf der Weide ist es jedoch kaum möglich, an ein Pferd heranzukommen, das sich nicht einfangen lassen will. Insofern ist es wichtig, daß Sie sich gleich im richtigen Stil nähern: Gehen Sie entschlossen, aber ohne Eile von vorne-seitwärts auf das Pferd zu, und sprechen Sie es dabei an. Ist es allein auf der Weide, so geben Sie ihm einen Begrüßungsleckerbissen. Falls nicht, verschieben Sie das besser auf später, denn sonst könnten Sie sich plötzlich in einer Traube naschsüchtiger und rauflustiger Pferde wiederfinden. Wenn Sie mit dem Pferd, das Sie holen wollen, nicht vertraut sind und es Ihnen mit hochgenommenem Kopf etwas alarmiert entgegengesehen hat, legen Sie ihm vielleicht zuerst den Strick um den Hals, bevor Sie das Halfter anlegen. Im Zweifelsfall würden Sie es daran zwar nicht halten können, aber bei den meisten Pferden genügt das Gefühl, angebunden zu sein, um sie am Weglaufen im letzten Moment zu hindern.

Sollte das Pferd jedoch nicht abwarten, bis Sie zu ihm kommen, sondern bei der geringsten Annäherung flüchten, so haben Sie ein Problem. Rennen Sie dem Pferd jetzt auf keinen Fall hinterher. Versuchen Sie es lieber mit einer Futterschüssel. Ein Pferd, das nur wegläuft, weil es keine Lust zum Arbeiten hat oder seinen Besitzer foppen will, läßt sich dadurch fast immer überlisten. Ein weiterer Trick ist, zunächst alle anderen Pferde einzufangen und von der Weide zu holen. Dann läßt sich auch das Problempferd meist greifen, denn kaum ein Pferd bleibt gern allein. Klappt all das nicht, so liegen meist ernstere Gründe für die Flucht des Pferdes vor als Spielerei. Überlegen Sie sich, ob Sie ein solches Pferd, das bestimmt schon negative Erfahrungen mit Menschen gesammelt hat, wirklich reiten wollen. Die meisten dieser Pferde ergeben sich zwar in ihr Schicksal, wenn man sie endlich gefangen hat, aber mitunter erweisen sie sich auch unter dem Sattel als schwierig.

▸ Richtig führen und anbinden

Ein erwachsenes Pferd sollte sich am Stallhalfter problemlos führen lassen. Das ist allerdings keine Selbstverständlichkeit, denn wenn das Pferd wollte, könnte es sich leicht losreißen und seinen Weg allein suchen. Solche Befreiungsaktionen sind natürlich auch an der Trense, einer Führkette oder einem Kappzaum möglich, denn das Pferd ist letztlich immer stärker als der Mensch. Das weiche Stallhalfter setzt ihm aber besonders wenig Druck entgegen. Mitgehen ohne Temperamentsausbrüche gehört deshalb zu den wichtigsten Lerninhalten für ein junges Pferd, und manchmal muß man diese Lektion auch beim erwachsenen Pferd noch nachholen und üben.

Befestigen Sie zum Führen eines Pferdes immer einen Strick am Ring unterhalb des Pferdekinns. Zum Führen ins Halfter zu fassen, wirkt unprofessionell und ist zudem gefährlich: Ein Ruck, und Sie sind das Pferd los. Fassen Sie den Führstrick nun mit der rechten Hand etwa eine Handbreit unter dem Pferdekopf. Das andere Ende des Strickes nehmen Sie in die linke Hand. Dazu

Die korrekte Gertenhaltung beim Führen

Spaziergänge mit dem Pferd an der Hand schaffen Abwechslung

legen Sie es in Schlaufen, schlingen es aber nie um die Hand. Ein Pferd, das wegspringt, weil es zum Beispiel vor etwas scheut, kann Ihnen sonst die Finger brechen oder gar abreißen. In die linke Hand gehört auch die Gerte, falls Sie mit einem jungen oder schwierigen Pferd arbeiten.

Beim korrekten Führen geht das Pferd am lockeren Führstrick neben dem Menschen her. Wenn Sie sehr gut mit ihm vertraut sind oder längere Spaziergänge mit ihm unternehmen wollen, können Sie es auch einfach hinterherlaufen lassen. Es darf aber auf keinen Fall vorstürmen und ständig schneller sein wollen als der Mensch, und es darf nicht bummeln und sich ziehen lassen. Fressen zwischendurch ist selbstverständlich auch verboten. Haben Sie nun ein Pferd, das entweder ständig pullt oder sich von jedem Grasbüschel verführen läßt, so können Sie zunächst eine Gerte zu Hilfe nehmen. Ein noch besseres Ergebnis erreichen Sie zwar mit Gerte und Führkette, aber eine solche Kette ist nicht in jedem Stall gleich zur Hand. Mit der Gerte können Sie das Pferd im Bedarfsfall verhalten oder durch Touchieren des Hinterschenkels treiben, Sie brauchen sie also sowohl beim Puller als auch beim phlegmatischen Pferd.

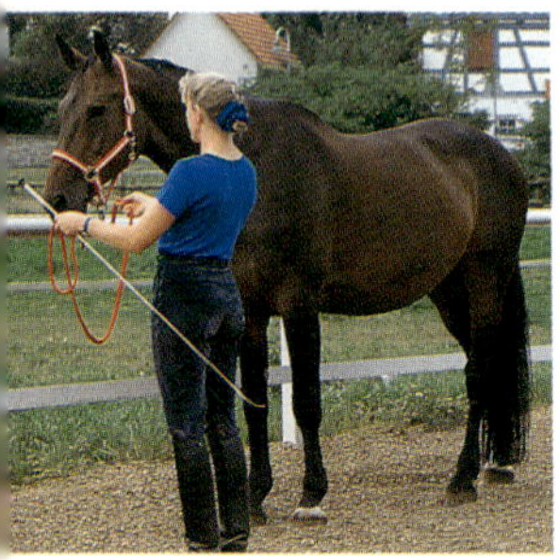

Zum Anhalten schieben Sie den Gertenknauf vor die Pferdenase

Ein weiteres Alltagsproblem im Umgang mit Pferden ist das Anbinden. Bevor Sie Ihr Pferd irgendwo anbinden, schauen Sie nach, ob der Anbindeplatz geeignet ist! Das Pferd sollte nicht die Möglichkeit haben, aus Langeweile irgend etwas herunter zu werfen oder irgendwo hineinzufallen, wenn es unruhig hin und her tritt. Auf gar keinen Fall darf es an beweglichen Gegenständen angebunden werden.

In den meisten Reitställen gibt es pferdesichere Anbinderinge, die z. B. fest in die Wände eingelassen sind. Auch sie haben jedoch ihre Tücken. Falls ein Pferd hier nämlich erschrickt und zurückzerrt, sich aber nicht befreien kann, so kann es fallen und sich verletzen. Man verhindert dies durch die Verwendung von Anbindestricken mit Panikhaken. Diese Spezialhaken öffnen sich bei starkem Zug. Zudem sollten Sie das Pferd immer mittels eines Sicherheitsknotens anbinden. Der zieht sich nicht fest, sondern läßt sich im Notfall mit einem Handgriff lösen. Die einfachste Sicherungsmethode ist außerdem ein Strohbändchen, das als Sollbruchstelle zwischen Halfter und Anbindestrick angebracht wird. Bewährt hat sich eine Anbindelänge von ca. 60 cm zwischen Halfter und Anbinder.

An gefährliche und scheuträchtige Situationen gewöhnt man das Pferd am besten an der Hand

Ein Sicherheitsknoten

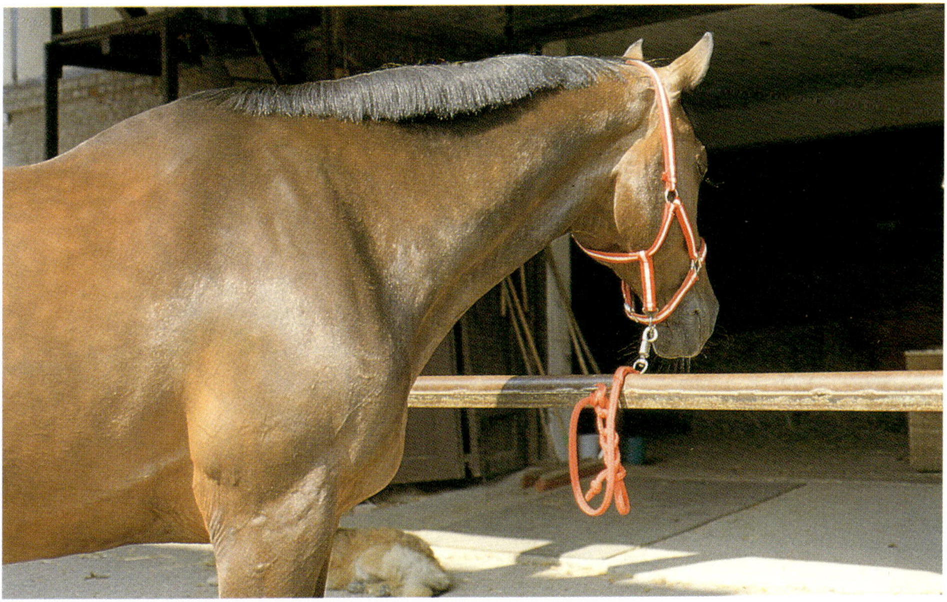

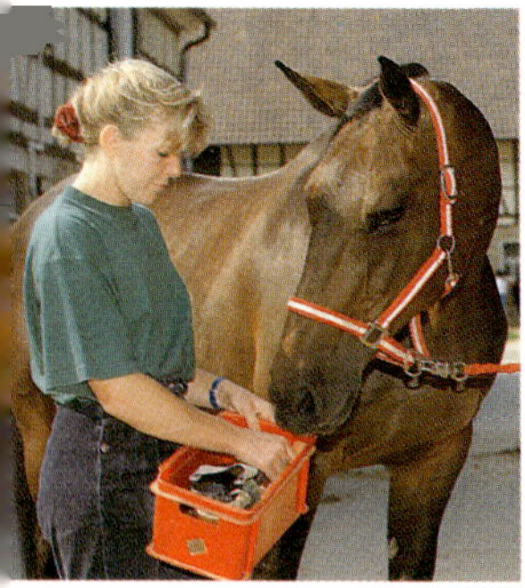

Interesse am Inhalt der Putzkiste

▸ Putzen – Wohltat für Fell und Psyche

Wie gründlich und mit welchen Putzgeräten man ein Pferd säubert, hängt von der Art seiner Haltung und von der Jahreszeit ab. Im kurzen Sommerfell sind zum Beispiel viele Pferde kitzelig und empfindlich und wehren sich gegen eine harte Bürste. Im Winter genießen sie dagegen intensives Striegeln. Ein Offenstallpferd muß nicht so oft und so gründlich geputzt werden wie ein Boxenpferd. Es braucht etwas Staub und Fett im Fell als Schutz gegen Kälte und Nässe. Außerdem hat es meist einen oder mehrere Artgenossen bei sich, mit denen es soziale Fellpflege betreiben kann. Stallpferde sind dagegen auf die Zuwendung ihrer menschlichen Pfleger angewiesen. Gerade bei der Beschäftigung mit dem Boxenpferd sollten Sie deshalb daran denken, daß Putzen nicht nur Sauberkeit be-

▸ Modetrends – schick für Schau und Turnier

Verschiedene Rassen, verschiedene Moden – Einblicke in die Trends:

▸ **WARMBLÜTER IM TURNIERSPORT:** Die Mähne sollte gekürzt und zu Zöpfchen geflochten werden, die man dann zu »Affenschaukeln« zusammenfaßt. Beim Schweif werden die Deckhaare eingeflochten.

▸ **FJORDPFERDE:** Hier wünscht man sich eine Stehmähne. Da die Pferde meist über eine zweifarbige Mähne verfügen, kürzt man die äußeren, dunklen Haare etwas stärker als die mittleren, hellen, was einen interessanten Effekt ergibt. Der Schweif bleibt naturbelassen.

▸ **TENNESSEE WALKER, SADDLER:** Hinter den Ohren werden etwa 10 cm Mähne abgeschoren, eine Strähne dahinter flicht man ein. Auch das Stirnhaar wird geflochten, wobei man farbige Bänder einfügt, die zum Stirnband und zum Outfit des Reiters passen.

▸ **IBERISCHE PFERDE:** Hengste tragen das Haar offen oder zu einem dicken Zopf auf dem Mähnenkamm verflochten. Das hat den Vorteil, daß einem die Mähne nicht ständig in die Quere kommt, wenn man die Zügel nachfaßt. Bei Veranstaltungen wird die Frisur dann oft noch durch breite Bänder aufgepeppt. Stuten und Fohlen schert man die Mähnen in den Ursprungsländern meist ab.

deutet, sondern auch eine soziale Funktion hat. Ein schneller Griff nach dem Pferdestaubsauger mag praktisch sein, aber eine ausgiebige Putz- und Schmusestunde ist letztlich nicht nur angenehmer, sondern auch effektiver. Sie wirkt entspannend und lockert Reiter und Pferd vor der Reitstunde.

ZUBEHÖR Zum Putzen benötigen Sie ein Putzzeugset, bestehend aus Striegel, Kardätsche, Wurzelbürste, Hufkratzer und Mähnenkamm. Außerdem gehören ein Schwamm zum Auswischen der Augenwinkel und der Nüstern und ein weiterer zur Reinigung von After und Geschlechtsorganen dazu.

Striegel gibt es aus Metall, Kunststoff oder weichem Gummi. Für welchen davon Sie sich entscheiden, hängt hauptsächlich von der Sensibilität des Pferdes ab. Viele empfindliche Pferde mögen zum Beispiel den »Finnenstriegel« oder »Nadelstriegel« aus Kunststoff besonders gern. Bei extremen Sensibelchen tut es auch ein Kaktustuch oder Putzhandschuh.

Auch die Wahl der Kardätsche, der traditionellen Putzbürste, sollte sich an der Hautempfindlichkeit des Pferdes orientieren. Zusätzlich entscheidet die Fellstruktur darüber, ob man eine harte oder weiche, feine oder grobe Kardätsche vorzieht. Bei Robustpferden im Winterfell ist es manchmal angebracht, gleich zur Wurzelbürste zu greifen. Ansonsten benötigt man die harten Bürsten vor allem zur Reinigung der Hufe, die man manchmal kräftig scheuern muß, bevor man sie einfettet oder teert.

Den Hufkratzer wählen Sie grundsätzlich aus Metall. Die Kunststoffmodelle entfernen den Schmutz nur unter größter Kraftanstrengung und brechen auch leicht.

Vor und nach dem Reiten werden die Nüstern ausgewischt

Der Schweif wird nicht gekämmt, sondern »verlesen«

Kombinationen aus Hufkratzer und Mähnenkamm sind ebenfalls nicht zu empfehlen. Wer will seinem Pferd schon den Mist, den er gerade aus den Hufen gekratzt hat, in die Mähne schmieren? Die Verbindung von Hufkratzer und kleiner Hufbürste in einem handlichen Gerät ist dagegen eine gute Idee.

Ein grobzinkiger Mähnenkamm dient der Haarpflege bei Pferden mit empfindlichem Mähnenhaar, das leicht ausgeht. Zum Einflechten der Mähne vor besonderen Anlässen und zum »Verziehen« der Mähne nimmt man feinere Kämme. Sehr dichtes Ponylanghaar kann man auch mit einer Bürste bearbeiten.

Praktisch: Hufräumer mit Hufbürste

Pferdefreundlich: Gummistriegel

DAS PUTZEN Der erste Putzdurchgang ist das Striegeln. Striegeln wirkt massierend und befreit das Fell vom gröbsten Schmutz. Am besten beginnen Sie damit am Hals des Pferdes und arbeiten sich dann langsam nach hinten. Das Pferd sollte dabei ruhig stehen und die Massage genießen. Tut es das nicht, so suchen Sie besser nach den Ursachen, als das Tier zu tadeln oder gar anzuschreien. Es ist verständlich, daß Sie nervös werden und sich ärgern, wenn das Pferd beim Putzen unruhig herumtanzt. Heftige Reaktionen nützen aber gar nichts, sie regen das Pferd nur noch mehr auf. Mögliche Gründe für Unruhe beim Putzen sind extreme Hautempfindlichkeit. Dagegen hilft ein weicherer Striegel. Kitzeligkeit – vielleicht haben Sie den Striegel etwas zu zaghaft gehandhabt? Allgemeine Nervosität und Unsicherheit – die kann zum Beispiel dadurch verursacht sein, daß man das Pferd zum Putzen von seinen Kameraden getrennt hat.

Nach dem Striegeln bürsten Sie mit der Kardätsche den Staub aus dem Pferdefell. Nehmen Sie die Bürste dazu in die rechte Hand und den Striegel in die linke und bürsten das Fell mit dem Strich. Nach ein oder zwei Bürstenstrichen streifen Sie den Staub jeweils am Striegel ab. Der wird dann regelmäßig auf dem Boden ausgeklopft. Auf diese Weise reinigen Sie das Pferd so weit, daß sein Fell nirgendwo verklebt bleibt und möglichst glänzt. Viele Pferde zeigen Ihnen übrigens sehr genau an, wann sie die Behandlung mit Striegel und Bürste genießen. Ihre Oberlippe wird dann immer länger, und gelegentlich zuckt sie ekstatisch. Oft weist Sie das Pferd auch auf noch juckende Fellstellen hin, indem es versucht, sich selbst da zu kratzen. Beide Verhaltensweisen gehören in den Bereich der sozialen Fellpflege, ebenso wie der gelegentliche Versuch sehr menschenfreundlicher Pferde, ihren Pfleger ihrerseits zu kraulen. Sie sollten sie dafür nicht strafen, die Sache aber freundlich unterbinden, bevor sie die Zähne zu Hilfe nehmen.

Schwämme und Putzhandschuh

Als nächstes kämmen oder bürsten Sie die Mähne des Pferdes, möglichst vorsichtig, damit keine Haare herausgerissen werden. Der Schweif des Pferdes wird meist nicht gebürstet, sondern Strähne für Strähne mit der Hand verlesen und dabei Stroh oder Einstreureste entfernt. Bei dicken Ponyschweifen kann sich das allerdings zu einer abendfüllenden Angelegenheit auswachsen. Niemand wird Ihnen verübeln, wenn Sie hier doch zum Finnenstriegel oder zur Wurzelbürste greifen.

Vor besonderen Anlässen wie Zuchtschauen und Turnieren sollten Sie das ganze Pferd oder nur Mähne und Schweif waschen. Für den ganzen Körper nehmen Sie am besten ein Spezialshampoo, das rückfettend wirkt. Für Mähne und Schweif tut es auch ein preiswertes Shampoo aus dem Supermarkt. Bei sehr sprödem und schwer kämmbarem Mähnenhaar können Sie auch ruhig mal zu einer Spülung greifen. Ihre Mitreiter werden Sie auslachen, aber der Effekt beim Kämmen nach der Wäsche ist unübersehbar!

Umgang mit Striegel und Kardätsche

TIP VOM

alten Stallmeister

Das Einreiben des sauberen, trockenen Hufes mit einer aufgeschnittenen Zwiebel vor dem Auftritt bei einer Schau oder einem Turnierstart sorgt für mindestens so schönen Glanz wie das Einreiben mit Huffett. Zudem entsteht hier kein Fettfilm, an dem Sand oder anderer Reitplatzbelag kleben bleiben kann.

Die Hufpflege

Der Pferdehuf besteht aus Horn und gleicht damit unseren Fingernägeln. Er ist aber nicht gänzlich starr, sondern durchaus elastisch. So spreizt er zum Beispiel beim Aufsetzen im hinteren Bereich ein wenig auseinander und zieht sich beim Abheben wieder zusammen. Dafür sorgt der Strahl, das keilförmige Mittelstück des Hufes, zusammen mit den Hufknorpeln. Das Horn des Strahls ist deutlich weicher als das Horn im äußeren Bereich. Das Pferd spürt hier auch, wenn es auf etwas Hartes tritt.

Bei der Pflege der Hufe ist nun darauf zu achten, sowohl die Festigkeit als auch die Elastizität des Horns zu erhalten. Der Huf sollte nicht zu sehr austrocknen, aber auch nicht schwammig und faulig werden. Letzteres passiert vor allem dann, wenn sich Stallmist in den Strahlfurchen festsetzt. Insofern gehört die Reinigung der Hufunterseite von Mist und Schmutz besonders beim Stallpferd zum täglichen Pflegeprogramm.

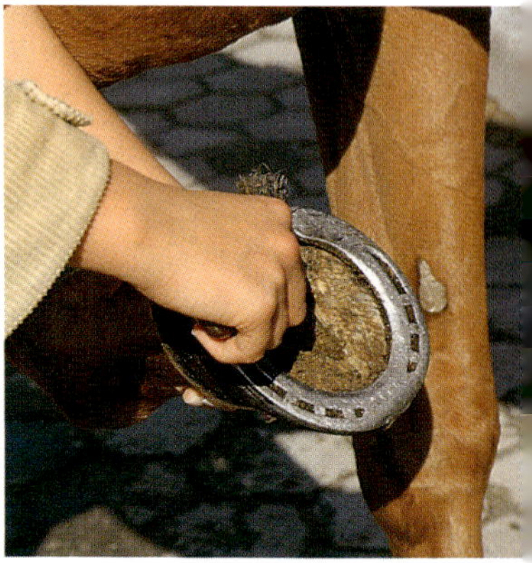

Auskratzen der Strahlfurchen

Zum Reinigen der Vorderhufe stellen Sie sich mit dem Rücken zum Pferdekopf neben ein Vorderbein. Mit der dem Pferd zugewandten Hand greifen Sie an die Fessel und sagen deutlich und auffordernd: »Fuß!« oder »Huf!«. Falls das Pferd darauf nicht reagiert und den Huf nicht hebt, so versuchen Sie es noch mal und lehnen sich dabei gegen die Schulter des Pferdes. Damit fordern Sie es auf, sein Gewicht auf das andere Vorderbein zu verlagern. Hebt es nun den Huf, so kratzen Sie mit dem Hufräumer Mist, Schmutz und Steinchen aus den Strahlfurchen.

Hufreinigung mit der Wurzelbürste

Die Reinigung der Hinterhufe erfolgt nach ähnlichem Muster. Sie stehen dicht neben der Kruppe, strei-

Gründliche Reinigung mit Wasser

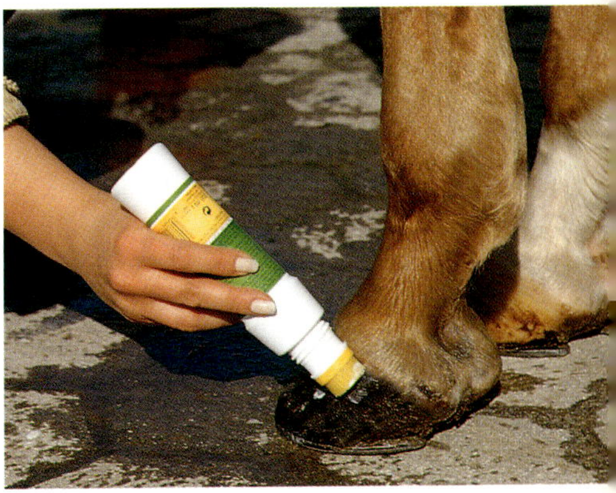

Einfetten danach hält die Feuchtigkeit im Huf

chen am Bein entlang bis zur Fessel und ziehen das Bein dann nach hinten heraus. Während der Hufpflege stützen Sie es mit Ihrem Knie. Bei phlegmatischen Pferden hilft auch hier der Trick mit dem Anlehnen. Bei nervösen Tieren ist es wichtig, Gelassenheit und Sicherheit auszustrahlen. Wenn ein Pferd Ihnen einen Huf gibt, zeigt es damit ein gewisses Vertrauen. Nähern Sie sich ihm unsicher oder gar ängstlich, so gibt es keinen Grund für das Pferd, Ihnen dieses Vertrauen entgegenzubringen.

Achten Sie beim Hufereinigen immer darauf, neben dem Pferd und nicht hinter ihm zu stehen, damit es Sie nicht verletzen kann, wenn es den Huf doch einmal wegreißt oder damit zuckt. Vorsicht bei Pferden, die gezielt nach ihrem Pfleger ausschlagen! Es braucht einiges an Erfahrung, um hier die Gefahren abschätzen zu können.

Bei Stallpferden sollten die Hufe neben dem einfachen Auskratzen auch möglichst häufig ausgewaschen und mit der Wurzelbürste geschrubbt werden. Anschließendes Fetten oder Teeren hält dann die Feuchtigkeit im Huf, wobei Teeren dem Fetten vorzuziehen ist. Auf keinen Fall sollten Sie die Hufe Ihres Pferdes einfetten, ohne sie vorher gewaschen zu haben. Das Fett verschließt sonst die Poren und hindert den Huf, Feuchtigkeit aufzunehmen. Während man Huffett auch auf dem äußeren Hornschuh verteilen kann, damit die Hufe glänzen, wird Hufteer nur auf der Hufunterseite aufgebracht. Er hat leicht desinfizierende Wirkung und beugt damit Huffäule vor.

Der Hufbeschlag – Aufgabe für Fachleute

Wenn Sie Ihr Pferd mehr als ein- oder zweimal in der Woche reiten und sich dabei nicht auf extrem kurze Strecken im Schritt beschränken, braucht es höchstwahrscheinlich einen Hufschutz. Sie haben dabei die Wahl zwischen dem traditionellen Beschlag mit Hufeisen oder modernem Kunststoffhufschutz – genagelt oder geklebt. Viele Reiter ziehen letzteren vor, weil er angeblich den Hufmechanismus, also die ständige Bewegung im Huf weniger behindert. Unter Hufschmieden ist das umstritten, aber die Kunststoff»eisen« haben sich inzwischen tausendfach bewährt, und es ist folglich nur noch eine Frage der persönlichen Vorliebe, zu welcher Lösung ein Pferdebesitzer tendiert. Schmiede empfehlen aber auch beim Kunststoffhufschutz die Modelle zum Aufnageln. Geklebter Hufschutz geht einfach häufiger verloren, und auch die Idee der Hufschuhe, die man dem Pferd nur während des Reitens überzieht, bewährt sich in der Praxis nur bei wenigen Ausnahmen, meist bei Pferden mit außerordentlich korrekter, natürlicher Hufstellung.

Wofür man sich aber auch immer entscheidet: Alle sechs bis acht Wochen muß jedes Pferd dem Schmied vorgestellt werden, auch ein junges und noch unbeschlagenes Tier. Der Fachmann beurteilt

Zunächst müssen die alten Eisen entfernt werden

dabei, ob orthopädische Korrekturen bezüglich der Hufstellung vorgenommen werden müssen. Zu lange Hufe werden gekürzt, normal abgenutzte mit der Feile berundet, um kleine Hornrisse oder Absplitterungen auszugleichen. Erwachsene Reitpferde erhalten einen neuen Hufbeschlag.

Dazu entfernt der Schmied zunächst die alten Eisen, indem er Nägel lockert und die Eisen abzieht. Manche Pferde mögen diesen starken Zug am Huf nicht. Es ist dann sinnvoller, die Nägel einzeln zu entfernen, um die Tiere nicht unnötig aufzuregen.

Danach wird der Huf ausgeschnitten, also gekürzt, in seiner Stellung korrigiert und berundet. All das ist hier noch wichtiger als beim jungen und unbeschlagenen Pferd, denn unter dem Hufeisen ist das Horn ja weiter gewachsen, ohne sich auf natürliche Weise abzunutzen.

Als nächstes werden größenmäßig passende Hufeisen – oft kann man den alten Beschlag noch einmal verwenden – heißgemacht und dem Pferd aufgebrannt. Damit werden sie dem Huf hundertprozentig angepaßt. Dem Pferd tut das Ganze wirklich nicht weh. Wenn es sich im Einzelfall davor fürchtet, so lediglich deshalb, weil es mit ungeduldigen Schmieden schlechte Erfahrungen gemacht hat und nun Schläge oder Schreie mit dem Geruch des verbrennenden Horns verbindet.

Sind alle Eisen angepaßt, so erfolgt der wichtige Arbeitsgang des Aufschlagens. Die Eisen werden mit vier bis acht Nägeln am Huf fixiert, wobei moderne Schmiede versuchen, mit so wenig wie möglich auszukommen, um den Hufmechanismus zu erhalten. Wenn alle Nägel sitzen, wird der Huf des Pferdes auf den Bock gesetzt. Der Schmied schneidet nun die Nagelspitzen, die oben aus der Hufwand ragen, ab und »versenkt« sie. Das heißt, er nietet sie um. Das letzte Raspeln ist dann nur noch Schönheitspflege.

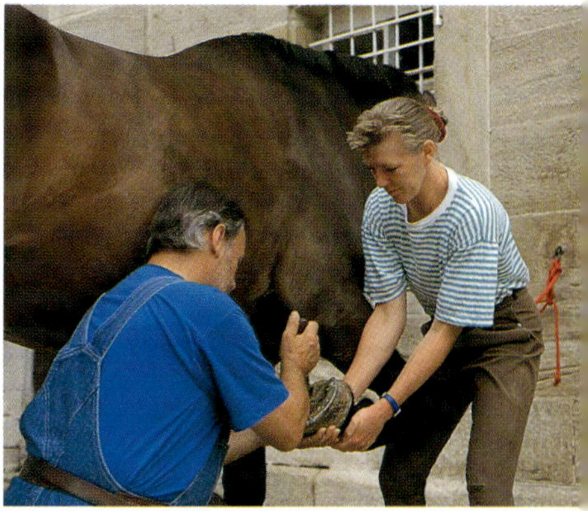

Ausschneiden des Hufes

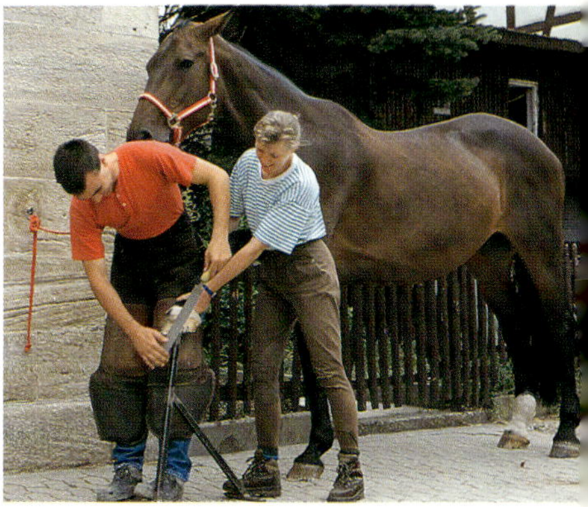

Auf dem Schmiedebock

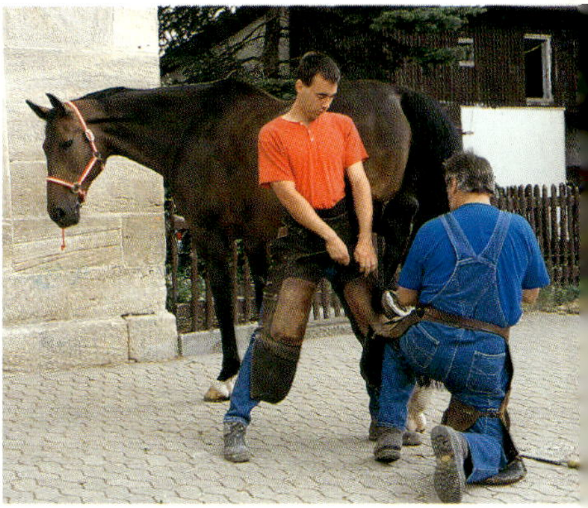

Ein Eisen will genau angepaßt sein

TIP VOM

alten Stallmeister

Umschläge mit Retterspitz (Kräuterextraktmischung) wirken hervorragend gegen angelaufene Sehnen. Eine Kompresse wird in kaltes Wasser getaucht, dann in Retterspitz (aus der Apotheke) getränkt und um das Pferdebein gewickelt. Darüber kommen Wollbandagen. Die Packung bleibt etwa zwei Stunden am Pferd und wird dann erneuert.

Entspannung nach dem Reiten

Unser Freizeitpartner Pferd braucht auch nach dem Ausritt oder der Dressurstunde ein bißchen Zuwendung und Pflege. Das fängt damit an, daß wir die gemeinsame Arbeit nicht abrupt beenden, sondern langsam ausklingen lassen. Bei einem Ausritt reitet man den letzten Kilometer Schritt, und auch in der Reithalle sind ein paar Runden Schritt am langen Zügel nach der letzten Lektion angebracht. Wenn eben möglich, sollten Reiter und Pferd die Stunde in gutem Einvernehmen beschließen. Dressurstunden beendet man deshalb am besten mit einer Lektion, die das Pferd gut kann, und lobt es dafür ausgiebig.

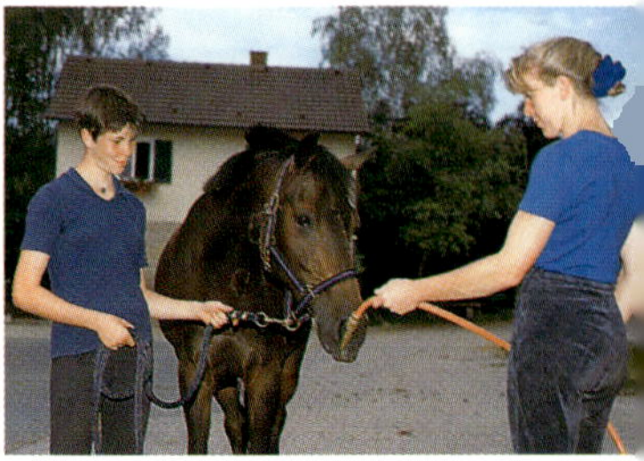

Mit dem Schlauch zum Abspritzen muß das Pferd zunächst vertraut gemacht werden

Kommt man dann zurück in den Stall oder auf den Putz- und Sattelplatz, so wird das Pferd zunächst abgesattelt und am Stallhalfter angebunden. Falls es kalt ist, werfen Sie ihm rasch eine Decke über. Pferde erkälten sich leicht, wenn sie auch nur kurze Zeit verschwitzt im Luftzug stehen. Ein Leckerbissen verkürzt Ihrem Pferd die Zeit, während Sie ihm die Hufe auskratzen sowie Augen und Nüstern mit einem feuchten Schwamm auswischen. Letzteres ist besonders wichtig, wenn in der Reithalle gearbeitet wurde oder der Ausritt durch staubige Gegenden führte. Sie wissen selbst, wieviel Hallenstaub Sie im Taschentuch wiederfinden, wenn Sie sich nach der Reitstunde die Nase putzen!

Im Sommer ist es statt dessen sinnvoll, das Pferd nach dem Reiten mit Wasser abzuspritzen oder abzuwaschen. Die meisten Pferde schätzen diese Dusche sehr, aber am Anfang müssen sie mit etwas Geduld daran herangeführt werden. Das fängt mit der Gewöhnung an den schlangenförmigen, beweglichen Schlauch an und hört mit dem Abspritzen der Hinterbeine auf. Letzteres beunruhigt das Pferd leicht, denn es kann nicht sehen, was wir dabei mit ihm anstellen. Beginnen Sie deshalb grundsätzlich an der Schulter des Pferdes mit dem Abspritzen und arbeiten Sie sich langsam nach hinten. An kühleren Tagen genügt es auch, einfach die Beine abzuwaschen. Eine solche »Kneippkur« nach dem Ritt ist hervorragend für die Sehnen. Zusätzliches Auftragen von Kühlgel ist dagegen im Normalfall nicht notwendig. Nach sehr anstrengenden Ritten kann es eher sinnvoll sein, die Beine für ein paar Stunden mit Baumwollbandagen zu versehen. Viele Distanzreiter schwören auch darauf, die Pferdebeine einige Zeit lang in Eimer mit kaltem Wasser zu stellen. Das will allerdings geübt sein. Und nicht jedes Pferd schafft es, mehr als wenige Minuten absolut still zu stehen und die Eimer nicht umzuwerfen.

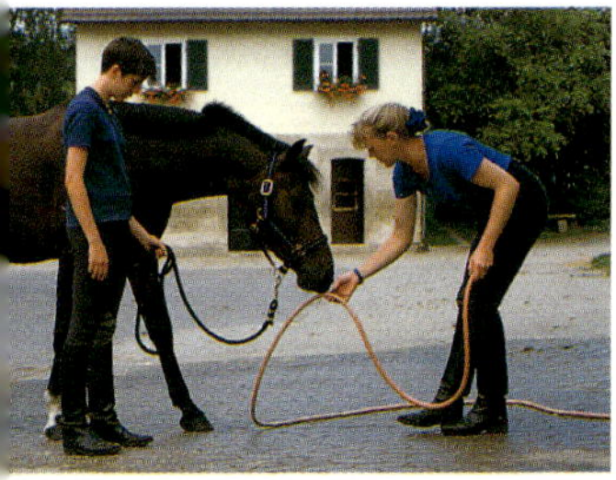

Interessiert beschnuppert das Pferd den Schlauch

»Huch, da kommt ja Wasser raus!«

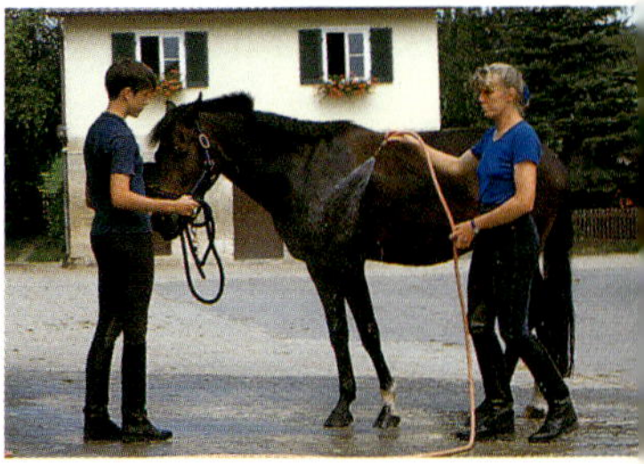

Nichts geht über eine Dusche nach dem Ritt

Nach dem Duschen wird das Wasser mit einem Schweißmesser aus dem Fell gezogen – oder Sie lassen das Pferd gleich zum Wälzen auf die Weide. Es wird anschließend schnell in der Sonne trocknen.

Im Winter deckt man das Pferd gewöhnlich für längere Zeit ein, wenn es geschwitzt hat. Natürlich versucht man sein Reitpferd gerade in der kalten Jahreszeit so trocken wie möglich in den Stall zurückzubringen. Besonders bei Robustpferden im Winterfell ist das aber kaum möglich. Unter ihrem dichten Pelz wird es selbst bei Schrittausritten ziemlich warm, und oft schwitzen sie nach der Arbeit noch nach. Die Idee, sie unter einer leichten Decke trockenzuführen oder trockenzureiten, können Sie also getrost vergessen. Eine bewährte Lösung ist dagegen, sie kurz mit einem Finnenstriegel oder einer Wurzelbürste überzustriegeln, um verklebte Fellstellen aufzulockern. Ideal wäre es, sie sich jetzt noch in trockenem Sägemehl wälzen zu lassen, bevor man sie mit einer dicken Decke versieht, aber das ist in vielen Ställen nicht möglich. Also legt man ihnen gleich eine warme, eventuell regendichte Decke auf, die mehrere Stunden auf dem Pferd bleibt.

Ausrüstung für Reiter und Pferd

Es ist wichtig zu wissen, was Reiter und Pferd für die Ausrüstung ihres Sports brauchen und warum sie es brauchen. Gerade was die Ausrüstung für den Vierbeiner angeht, herrscht häufig Unklarheit darüber, welche Anschaffungen wichtig sind und wie all das wirkt, was wir dem Pferd da aufschnallen und ins Maul hängen.

Kenntnisse über diese Dinge benötigen Sie übrigens nicht nur, wenn Sie daran denken, sich ein eigenes Pferd zuzulegen. Auch dem Schulpferdereiter helfen sie beim Erlernen der Sportart und beim Verstehen des vierbeinigen Partners. Was passiert zum Beispiel im Pferdemaul, wenn Sie den Zügel annehmen? Warum finden Sie in dem einen Sattel mehr Halt als im anderen? Das sind wichtige Fragen, die im Reitunterricht manchmal nicht ausreichend beantwortet werden.

Darüber hinaus erfahren Sie, wie man dem Pferd Sattel und Zaumzeug fachgerecht anlegt – und wie man all das Lederzeug reinigt und pflegt. Was teuer ist, soll schließlich lange halten.

Praktisch und nützlich – das richtige Zubehör

▶ Erstausstattung für den Reiter

Reiten, das sei einmal vorausgeschickt, ist keine Frage der Hosenmarke. Letztlich bringt Ihr Geschick bei der Hilfengebung das Pferd in Gang, nicht Ihr Stiefel oder gar Ihr Sporn. Ein paar spezielle Kleidungsstücke sind jedoch angebracht.

Als erstes hätten wir da die Reithose. Sie unterscheidet sich dadurch von anderen Hosen, daß sie am Gesäß und an der Innenseite der Beine, also überall da, wo der Träger mit dem Pferd in Berührung kommt, keine Nähte aufweist. Außerdem hat sie innen am Knie einen Leder- oder Stoffbesatz, manchmal ist auch das Gesäß zusätzlich geschützt. Das alles zielt darauf, Scheuerstellen zu vermeiden, die man sich besonders bei Verwendung eines normalen Vielseitigkeits- oder Trachtensattels leicht zuzieht. Die Reithose ist also eine sinnvolle Anschaffung, aber als Anfänger brauchen Sie nicht gleich zum teuersten Modell mit Ganzlederbesatz zu greifen. Für die allerersten »Schnupper-

Turnierausrüstung für Fortgeschrittene – Reitanfänger brauchen weder Sporen noch weiße Handschuhe

Reitstunden« tun es auch Leggins oder eine Jeans. Später können Sie sich dann für eine teurere Variante entscheiden.

Auch der lange Schaft des Reitstiefels zielt auf Vermeidung von Scheuerstellen. Die Wade reibt nämlich leicht am Steigbügelriemen. Dazu sitzt der Reitstiefel enger am Fuß als ein gewöhnlicher Gummistiefel – man bleibt bei einem Sturz nicht so leicht im Steigbügel hängen. Reitstiefel gibt es aus Gummi oder Leder, wobei letztere recht teuer sind.

Während jeder Reitanfänger gern Stiefel und Hosen kauft, drücken sich viele um die Anschaffung einer Reitkappe. Für Ihre Sicherheit ist eine hochwertige Kappe aber unbedingt notwendig und im Reitunterricht schon aus Versicherungsgründen Pflicht. Es ist sinnvoll, sich selbst eine zu kaufen, statt eine der Leihkappen des Reitstalls zu verwenden. Wenn die Kappe richtig sitzt, ist sie nämlich bequemer und bietet mehr Sicherheit.

Sinnvolle Anschaffungen sind weiterhin eine lange Dressurgerte für mehr Nachdruck Ihrer Anweisungen an das Pferd sowie ein paar Reithandschuhe.

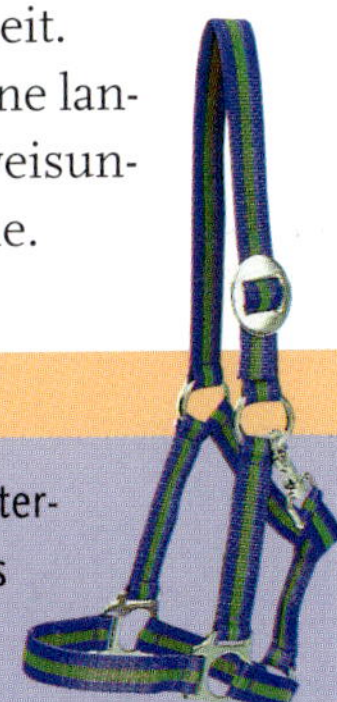

Brauchen Sie Sporen?

»Sporen muß man sich verdienen!« sagt eine alte Reiterweisheit, und sie ist nach wie vor aktuell. Am Bein des Reitanfängers haben Sporen nichts verloren, sie gehören allenfalls an den Stiefel des fortgeschrittenen Dressur- oder Westernreiters, der damit seine Hilfengebung bei schwierigen Lektionen verfeinern kann. Er sollte seine Beine genügend ruhig halten können, um die Sporen stets mit Vorsicht einzusetzen und das Pferd damit zu kitzeln, nicht zu stechen. Im reiterlichen Alltag erweist sich das natürlich als graue Theorie. Mißbräuchliche Anwendung von Sporen ist leider keineswegs eine Ausnahme. Sowohl im konventionellen Sport als auch im Westernriding dient massiver Sporeneinsatz häufig als Strafmaßnahme.

Im Dressur- und Springsport verwendet man grundsätzlich kleine Sporen: runde, eckige oder solche mit Rädchen. Westernreiter bevorzugen große Rädchensporen, die deutlich schärfer aussehen, es aber in der Praxis nicht unbedingt sind. Sie wirken eher milder als kleine Dorn- oder gar kleine Rädchensporen.

▶ Der richtige Sattel

Welchen Sattel und welche Zäumung man seinem Pferd zum Reiten anlegt, hängt von vielen Dingen ab, zum Beispiel vom Körperbau und vom Ausbildungsstand des Pferdes. Auch das Können des Reiters sollte eine wichtige Rolle spielen und natürlich die Reitweise oder die reitsportliche Disziplin, für die das Pferd »angezogen« wird.

Ihr Schulpferd im Reitstall trägt gewöhnlich einen Vielseitigkeitssattel. Er heißt so, weil er sowohl zum Dressurreiten als auch zum Springen verwendbar ist. Sofern er gut paßt, kann man darin auch Distanz- und Wanderritte unternehmen. Der Vielseitigkeitssattel ermöglicht ein Aussitzen der Pferdebewegungen oder auch den »Leichten Sitz«, den man beim Springen oder beim Galopp im Gelände einnimmt.

Wer sich auf Dressurreiten oder Springen spezialisieren will, entscheidet sich allerdings meist für einen Spezialsattel. Beim Dressursattel ist das Sattelblatt länger, und die Pauschen sind dünner als beim Vielseitigkeitssattel. Beim Springsattel sind die Pauschen zum Teil extrem verstärkt, um den Knien des Reiters mehr Stütze zu geben. Auch für an-

Alles fertig zum Ausritt

dere Spezialdisziplinen im Reitsport wie etwa Gangpferdereiten und Distanzreiten gibt es inzwischen besondere Sättel. Angeblich erleichtern sie Reiter und Pferd die Ausübung ihrer Sportarten – manche Modelle machen aber eher den Eindruck, als nützten sie hauptsächlich der Brieftasche des Herstellers!

Freizeitreiter mögen es oft etwas legerer

Wichtiger als jegliche Spezialisierung ist ohnehin die Paßform des Sattels. Ein schlecht sitzender Sattel wirkt wie ein drückender Schuh: Er verursacht Blasen und Scheuerstellen, den sogenannten Satteldruck. Nun wissen wir alle, zum Beispiel vom Tragen schwerer Schultertaschen, daß sich Gewicht leichter schleppen läßt, wenn man es auf eine größere Körperfläche verteilt. Das trifft auch auf die Tragarbeit des Pferdes zu. Sättel mit größerer Auflagefläche erleichtern ihm den Umgang mit dem Reiter erheblich. Besonders für kleine Pferde, die schwere Reiter tragen, ist deshalb ein Trachtensattel angebrachter als ein normaler Vielseitigkeitssattel. Er verteilt das Gewicht besser auf dem Pferderücken.

Aus dem gleichen Grund bevorzugen viele Freizeitreiter einen Westernsattel, selbst dann, wenn sie nicht im Westernstil reiten. Der Sattel ist zwar schwerer als ein gebräuchliches Modell, wird aber von vielen Pferden als bequemer empfunden. Auch das Reitergesäß ist darin oft komfortabler untergebracht als in anderen Sätteln. Darüber schmunzeln Sie jetzt wahrscheinlich, aber für Ihr reiterliches Fortkommen ist es durchaus wichtig, daß auch Ihnen der Sattel paßt. Letztlich müssen sich Reiter und Pferd gleichermaßen wohlfühlen.

Die Sättel, denen man gemeinhin begegnet, werden in der Reitersprache übrigens »Englische Sättel« genannt.

Zum Sattel gehören Steigbügel und Steigbügelriemen. Letztere wählt man natürlich aus besonders gutem, dickem Leder. Beim Westernreiten heißen sie »Fender« und sind besonders breit. Die

Der Westernsattel

Wade kann daran nicht scheuern, und der Westernreiter braucht folglich keine Reitstiefel mit extra hohem Schaft. Kleine Ursache, große Wirkung. Die Steigbügel selbst sollten schwer und groß sein, damit man im Falle eines Sturzes nicht darin hängen bleibt. Am besten sind spezielle Sicherheitsbügel, wobei Korbbügel auch noch besonders guten Halt bieten. In konventionellen Reitställen sind sie leider kaum anzutreffen, und auch Ihr Schulpferd ist wahrscheinlich nicht damit ausgestattet. Falls Sie jedoch an ein eigenes Pferd denken, lohnt sich die Anschaffung.

Bei rundlichen Pferden und Ponys verhindert ein Schweifriemen das Verrutschen des Sattels nach vorn. Bei Pferden mit wenig Widerrist oder ausgeprägter »Stromlinienform« hält ihn ein Vorderzeug an seinem Platz.

Was das Material all dieser Ausrüstungsgegenstände angeht, so sind auch heute noch die meisten Sättel aus Leder. Kunststoffsättel sind zwar seit langem auf dem Markt, gelten jedoch nach wie vor als Kuriosum. In der Praxis erweisen sie sich allerdings besser als ihr Ruf. Gerade für junge Pferde ist ein gut angepaßter Kunststoffsattel meist besser als ein gebrauchter Ledersattel, der sich schon vielen Pferdekörpern anpassen mußte.

Um den Pferderücken abzupolstern und auch um das Sattelleder vor Schweißflecken zu schützen, verwendet man meist eine mehr oder weniger dicke Satteldecke. Satteldecken gibt es in Sattelform oder viereckig. Letztere nennt man im

Ein dickes Pad schützt den Pferderücken

Die meisten Pferde tragen einen solchen Vielseitigkeitssattel

Leicht zu reinigen: Sattelgurte aus Nylon

Reitstall »Schabracken«, der Western- oder Freizeitreiter verwendet eher den englischen Ausdruck »Pad«. Viereckige Decken sind für viele Verwendungszwecke praktischer, da sie nicht so leicht verrutschen und auch Satteltaschen und am Sattel befestigte Regenkleidung mit abpolstern. Häufig greift man hier zu besonders dicken Modellen aus festem Material, die auch bei der Verteilung des Reitergewichts auf dem Pferderücken nützlich sind. Für sehr druckempfindliche Pferde verwendet man Satteldecken aus medizinisch behandeltem Schaffell oder einen Woilach. Das ist eine große, reinwollene Decke, die durch besondere Faltung in zwölf Lagen auf dem Pferderücken liegt und wirklich optimalen Schutz bietet. Sattelförmige, dünne Decken aus Baumwolle oder Samt wirken dagegen eleganter, polstern den Pferderücken aber kaum ab. Sie sind nur dann angebracht, wenn der Sattel wirklich perfekt sitzt.

Elegante Satteldecke für alle Fälle

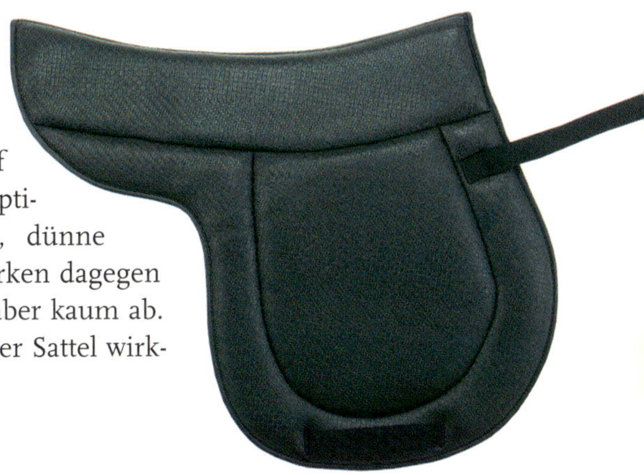

▸ Gekonnt aufsatteln

Wenn Sie einmal einen Sattel ohne Decke auf den blanken Pferderücken legen, sehen Sie, daß man von hinten zwischen Sattel und Pferderücken hindurchschauen kann. Der Sattel darf nicht auf der Wirbelsäule aufliegen, denn da besteht verstärkte Druckempfindlichkeit. Besonders viel Platz muß zwischen Sattel und Widerrist liegen, weshalb der Sattel hier eine Auswölbung aufweist. Man nennt sie die »Sattelkammer«.

Beim Aufsatteln müssen Sie nun darauf achten, daß der durch die Kammer geschaffene Raum zwischen Pferd und Decke erhalten bleibt. Rutscht die Decke auf den Pferderücken herunter und der Freiraum damit zwischen Decke und Sattel, so ist nichts gewonnen. Auch die Decke kann Scheuerstellen am Widerrist verursachen. Sie verhindern das, indem Sie die Decke beim Satteln tief in die Sattelkammer hineinziehen, ein Vorgang, den man »auskammern« nennt. Sehr wichtig ist es weiterhin, Sattel und Decke mit dem Strich des Pferdefells aufzulegen, um kein Härchen abzuknicken. Auch das könnte schließlich zu Druckstellen führen.

Zum Satteln stellen Sie sich nun auf die linke Seite des Pferdes. Wenn Sattel und Decke nicht miteinander verbunden sind, legen Sie zunächst die Decke aufs Pferd, und zwar relativ weit nach vorn, bis auf die Mähne. Dann ziehen Sie sie etwas zurück, damit sich das Fell darunter glättet. Sie liegt jetzt aber immer noch zu weit vorn. Sie legen nun den Sattel auf die Decke und kammern aus, indem Sie Sattel und Decke gemeinsam anheben und die Decke dabei in die Kammer hochdrücken. Beide Teile zusammen schieben Sie dann nach hinten in die richtige Position.

Wenn Decke und Sattel miteinander verbunden sind, legt man sie auch vorsichtig gemeinsam aufs Pferd

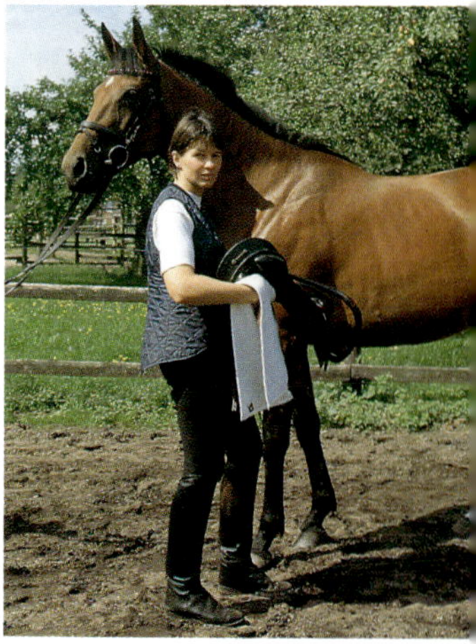

Der Sattel liegt korrekt, wenn er den Widerrist nicht belastet und die Bewegung der Pferdeschulter nicht beeinträchtigt. Das Gewicht des Reiters darf aber auch nicht auf die Nieren des Pferdes drücken. Faustregel: Zwischen Sattelgurt und Pferdevorderbein muß eine Handbreit Platz bleiben.

Wenn nun alles richtig sitzt, lassen Sie den Sattelgurt, der bisher über dem Sattel gelegen hat, rechts herabgleiten. Sie können verhindern, daß er gegen die Vorderbeine des Pferdes schlägt, indem Sie Ihr rechtes Bein unter dem Pferdebauch durchheben und ihn damit auffangen. Nun gurten Sie an, wobei Sie die beiden äußeren Sattelstrupfen verwenden. Der mittlere ist ein Reserveriemen. Falls Sie ein Martingal oder ein Vorderzeug verwenden, wird der Sattelgurt vor dem Angurten durch die entsprechenden Schlaufen des Hilfszügels gezogen. Sofern ein Gurtschoner zum Abpolstern des Gurtes Verwendung findet, ziehen Sie den ebenfalls vor dem Angurten auf. Der Gebrauch eines Gurtschoners ist vor allem beim Schnurgurt sinnvoll, denn der scheuert leicht, wenn er naß oder schmutzig wird.

Besonders bei empfindlichen Pferden ziehen Sie den Sattelgurt am besten nicht gleich auf volle Stärke an. Besser gurten Sie erst locker und ziehen dann nach dem Auftrensen noch mal nach. Manche Pferde blasen sich auch gern etwas auf, um dem Druck des Gurtes zu entgehen, und haben bis dahin Luft abgelassen. Überhaupt sollten Sie den Gurt nach den ersten zehn Minuten der Reitstunde noch einmal anziehen.

Die Decke sitzt hoch in der Sattelkammer

Schieben Sie den Sattel sorgfältig in die richtige Position

Wenn der Sattel richtig liegt, ziehen Sie den Sattelgurt vorsichtig an

Western-Schauzäumung mit Stangengebiß

▸ Die richtige Zäumung

Die meisten Reitanfänger sind fest davon überzeugt, Pferde funktionierten so ähnlich wie ein Motorrad: Lenker rechts herum = rechts, Lenker links herum = links und Bremse anziehen = Halt. So einfach ist es allerdings nicht mal beim Moped. Und beim Lebewesen Pferd ist die Sache sogar ungleich schwerer und komplizierter. Ein gut ausgebildetes Pferd kann ein versierter Reiter nämlich durchaus auch ohne Zügel lenken. Wenn er aber Zügel in der Hand hat, so bieten sie ihm erheblich vielfältigere Möglichkeiten zur Einflußnahme als schlichtes Ziehen nach rechts oder links. Um das zu verstehen, müssen wir uns das Kopfstück einmal näher betrachten. Dabei stellen wir schnell fest, daß durchaus nicht alle Pferde das gleiche Modell tragen. Die Wahl des Kopfstücks oder besser der Zäumung richtet sich nach Reit-

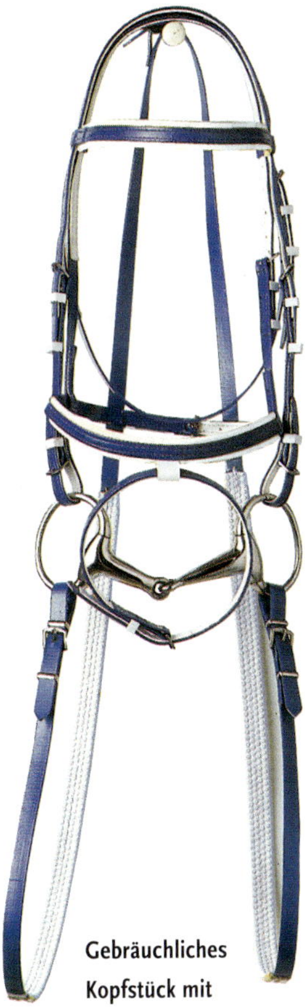

Gebräuchliches Kopfstück mit Olivenkopftrense

weise und Ausbildungsstand von Pferd und Reiter.

Ein Kopfstück setzt sich zusammen aus einer Zäumung mit oder ohne Mundstück sowie den Lederriemen, die sie am Kopf des Pferdes halten. Dazu kommen meist ein Reithalfter und natürlich ein oder zwei Zügel.

Die Vorstellung, wie viele Lederriemen man zum Fixieren der Zäumung am Pferdekopf braucht, differiert von Reitweise zu Reitweise. In konventionellen Ställen sichert man das Kopfstück mit Backenstücken, Kehlriemen und Stirnband, der Westernreiter legt meist nur einen einfachen Einohrzaum an. Wichtig ist die Auswahl der Zügel, die griffig und flexibel sein müssen. Es gibt Gurtzügel aus festem Leinen und glatte oder geflochtene Lederzügel.

Grundsätzlich dienen alle Zäumungen dazu, dem Pferd Signale zu geben. Die können sich auf eine Rich-

Olivenkopftrense mit Englischem Reithalfter

TIP VOM

alten Stallmeister

Zu Zeiten des alten Stallmeisters gab es noch keine rostfreien Trensen. Der Rostgeschmack regte die Pferde zu lebhafter Kautätigkeit an und beugte obendrein Eisenmangel vor. Trensen aus »Sweet Iron«, erhältlich im Westernbedarf, bieten heute noch den begehrten Eisengeschmack. Auch verschiedene Kupferlegierungen werden von vielen Pferden gut angenommen.

Diese Reiterin verwendet ein Hannoversches Reithalfter

tungsangabe beziehen, aber auch darauf, wie der Reiter sich die Körperhaltung des Pferdes wünscht. Dazu wird je nach Wahl der Zäumung an verschiedenen Teilen des Pferdekopfes Druck ausgeübt. Aber Achtung: Eine Anweisung des Reiters an das Pferd wird nie ausschließlich über die Zäumung vermittelt. Die Zügelhilfe erfolgt immer im Zusammenspiel mit Schenkel-, Gewichts- oder Kreuzhilfen. Insofern ist es in der Regel auch nicht nötig, die Zügel so hart anzunehmen, daß sich der Druck im Maul oder an anderen Teilen des Pferdekopfes zum Schmerz steigert. Wenn das Pferd eine Hilfe nicht annimmt, so fast immer, weil es sie nicht verstanden hat. In dem Fall ist Ziehen und Zerren am Zügel sicher keine Lösung.

Es lohnt sich, über Zäumungen und ihre Wirkung genauer nachzudenken und letztlich die einzusetzen, die am genauesten auf Reiter und Pferd zugeschnitten ist. Es gibt grundsätzlich drei Arten der Zäumung: die gebißlose Zäumung, die Zäumung mit »gebrochenem« Mundstück (Trense) und die Stangenzäumung. Besonders letztere ist meistens mit sogenannten Anzügen oder Bäumen versehen, die ihre Wirkung verändern und verstärken, weil sie als Hebel wirken. Zur Wirkung der verschiedenen Zäumungen gelten folgende Grundregeln:

- Alle gebißlosen Zäumungen wirken auf die Nase des Pferdes, manchmal auch seitlich auf das Kinn des Pferdes ein.
- Alle gebrochenen Mundstücke (Trensen) übertragen die Einwirkungen der Reiterhand auf die Zunge, den Unterkiefer und mitunter auch auf den Gaumen des Pferdes.
- Stangenzäumungen wirken ebenfalls auf Zunge und Unterkiefer, allerdings anders als gebrochene Gebisse. Da sie in der Regel mit Hebeln versehen sind, üben sie zusätzlich über die Kinnkette oder den Kinnriemen Druck in der Kinngrube aus.

Mitunter werden zwei dieser Zäumungsgrundvarianten miteinander kombiniert. Die bekannteste Kombinationszäumung ist die Kandare im Bereich des Dressursports, bei der das Pferd sowohl eine dünne Trense als auch eine Stange im Maul trägt. Gebißlose Zäumungen und Trensen kombiniert man manchmal im Rahmen der Ausbildung von Westernpferden, und auch der Kappzaum beim »Longieren« gehört in diese Kategorie.

Dressurpferde werden oft auf Kandare gezäumt

Gebißlose Zäumung mit Stange kombiniert

Am lockeren Zügel ins Gelände

Gebißlose Zäumungen

Bei all der Theorie in diesem Kapitel haben Sie vielleicht Lust auf ein praktisches Experiment zum Thema »Zäumungen und ihre Wirkung«. Nehmen Sie dazu einen Bleistift in beide Hände und drücken Sie damit auf Ihren Nasenrücken. Sie werden bemerken, daß Sie unweigerlich dazu neigen, den Kopf auf den Druck hin zu senken. Als nächstes legen Sie Ihre Finger in Ihre Mundwinkel, ziehen sie in Richtung Hinterkopf und beobachten wieder Ihre instinktive Reaktion. In diesem Fall dürfte die darin bestehen, die Nackenmuskulatur anzuspannen und den Kopf unwillig hochzudrücken. Genauso verläuft die unwillkürliche Reaktion eines Pferdes auf gebißlose Zäumungen und Zäumungen mit Gebiß. Während es auf erstere sofort mit dem erwünschten Kopfsenken und Anhalten antwortet, muß es die Bedeutung des Drucks im Maulwinkel erst lernen. Man macht einem jungen Pferd also die Ausbildung leichter, wenn man es an einer gebißlosen Zäumung anreitet.

Leider ist ein solcher Ausbildungsgang in den meisten unserer Reitställe nicht üblich, auch wenn er sonst in vielen Ländern der Welt praktiziert wird. Die dazu gebräuchlichen leichten, gebißlosen Zäumungen wie etwa das Bosal (Klassische Hackamore), das Side Pull (Lindel) oder das Vosal sind hier noch zu wenig bekannt. Als gebißlose Zäumung kennen die meisten Sportreiter nur die Mechanische Hackamore, die in den höchsten Klassen des Springsports eingesetzt wird, um das Angsttemperament der Springpferde zu zügeln. Im Gegensatz zu den vorgenannten gebißlosen Varianten ist sie aber keineswegs pferdefreundlich, sondern erzeugt schon bei leichtem Annehmen der Zügel starken Schmerz und erfordert so mindestens eine weiche Reiterhand.

Stangenzäumungen

Unter Stangenzäumungen versteht man Mundstücke, die nicht gebrochen sind und somit unbeweglich im Pferdemaul liegen. In traditionellen Reitställen begegnet Ihnen die Stangenzäumung entweder als Kandare in der Hand des fortgeschrittenen Dressurreiters oder als blanke Stange in der Hand von Möchtegernjagdreitern, die meinen, ihre Pferde damit besser in den Griff zu bekommen. Die Stangenzäumung wirkt nämlich in der Regel recht hart, die Bäume oder Anzüge wirken als Hebel und verstärken damit die Kraft, mit der die Zügel angenommen werden. Im Idealfall helfen sie dabei, das Pferd zu einer eleganten Arbeitshaltung mit hoher Aufrichtung von Kopf und Hals zu führen, auf die es vorher in langwieriger Dressurarbeit vorbereitet wurde. Dazu genügt dann ein ganz leichtes Annehmen der Stange – wenn Sie einen Dressurreiter beobachten, werden Sie bemerken, daß der Kandarenzügel fast immer leicht durchhängt. Den Kontakt zum Pferdemaul hält der Reiter mittels der Unterlegtrense. Auch im Westernriding werden Stangen nur bei Pferden eingesetzt, die ihre Grundausbildung bereits hinter sich haben und auf leichte Zügelhilfe bereitwillig reagieren. Hier wird die Stange einhändig geführt, der Reiter lenkt mittels Gewichtshilfen und sucht keinen ständigen Kontakt zum Pferdemaul.

Stangenzäumungen wirken auf Maul, Kinn und Genick des Pferdes ein

Gebrochene Mundstücke

Gebrochene Mundstücke zeichnen sich durch ihre große Beweglichkeit im Pferdemaul aus. Bei der bekanntesten Variante, der Trense, besteht das Mundstück aus zwei durch Ringe verbundenen Teilen. Das Pferd kann das Gebiß also im Maul hin- und herschieben und genüßlich darauf herumkauen. Dabei speichelt es ein, was mehrere erwünschte Effekte hat:

Das Pferd entspannt sich (Kaugummieffekt) und zeigt die Tendenz, den Kopf zu senken wie bei der Nahrungsaufnahme, es geht also in die gewünschte Dehnungshaltung. Dazu verhindern die Maulbewegungen ein Festbeißen am Gebiß.

Die traditionelle Trensenform hat allerdings auch Nachteile. So drückt ein Annehmen der Zügel hier die Zunge des Pferdes zusammen. Man nennt diesen Quetscheffekt »Nußknackerwirkung«. Um ihn zu vermeiden, wählt man heute oft doppelt gebrochene Trensengebisse.

Tölt an leichter Hand

Überhaupt gibt es Trensen in vielen Varianten und Materialien. Neben unterschiedlichen Metallegierungen ist dabei auch Gummi gebräuchlich und gilt als sehr pferdefreundlich. Teilweise sind Gummitrensen allerdings so weich, daß ein Annehmen der Zügel das Pferd kaum beeindruckt. Das an sich sehr pferdefreundliche »Nathegebiß« wurde in der Anfangszeit oft durchgebissen, weshalb man es jetzt mit einer Stahlseele versieht. Den Effekt, wenn das Pferd beim vergnüglichen Kauen auf den Stahl trifft, kann man wohl nur mit dem Beißen auf Staniolpapier beim Schokoladekauen vergleichen.

Dicke Trensengebisse wirken weicher als dünne, da sie den Druck besser im Maul verteilen. In den Mäulern kleiner Ponys bewirken sie aber oft eine Art »Maulsperre«. Mitunter ist das zierlichere Gebiß also die bessere Wahl.

Trensenvarianten unterscheiden sich außerdem in unterschiedlichen Formen der Ringe, in die Zügel und Kopfstück eingeschnallt werden, z. B. Olivenkopfgebiß und D-Trense.

Es geht auch ohne Zäumung: Ein gut gerittenes Pferd ist sogar mit Halsring leicht zu steuern. Zur Sicherheit aber nur auf umzäunten Plätzen.

Reithalfter

Wie gesagt, dienen die meisten Riemen am Kopfstück nur dazu, die Zäumung korrekt auf der Pferdenase oder im Pferdemaul zu halten. Eine Ausnahme bildet hier das Reithalfter oder Sperrhalfter. Es hat die Funktion, das Pferd daran zu hindern, sein Maul aufzureißen und sich damit der Wirkung des Gebisses zu entziehen. Im allgemeinen wird es mit Trensengebissen kombiniert. Nun entzieht sich das Pferd der Zügeleinwirkung in der Regel nicht aus Bosheit, sondern weil es schlechte Erfahrungen damit gemacht hat. Mit dem Sperren signalisiert es, daß es sein Gebiß oder die Zügelführung des Reiters bestenfalls lästig, schlimmstenfalls schmerzhaft findet. Das Sperrhalfter verwehrt ihm diese Meinungsäußerung, was kritisch zu sehen ist. Andererseits darf dem Pferd aber auch nicht erlaubt werden, sich der Zügeleinwirkung aus einer Laune heraus zu entziehen. Insofern ist es wichtig, das richtige Sperrhalfter auszuwählen. Auf keinen Fall sollten Sie Ihrem Pferd das Maul regelrecht zuschnüren, wie es bei der Verwendung des Hannoverschen Sperrhalfters der Fall ist. Diese Reithalftervariante wirkt obendrein atembeengend, wenn sie auf dem Nasenknorpel des Pferdes zu liegen kommt. Mit dem Einsatz eines Englischen Reithalfters erzielt man dagegen gute Erfolge gegen das Sperren. Es liegt auf dem harten Teil der Pferdenase breit auf und vermittelt dem sperrenden Pferd zwar die Botschaft »So nicht!«, bestraft es aber nicht direkt.

▸ Hilfszügel – Zweifelhafte Helfer

Das Pferd soll sich unter dem Reiter nicht irgendwie bewegen, es soll den Hals rund machen und im Rücken schwingen. Idealerweise erreicht der Reiter das durch eine sensibles Zusammenspiel von Zügel-, Kreuz- und Schenkelhilfen. Beim jungen, korrekt gebauten Pferd ist es verhältnismäßig einfach, bei einem Pferd mit Gebäudeschwierigkeiten oder einem, das unter dem Sattel bereits schlechte Erfahrungen gemacht hat, kann es sich zu einer harten Nuß entwickeln.

Auch fällt es vielen Reitern schwer, das korrekte Zusammenspiel der Hilfen zu erlernen. Die Schuld für das mangelhafte Gelingen der Lektionen wird dann aber gern dem Pferd angelastet. Auf jeden Fall gerät so mancher Reiter mehr oder weniger oft in Versuchung, anstelle der langwierigen, systematischen Gymnastizierung mit sogenannten »Hilfszügeln« schnelle Effekte zu erzielen. Damit ist meist die Vorstellung verbunden, man bräuchte ein Pferd nur durch Zwang in die richtige Körperhaltung zu bringen, und schon kämen der schwingende Rücken und die raumgreifenden Gänge von allein.

Tatsächlich ist die Verwendung eines der vielen verschiedenen Hilfszügel aber problematisch. Nur wenige dieser zusätzlichen Lederteile sind wirklich nützlich. In den meisten Reitschulen werden dem Reiter zum Beispiel nicht gleich normale Zügel in die Hand gedrückt. Es wäre viel zu schwer, Zügelführung, den richtigen Sitz und die sonstigen Hilfsmittel auf einmal zu lernen. Am Anfang steht also die Sitzschulung an der Longe, wozu dem Pferd Ausbindezügel angelegt werden. Sie führen von der Trense zum Sattel und bringen das Schulpferd dazu, auch unter dem An-

① **Martingal**
② **Dreieckszügel**
③ **Ausbinder**

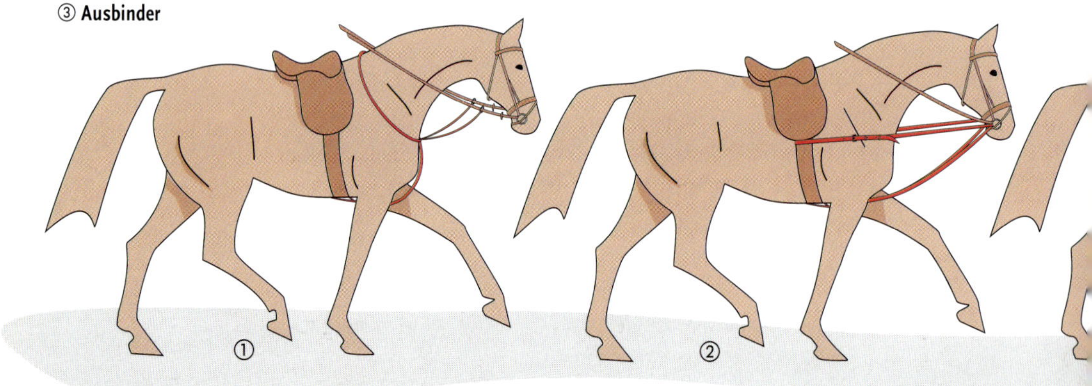

fänger mit gesenktem Kopf und aufgewölbtem Rücken zu gehen wie sonst in der Dressurstunde. Seine Bewegungen werden dadurch weicher, und der Anfänger wird im Trab nicht allzu sehr geworfen. Hat der Reitschüler gelernt, einigermaßen korrekt zu sitzen und die ersten treibenden Hilfen zu geben, so läßt man ihn gewöhnlich von der Longe, stattet sein Pferd aber nach wie vor mit einem Hilfszügel aus. Hier kommt meist das Martingal zum Einsatz, das Sattelgurt und Zäumung verbindet. Es soll verhindern, daß das Pferd den Kopf hochreißt, um sich damit der Trenseneinwirkung zu entziehen.

Westernreiter verwenden gelegentlich ein »Tie-down«. Das ist eine Stoßzügelvariante

Beim Springen wird fast immer ein Martingal eingeschnallt

Ein weiterer gebräuchlicher Hilfszügel ist der Stoßzügel. Auch er soll ein Hochnehmen des Kopfes verhindern und wird dazu mitunter im Anfängerunterricht eingesetzt.

In konventionellen Ställen sehr verbreitet ist leider der Schlaufzügel. Er besteht aus zwei langen Riemen, die vom Sattelgurt unter der Brust des Pferdes zwischen den Vorderbeinen durch die Trensenringe in die Reiterhand führen. So kompliziert das klingt, so einfach ist die Verwendung: Ein Zug am Zügel und der Pferdekopf wird in Richtung Brust gezerrt. Das Pferd befindet sich dann in einer Art Pseudo-Aufrichtung, und der Reiter meint, mehrere Jahre der Ausbildung gespart zu haben. Später rächt sich das. Das Pferd wird seine Chance zur Auflehnung nutzen, sobald der Zügel ausgeschnallt wird.

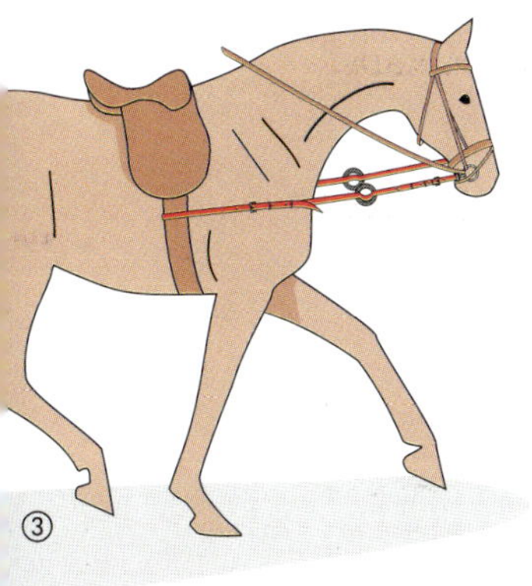

③

Insbesondere zum Longieren verwendet man dann noch weitere Hilfszügelkonstruktionen wie Gogue, Chambon oder Halsverlängerer. Sie alle dienen dazu, dem jungen Pferd den Weg in die Dehnungshaltung zu weisen.

Legen Sie die linke Hand um die Pferdenase ...

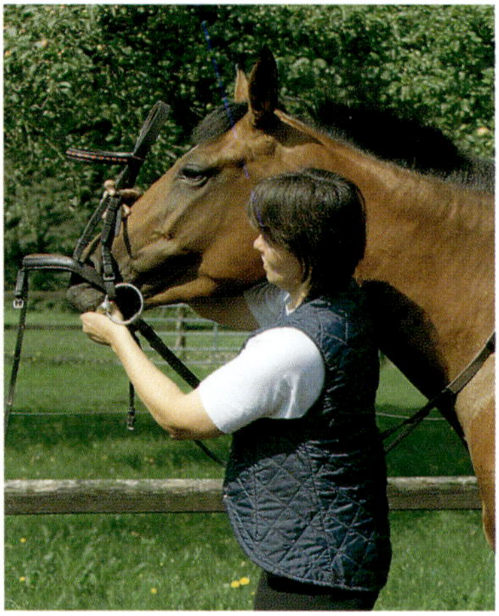

Schieben Sie das Gebiß ins Maul ...

Das Kopfstück wird vorsichtig über die Ohren gezogen

Richtig aufzäumen

Bevor Sie ein Pferd aufzäumen, nehmen Sie ihm das Stallhalfter vom Kopf und legen es ihm um den Hals. Dann kann es nicht weglaufen, während Sie die Zäumung ordnen – eine Tätigkeit, für die Anfänger gewöhnlich einige Zeit brauchen. Die vielen Riemen des konventionellen Trensenzaums können einen noch ungeübten Pferdepfleger leicht verwirren.

Wie fast alle Tätigkeiten rund ums Pferd geschieht auch das Aufzäumen von links. Das geht ursprünglich darauf zurück, daß all diese Arbeiten von Männern getan wurden, die links das Schwert trugen. Hätten die auf der rechten Seite des Pferdes gearbeitet, wäre ihnen die Waffe ständig im Weg gewesen!

Sie plazieren sich nun also mit Ihrer Zäumung links vom Pferd und legen ihm zunächst die Zügel um den Hals. Dann nehmen Sie das Kopfstück in die rechte Hand. Sie fassen es etwa in der Mitte der Backenstücke und trennen das rechte und das linke Backenstück durch den Zeigefinger. Die linke Hand liegt unter dem Gebiß. Wie beim Aufhalftern faßt die rechte Hand mit der Zäumung von unten um die Pferdenase und übt dort leichten Druck aus, damit sich das Pferd dem Auftrensen nicht nach oben entzieht. Während die linke Hand das Gebiß ins Maul schiebt, zieht die rechte das Kopfstück an der Pferdenase entlang hoch

Kehlriemen schließen

Reithalfter schließen

und über die Ohren. Nun ordnen Sie die Mähne des Pferdes so, daß sie über das Stirnband fällt und von Stirnband und Nackenstück nicht eingeklemmt wird. Besonders bei den dicken Mähnen von Robustpferden und Ponys ist das gar nicht so einfach. Danach können Sie die Schnallen schließen – beim gewöhnlichen Trensenzaum am Kehlriemen und am Nasenriemen des Reithalfters.

Beim ersteren muß eine aufgestellte Hand zwischen Kehle und Riemen passen, beim letzteren zwei aufeinandergestellte Finger zwischen Nase und Zaum. Achten Sie auch darauf, daß das Reithalfter mindestens vier Finger breit über den Pferdenüstern liegt. Stellen Sie fest, daß es zu tief verschnallt ist, so scheuen Sie sich nicht, seine Lage zu korrigieren. Der Trensenzaum wird so eingestellt, daß die Trense die Maulwinkel des Pferdes nur geringfügig hochzieht. Eine Falte ist erlaubt, höher darf das Gebiß nicht rutschen, sonst wird es unangenehm für das Pferd!

So sitzt alles perfekt!

TIP VOM

alten Stallmeister

Schuhcreme zur Stiefelpflege zieht besser ein, wenn man sie vor dem Auftragen erhitzt.

Leider lassen nicht alle Pferde das Aufzäumen ohne Widerstand geschehen. Manche beißen buchstäblich die Zähne zusammen, wenn man sich ihnen mit der Trense nähert. Meist deshalb, weil sie mit dem Auftrensen und erst recht mit dem Reiten schlechte Erfahrungen gemacht haben. Schmettern Sie einem solchen Pferd die Trense nicht mit Schwung gegen die Vorderzähne! Das ist ihm nicht nur unangenehm, sondern wirkt auch nicht als »Sesam öffne dich«. Statt dessen fassen Sie mit dem linken Daumen ins Pferdemaul und drücken kräftig auf den Laden, also eine der zahnlosen Stellen am Unterkiefer. Das löst einen Reflex aus, der das Pferd dazu bringt, das Maul freiwillig zu öffnen.

Die Lederpflege

Die regelmäßige Reinigung der ledernen Ausrüstung Ihres Pferdes dient nicht nur der Optik. Fast wichtiger ist, daß Sie damit die Haltbarkeit des Leders verlängern und brüchige Stellen früh genug erkennen.

Zum Reinigen des Lederzeugs öffnen Sie zunächst sämtliche Schnallen und zerlegen alle Ausrüstungsgegenstände in ihre Bestandteile. Beim ersten Mal erscheint einem das oft als Wagnis: Wird man es wirklich schaffen, alles korrekt wieder zusammenzusetzen? In der Praxis ist das aber gar nicht so schwierig, die Lösung des »Puzzles« ergibt sich schon aus den unterschiedlich breiten Riemen.

Die Einzelteile werden nun mit Wasser und Sattelseife gründlich gereinigt. Wenn das Zaumzeug sehr mit Pferdeschweiß und verklebtem Staub verunreinigt ist, kann man es vorher eine halbe Stunde

Zwischen Reithalfter und Pferdenase müssen zwei Finger Platz finden

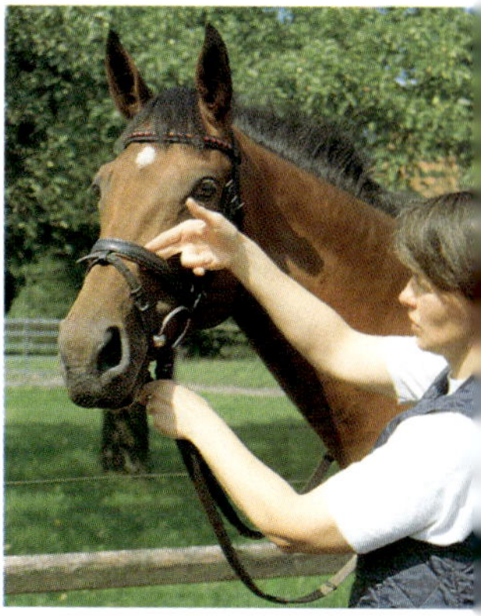

Das gilt auch für das Zusatzriemchen am kombinierten Reithalfter

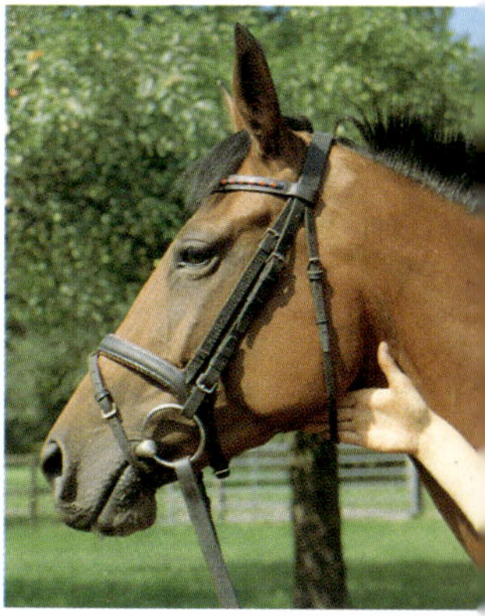

Zwischen Kehlriemen und Pferd sollte eine Handbreit Platz bleiben

in einen Eimer lauwarmes Wasser legen, dem man einen Schuß Salmiakgeist beigemischt hat. Der Salmiak löst den eingetrockneten Schweiß und erleichtert die Lederreinigung.

Auch beim Sattelreinigen brauchen Sie nicht mit Wasser zu sparen. Hochwertige Sattelseifen verhindern, daß das Leder durch die Reinigung spröde wird. Vorsicht ist allerdings beim Trocknen angesagt. Hängen Sie Ihr Sattelzeug dazu weder in einen geheizten Raum noch in die pralle Sonne. Und warten Sie mit dem Fetten des Leders nicht, bis es knochentrocken geworden ist! Das Leder darf noch etwas klamm sein, wenn Sie Lederfett auftragen. Das Fett hält die Feuchtigkeit dann im Leder, wodurch es geschmeidig bleibt. An der Qualität und an der Menge des Lederfetts sollten Sie auf keinen Fall sparen. Für Sattelzeug müssen grundsätzlich säurefreie, tierische Fette verwendet werden. Pflanzliche Fette verharzen und machen das Leder brüchig. Das ideale Lederöl ist Nerzöl, aber das ist natürlich auch das teuerste. Gegen brüchiges Leder hilft mehrmaliges Einfetten mit Ballistol-Öl. Das bekommen Sie in der Apotheke oder in Geschäften für Jagdbedarf.

Tragen Sie das Lederfett nun also dick auf und geben Sie ihm etwas Zeit zum Einziehen, bevor Sie das Sattelzeug wieder zusammenschnallen. Sehr hartes Leder können Sie durchaus mal eine Nacht in Lederfett einweichen. Schließlich wischen Sie das überschüssige Fett mit einem weichen Lappen ab und setzen Ihr Kopfstück wieder zusammen.

Auch neue Kopfstücke und Sättel sollte man gut einfetten, bevor man sie in Betrieb nimmt. Besonders Sättel »schlucken« fast unglaubliche Ölmengen. Es ist nicht ungewöhnlich, daß beim Einfetten eines Sattels fast ein Liter verbraucht wird. Kopfstücke von mäßiger Qualität, die hart und wenig pferdefreundlich erscheinen, kann man »retten«, indem man viel Öl regelrecht »hineinknetet«. Sie halten dann zwar nicht so lange wie hochwertige Teile, aber sie scheuern nicht am Pferdekopf.

Wertvolles Lederzeug will gepflegt sein

▸ Von der Decke bis zur Bandage

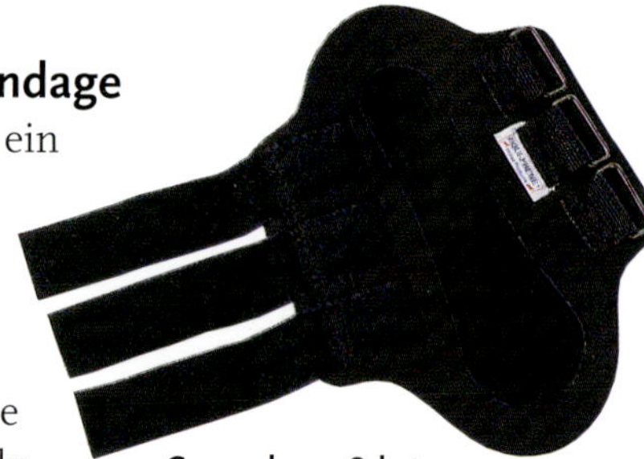

Gamaschen – Schutz fürs Pferdebein

Wie viele Ausrüstungsgegenstände ein Pferd über Stallhalfter und Strick, Sattel und Zaumzeug hinaus noch braucht, hängt von seiner Haltung und von seinem Reiteinsatz ab. Ein Stallpferd, mit dem Sie nur zwischen Stall und Halle pendeln, benötigt zum Beispiel keine dicke Winterdecke. Eine leichte Abschwitzdecke genügt, um es nach dem Reiten im Winter vor dem Frieren zu schützen. Fahren Sie allerdings regelmäßig mit ihm zur Reitstunde in einen anderen Stall, so braucht es während des Transports mehr Schutz vor Kälte und Zugluft, also zum Beispiel eine gefütterte Jutedecke. Die Decke muß aber nicht unbedingt regendicht sein.

Das Offenstallpferd, das nur sonntags geritten wird, benötigt ebenfalls nicht viel »Zusatzbekleidung«. Gelegenheitsreiter begeben sich schließlich nur selten im Regen oder bei großer Kälte ins Gelände, und wenn das Pferd nicht schwitzt, reicht sein natürliches, dickes Winterfell als Schutz gegen jede Witterungsunbill.

So sitzen die Gamaschen richtig

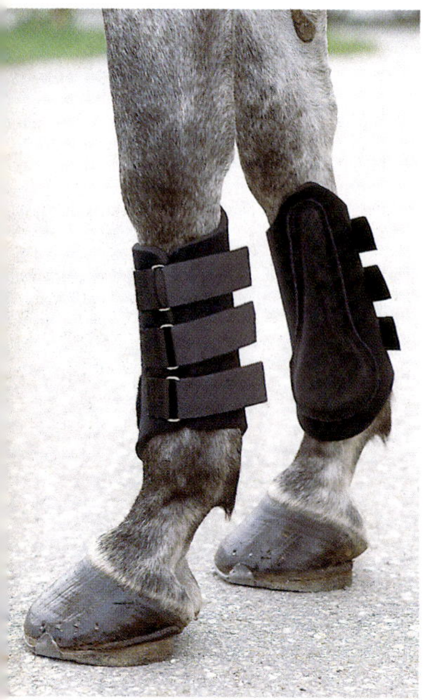

Ein Höchstmaß an Ausstattung braucht ein artgerecht gehaltenes Pferd, das viel und auch schweißtreibend geritten wird. Nach einem Ritt im Regen muß es im Winter wie im Sommer trocken werden, bevor es wieder auf die Weide oder in den Auslauf darf: Es muß also eine Zeit im Stall verbringen, oder es braucht seinen »tragbaren Stall«, die wasserdichte Neuseelanddecke. Das traditionelle Segeltuchmodell hat sich allen moderneren Materialien zum Trotz am besten dabei bewährt, einem Pferd gleichzeitig Auslauf und Wetterschutz zu gewährleisten. Bei uns kommt es hauptsächlich bei Freizeitpferden zum Einsatz, aber in angelsächsischen Ländern gehen auch Turnierpferde der höchsten Klassen damit täglich auf die Weide.

Neuseelanddecken zeichnen sich übrigens durch eine besonders sichere Begurtung aus. Sie sitzen auch dann ohne Verrutschen, wenn das Pferd damit herumtobt oder sich wälzt. Das ist bei jeder Decke wichtig, mit der das Pferd frei herumläuft. Ansonsten ist ihre Lebensdauer nämlich ziemlich begrenzt.

Ob Ihr Pferd Gamaschen, Ballenschoner, Springglocken und ähnliches benötigt, ist hauptsächlich davon abhängig, ob es korrekt auf seinen Beinen steht und gut geritten ist oder nicht. Ein Pferd mit gesunden Beinen kommt im allgemeinen auch ohne zusätzliche Stütze und Extraschutz durchs Gelände.

Ob ein Bandagieren der Pferdebeine während der Dressurstunde oder beim Springen wirklich die Sehnen schont, ist unter Tierärzten umstritten. Die Tendenz geht eher zu »nein«. Wer sein Pferd artgerecht hält, so daß es nicht steif aus dem Stall auf den Reitplatz kommt, wer es sowohl vor der Dressurstunde als auch vor längeren Galoppaden auf dem Ausritt ausgiebig warm reitet und überhaupt regelmäßig bewegt, braucht sowieso kaum Sehnenschäden zu befürchten. Statt der üblichen dünnen Bandagen sollten Sie sich also allenfalls einen Satz Wollbandagen anschaffen. Damit pflegen Sie die Pferdebeine nach langen Ritten.

Während eines Transports im Pferdehänger packen viele Reiter ihre Pferde regelrecht in Watte: Da werden extrem dicke, gepolsterte Decken angelegt, ein Kopfschutz und Transportgamaschen, in denen das Tier sich kaum bewegen kann. Es mag Einzelfälle geben, in denen das sinnvoll ist. Meist ist es aber übertrieben, und so manche Furcht eines Pferdes vor der Hängerfahrt wird noch dadurch geschürt, daß die Transportgamaschen schwer und unbequem sind. Professionelle Tierspeditionen greifen im Regelfall nicht zu all diesen Schutzmaßnahmen und bringen ihre Schützlinge trotzdem sicher ans Ziel. Nüchtern betrachtet kann sich ein Pferd auf dem Transporter auch kaum verletzen. Unfälle passieren eher beim Verladen der Tiere, wenn ein unwilliges Pferd auf der Rampe ausrutscht oder steigt und hinfällt. Dagegen hilft Hängertraining besser als ein Schutzpanzer aus Decken. Wenn Sie trotzdem auf Nummer Sicher gehen wollen, legen Sie dem Pferd auf der Reise Wollbandagen an.

Ein sehr nützliches Utensil beim Hängerfahren kann dagegen ein Schweifschoner sein. Viele Pferde stützen sich mit dem Hinterteil am Gestänge des Hängers ab und können sich dabei schon auf kurzen Fahrten viele Haarsträhnen an der Schweifrübe abscheuern.

Ein junges Pferd in vorbildlicher Dehnungshaltung

▸ Was braucht man zum Longieren?

Longieren Sie Ihr Pferd nicht nur, weil das alle machen. Longenarbeit sollte gekonnt und überlegt durchgeführt werden. Am besten belegen Sie mindestens einen speziellen Longierkurs, noch besser einen Doppellongenkurs.

Die Praxis, die Longe einfach in einen Trensenring der normalen Reitzäumung des Pferdes einzuschnallen, zeugt zum Beispiel von mangelnder Kenntnis der Feinheiten. Wie soll Ihr Pferd ein sensibles Maul behalten, wenn Sie mit der Longe einseitig Druck aufs Gebiß ausüben? Falls Sie Ihr Pferd also nur »irgendwie« im Kreis herumlaufen lassen wollen, genügen ein Stallhalfter, eventuell über dem Reithalfter angelegt, und eine einfache Longe. Handelsübliche Longen sind aus Gurtmaterial und sieben Meter lang. Wählen Sie ein Modell mit stabilen Haken, das gut in der Hand liegt.

Sofern Sie allerdings ernsthaft Longenarbeit betreiben wollen, werden Sie um die Anschaffung eines Kappzaums und eines hochwertigen Longiergurtes nicht herumkommen. Beim Kauf des letzteren gilt die Faustregel: Je mehr Ringe, desto besser. Kappzäume wurden speziell zur Longenarbeit und zu anderen klassischen Formen der Bodenarbeit (Doppellonge, Arbeit am Langen

Zügel) entwickelt und sind dazu unübertroffen. Es handelt sich dabei um ein stabiles Kopfstück, das einen metallenen Nasenriemen sehr sicher an seinem Platz hält. Das Metall ist dick abgepolstert, so daß es die Nase des Pferdes nicht verletzen kann. Nicht gepolsterte Kappzaumvarianten wie etwa die spanische Sereta sind nicht empfehlenswert. Zum Einschnallen von Longe und/oder Hilfszügeln sind stabile Metallösen am Nasenteil angebracht. Beim einfachen Longieren klinkt man die Longe in den Ring auf dem Nasenrücken des Pferdes. Zusätzlich enthält der Kappzaum die Möglichkeit, eine Trense einzuschnallen. Man kann das Pferd also zum Beispiel am Nasenteil longieren und Ausbinder in die Trensenringe schnallen. Bei der Doppellongenarbeit mit jungen Pferden wird die Longe erst durch die Ringe am Nasenteil gezogen und das Pferd ohne Trense gearbeitet, dann wird die Trense eine Zeitlang zur Gewöhnung ins Maul gelegt, ohne daß man darauf Einfluß nimmt. Erst wenn das Pferd alle Grundlektionen beherrscht, schnallt man die Longe in die Trensenringe. Zur Jungpferdeausbildung ist der Kappzaum deshalb unbezahlbar. Allerdings ist nur die teure Ledervariante brauchbar. Nylonkappzäume haben sich nicht bewährt.

Der Kappzaum ist ideal für die Longenarbeit

Longieren an der einfachen Longe verfolgt an sich keinen weiteren Zweck, als das Pferd locker in Dehnungshaltung vorwärts gehen zu lassen und es damit an eine gesunde Arbeitshaltung unter dem Reiter heranzuführen. Das sollte kein Problem darstellen, denn ein normales Pferd findet meist von sich aus in diese Position, wenn man es schwungvoll vorwärts treibt und ihm etwas Zeit läßt. Gerade das fällt leider manchen Ausbildern schwer: Kaum haben sie das Pferd an der Longe, da wird auch schon irgendein Hilfszügel eingeschnallt, in aller Regel ein Ausbinder. Für ein junges Pferd ist die Arbeit an dem relativ starren Ausbinder aber schwierig, denn der Zügel gibt nicht nach, wenn es sich heranstreckt, sondern begrenzt seine Bewegungsfreiheit stark. Wenn man also Hilfszügel verwenden will, ist es besser, bewegliche Konstruktionen zu wählen. Gogue und Halsverlängerer zum Beispiel geben dem Pferd eine Tendenz nach unten, ohne es allzu sehr einzuengen.

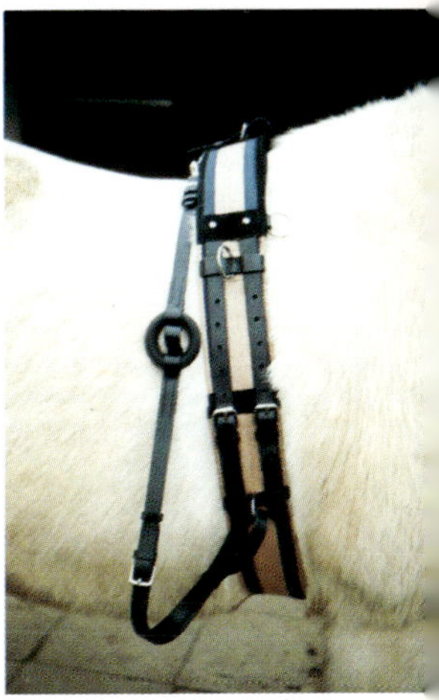

Longiergurt und Ausbinder

Wichtig: Das Pferd muß die Möglichkeit haben, verschiedene Haltungen auszuprobieren und sich schließlich selbst für die richtige zu entscheiden.

Die gemeinsame Arbeit

Traditionell und in praktisch allen europäischen Sprachen wird Reiten und sinnvolle Beschäftigung mit Pferden »Arbeit« genannt. Der Ausdruck stammt natürlich aus Zeiten, in denen das Pferd für seinen Hafer ordentlich schaffen mußte und auch das berufliche und sonstige Fortkommen vieler Menschen davon abhing, wie gut sie mit ihren Pferden klarkamen.

Heute sollte unsere tägliche Beschäftigung mit Pferden jedoch nicht so sehr von dem Gedanken an Pflichterfüllung, sondern von Freude und Vergnügen geprägt sein.

Schließlich halten wir uns Pferde, weil wir sie lieben, und nicht, um uns oder sonst jemandem etwas zu beweisen. Wir sollten also nicht verbissen an die Ausbildung und Weiterbildung unseres Freizeitpartners Pferd herangehen, sondern locker und entspannt. Natürlich ist es schön, wenn das Pferd schnell Fortschritte macht, aber wenn es ein paar Monate länger braucht, geht die Welt auch nicht unter!

Zum Glück gibt es vielfältige Möglichkeiten, etwas mit Pferden zu unternehmen und mit ihnen Spaß zu haben.

Das Ziel: Harmonie mit dem Pferd

▸ Die tägliche Bewegung

»Unser Pferd arbeitet allenfalls mal am Wochenende«, bemerkt eine Reiterin. »Ansonsten steht es auf der Weide und frißt sich voll. So gut möchte ich's auch mal haben!«

Wirklich? Nun, möglicherweise besteht das Traumziel der Dame ja tatsächlich aus Arbeitslosigkeit und Übergewicht. Das Lauftier Pferd würde die Sache aber sicher anders sehen.

Ein Pferd, das nicht gerade auf riesigen Weideflächen innerhalb einer großen Herde lebt, braucht regelmäßige Beschäftigung. Das muß nicht immer schweißtreibende Arbeit sein – auch ausgefallene Dinge wie etwa das Einüben kleiner Zirkuskunststücke bringen Abwechslung. Aber schließlich hat man sich das Pferd ja angeschafft um zu reiten. Und Reiten macht nur Spaß, wenn der vierbeinige Partner gut ausgebildet und konditioniert, gehorsam und mit Freude bei der Sache ist. Diese Eigenschaften erwerben Pferde über eine fundierte Grundausbildung und regelmäßiges Training. Setzt man damit über längere Zeit aus, so bildet sich die mühsam aufgebaute Muskulatur zurück; Kraft und Wendigkeit des Pferdes lassen nach – der Reiter ist enttäuscht.

Wieviel Zeit genau Sie für Ihr Pferd brauchen, hängt natürlich wieder davon ab, was Sie wollen. Wer an Wettbewerben teilnehmen möchte oder auch einfach für sich Spaß daran findet, schwierige Dressuraufgaben zu reiten oder lange, schnelle Ausritte zu unternehmen, muß mehr Zeit investieren als der typische »Wochenendreiter«. Wenn der lange, gemütliche Sonntagsausritt jedoch Reiter und Pferd Spaß machen und anschließend keinen Muskelkater bescheren soll, muß sich der Reiter mindestens zwei- bis dreimal wöchentlich für eine Stunde in den Sattel schwingen.

Distanzreiter sollten möglichst vier- bis fünfmal trainieren, ebenso Dressurreiter. Achten Sie dabei aber auf Abwechslung – jeden Tag die gleiche Trainingsstrecke oder jeden Tag das gleiche Programm im Dressurviereck langweilen ein Pferd bald ebenso wie die Tatenlosigkeit im Offenstall. Weniger Training der speziellen Lektionen und mehr »Ausgleichssport« wird sicher bessere Ergebnisse erzielen. Für ein Freizeit-Dressurpferd könnte der Trainingsplan zum Beispiel so aussehen: 1. Tag: 60 Minuten Schrittausritt in bergigem Gelände als Krafttraining, 2. Tag: 45 Minuten Doppellongenarbeit auf dem Reitplatz, 3. Tag: 45 Minuten bis 1 Stunde Dressurarbeit auf dem Reitplatz, 4. Tag: Eine Stunde lockerer Ausritt in allen Gangarten bei teilweise flottem Tempo, 5. Tag: Entspannen auf der Weide.

Falls Sie schon im Vorfeld des Pferdekaufs wissen, daß Sie nicht so viel Zeit für Ihr Pferd aufbringen können, denken Sie rechtzeitig über Alternativen nach. Eine davon wäre das »Pflegemädchen« aus der Nachbarschaft, das für die Reitgelegenheit im Stall hilft, oder Sie bemühen sich um eine zahlende »Reitbeteiligung«. Schaffen Sie sich insofern also gleich ein Pferd an, das keine Probleme mit Reiterwechseln hat und ungefährlich zu handhaben ist. Für erwachsene, unproblematische Pferde findet sich immer ein Reiter. Mit jungen und schwierigen Tieren und ihren Problemen stehen Sie aber schnell allein da.

Auch im Winter braucht ein Pferd Bewegung!

▸ TIP VOM

▸ **alten Stallmeister**

Junge Pferde sind an allem interessiert, aber konzentrationsschwach. Ein vernünftiger Ausbilder wird darauf Rücksicht nehmen und ein junges Pferd nie länger als zehn bis zwanzig Minuten am Stück arbeiten. Longen- und Anbindemarathons, wie man sie heute immer wieder beobachten kann, kamen in den Reitschulen der alten Meister nicht vor.

▸ Die Grundausbildung

Pferde werden nicht als Reitpferde geboren. Bevor sie ihren Reiter sicher und scheufrei durchs Gelände tragen oder eine Dressuraufgabe im Viereck korrekt absolvieren, brauchen sie eine fundierte Ausbildung. In ihrem Rahmen lernen sie Hilfen zu verstehen und gehorsam darauf zu reagieren. Sie entwickeln Geschick und Kondition, so daß sie das Reitergewicht auch über Stunden ausbalancieren und ohne gesundheitliche Schäden tragen können. Für eine solche solide Grundausbildung muß man bei normalem Arbeitstempo etwa zwei Jahre veranschlagen.

Es macht viel Spaß, sein Jungpferd selbst anzureiten

Pferdeanreiten hat nichts mehr mit bockenden Pferden und sich verbissen festklammernden Reitern zu tun, wie es manche vielleicht noch im Kopf haben. Hierzulande gibt es inzwischen etliche Methoden, das Pferd langsam an seine Arbeit als Reitpferd heranzuführen, indem man den Gesamtkomplex »Reiten« in mehrere Lernabschnitte aufteilt. Das Pferd wird also nicht auf einmal mit Angurten, Sattel, Reitergewicht, Zügel-, Schenkel- und Kreuzhilfen konfrontiert, sondern lernt all diese Dinge gesondert und nacheinander. Eine Möglichkeit dazu wäre zum Beispiel, das Pferd zunächst anzulongieren und dabei an einen Longiergurt zu gewöhnen.

DOPPELLONGE Danach schnallt man eine Doppellonge ein und bringt dem Pferd bei, auf Zügelhilfen zu reagieren. Es lernt hier auch schon die Anfänge des Zusammenspiels zwischen Zügelhilfen und treibenden Hilfen kennen. Erste Kondition und Erfahrung im Gelände erwirbt das Jungpferd, indem es als Handpferd auf Ausritte mitgenommen wird. Der nächste Lernschritt beinhaltet das Lenken von hinten. Das Pferd soll den Zügelhilfen gehorchen, ohne seinen Führer zu sehen, und es soll selbständig vorwärts gehen. Nachdem es sein ganzes bisheriges Leben mit dem Menschen daran gewöhnt worden ist, ihn beim Führen ja nicht zu überholen, ist das keine leichte Aufgabe. Der Ausbilder zieht dazu einen langen Zügel oder zwei lange Stricke durch die

Ringe des Longiergurtes, klinkt sie in die Kappzaumringe und später auch in die Trensenringe ein und »fährt« das Pferd damit vom Boden. Er geht also hinter dem Pferd und lenkt es wie ein Kutscher vom Bock aus.

ANREITEN Erst jetzt wird das Pferd mit dem Reitergewicht konfrontiert. Der Ausbilder steigt von einem Strohballen oder einer anderen Aufstiegshilfe aus vorsichtig auf, das Pferd wird zunächst von einem Helfer geführt. Nach und nach gewöhnt man das Jungtier nun daran, zunächst schon bekannte Hilfen »von oben« entgegenzunehmen. Was Zügelhilfen und treibende Hilfen mit der Gerte angeht, verändert sich ja nicht viel. Solange das Pferd sich unter dem Reitergewicht nicht ausbalanciert hat, wird es noch nicht mit neuen Hilfen konfrontiert. Sehr schnell kommt dann aber die Gewichtshilfe hinzu, denn sie ist für das Pferd extrem leicht verständlich. Später unterstützt man Zügel- und Gertenhilfe dann mittels Kreuz- und Schenkelhilfen, reitet das Pferd gezielt vorwärts und legt nun auch Wert auf die richtige, gesunde Traghaltung. Erst wenn sich die Rückenmuskulatur gekräftigt hat, wird es langsam in Aufrichtung gebracht.

Die Arbeit über Stangen schult das Körperbewußtsein

Sicherheit im Umgang mit Pferden – Grundregeln

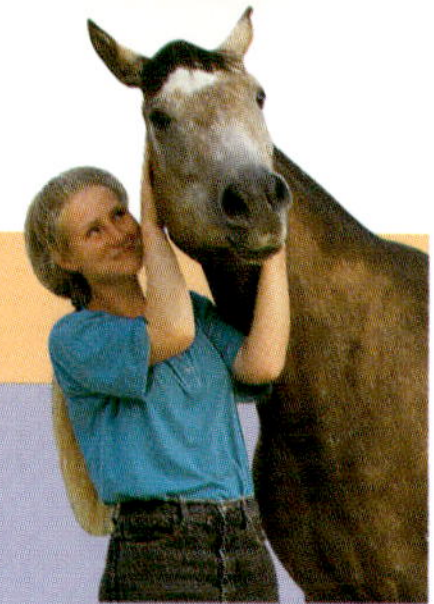

▶ Tragen Sie beim Umgang mit Pferden stets festes Schuhwerk und lange Hosen. Beim Führtraining sind Reithandschuhe angebracht.

▶ Achten Sie auf einen ruhigen und sicheren Arbeitsplatz, egal ob Sie das Pferd vom Boden aus oder unter dem Sattel arbeiten. Spielende Kinder auf dem Reitplatz oder fröhlich herumtobende Hunde sind besonders bei der Arbeit mit jungen Pferden gefährlich.

▶ Bei vielen Arbeiten mit Pferden brauchen Sie einen Helfer. Überlegen Sie sich vorher, wann das sein wird, und bitten Sie einen ruhigen, kompetenten Pferdemenschen dazu.

▶ Wickeln Sie sich Longen, Führleinen, Zügel usw. nie um die Hand!

▶ Halten Sie grundsätzlich einen gewissen Sicherheitsabstand zu anderen Pferden ein. Damit vermeiden Sie erstens Schlägereien, und zweitens verhindern Sie, daß Ihr Pferd abgelenkt wird.

▶ Lassen Sie keine möglicherweise gefährlichen oder scheuträchtigen Gegenstände im Trainingsbereich herumstehen.

▶ Sprechen Sie viel mit Ihrem Pferd und bemühen Sie sich um einen grundsätzlich freundlichen Umgangston. Nur dann wirkt es, wenn Sie gelegentlich zum Schimpfen die Stimme heben.

▶ Nehmen Sie sich Zeit für die Arbeit mit Pferden! Besonders Erziehungsarbeit, bei der sich das Tier möglicherweise widersetzt, darf nie unter Zeitdruck geschehen.

▶ Verzichten Sie bei der Arbeit vom Boden, beim Longieren oder Führtraining nie auf die Gerte! Falls das Pferd sich vor der Gerte fürchtet, muß es erst mit dem Stöckchen vertraut gemacht werden, bevor Sie mit ihm arbeiten können. Ohne eine Gerte oder Peitsche als Verlängerung Ihrer Hand leben Sie und Ihr Pferd gefährlich! Sie haben dann nämlich keine Möglichkeit, ein aufmüpfiges Pferd im Zweifelsfall auf Abstand zu halten oder ein ängstliches Pferd, das panisch rückwärts geht oder steigt, vorwärts zu treiben. Es kann fallen und sich ernsthaft verletzen.

▶ Lob soll grundsätzlich häufiger erfolgen als Strafe. Wenn Sie aber strafen müssen, so tun Sie es schnell, energisch und direkt auf das Fehlverhalten des Pferdes folgend. Nur dann kann es die Zusammenhänge zwischen seinem Tun und dem Gertenklaps erkennen.

▸ Trainingsbedingungen

DER REITPLATZ Der übliche Reitplatz hat die Maße 20 mal 40 Meter und weist einen griffigen Bodenbelag auf, meist Sand oder ein Sägespäne-Sandgemisch. Idealerweise ist er drainiert, damit man auch bei Nässe darauf arbeiten kann. Einen Reitplatz braucht jeder, der sein Pferd zumindest gelegentlich dressurmäßig arbeitet. Zwischendurch lassen sich Dressurlektionen allerdings auch mal in den Ausritt einbauen. Für anspruchsvollere Lektionen empfiehlt sich die Fahrt zum nächsten Reitplatz.

Das Wichtigste ist ein zufriedenes Pferd!

DIE REITHALLE Den Reitplatz unter Dach braucht jeder, der auch im Winter regelmäßig reiten will und gezwungen ist, das in den Abendstunden zu tun. Man muß sein Pferd aber nicht unbedingt im konventionellen Reitstall unterbringen, um die Halle mitbenutzen zu können. Die meisten Vereine ermöglichen Hallennutzung gegen ein kleines Entgelt, einige verlangen Vereinsmitgliedschaft. Vielleicht findet sich also ein Offenstall in Hallennähe. Wenn es gar nicht anders geht, stellen Sie Ihr Pferd eben im Winter in den Reitstall, möglichst in eine Außenbox. Im Sommer verdient es dann einen langen Urlaub auf der Weide!

DER SPRINGPLATZ Viele Springplätze von Reitervereinen werden nur zu Turnieren genutzt. Sie sind in der Regel nicht drainiert und insofern nur selten einladend, im Winter oft gesperrt. Zu gelegentlichem Springtraining können Sie sich also ebensogut ein paar Hindernisse auf den Reitplatz stellen.

DER LONGIERPLATZ (ROUNDPEN) Ein eingezäunter, drainierter Longierplatz ist für die Jungpferdeausbildung eine feine Sache. Der eingezäunte Zirkel erleichtert die Konzentration. Zwingend notwendig ist er jedoch nicht. Zudem sollte man Longieren ohnehin nicht übertreiben. Sie können die Longenarbeit mit Ihrem Jungpferd und erst recht das Longieren Ihres erwachsenen Pferdes also getrost auf die Sommermonate beschränken und sich mit Hilfe von ein paar Elektrozaunstäben und etwas Flatterband einen Longierzirkel auf die Wiese stellen.

▸ Spaß und Sport mit Pferden

Immer nur allein auf dem Reitplatz Dressur trainieren oder durch den heimischen Wald reiten, das wird auf die Dauer langweilig. Fast jeder Reiter träumt deshalb irgendwann von gemeinsamen Unternehmungen mit dem Pferd. Schade, daß es oft nicht mehr Angebote als Dressur, Springen, vielleicht mal einen Geländeritt gibt. Nicht wettbewerbsorientiert scheint in vielen Regionen höchstens die herbstliche Reitjagd, aber auch da möchte man möglichst vorn dabei sein, und das Pferd muß sämtliche Hindernisse springen. Das alles kann durchaus Spaß machen, darf aber auf keinen Fall in Zwang ausarten.

Nur weil Ihr Pferd im Dressurviereck gut mitarbeitet, müssen Sie den Sonntag nicht auf dem Turnierplatz verbringen. Vielleicht macht es Ihnen ja mehr Spaß, es mal mit einem Trail-Parcours auf dem nächsten Freizeitreiter- oder »Plausch«-Turnier zu versuchen. Dabei geht es um Scheufreiheit und die Frage, ob sich Lektionen wie Rückwärts- oder Seitwärtsgehen auch in Engpässen oder über Stangen abrufen lassen. Oder Sie melden Ihr Pferd zu einem kurzen Distanzritt. Das sind wettkampfmäßige Streckenritte, bei denen es darum geht, Strecken zwischen 20 und 160 Kilometer entweder in vorher genau festgelegtem Tempo oder so schnell wie möglich zu überwinden. Die Gesundheit der Pferde wird dabei tierärztlich überwacht, und bei kurzen Ritten gewinnt das Pferd, das die Strecke mit den geringsten Anzeichen von Anstrengung meistert. Fast immer führen Distanzritte durch sehr reizvolles Gelände. Sie können den Ritt also auch ganz ohne Siegorientierung genießen und bekommen am Ende sogar noch eine Schleife. Grundlage des gesamten Geschehens ist hier nämlich das Motto »Angekommen heißt gewonnen«. Wer mit einem gesunden Pferd im Ziel landet, kann auf jeden Fall stolz auf sich sein.

Auch der Geschicklichkeitsparcours hat seine Tücken

Vielleicht gehören Sie aber auch zu den Reitern, die Feste und Ausritte mit Freunden jedem Wettbewerb vorziehen. Dann müssen Sie vor allem eine Reitergruppe finden, die zu Ihnen paßt. Ver-

Wer ein gutes Pferd hat, will es auch gern einmal zeigen

folgen Sie das »alternative« Geschehen in der Pferdeszene Ihrer Region in Fachzeitschriften und melden Sie sich einfach mal zu einem organisierten Wander- oder Tagesritt an. Manchmal werden solche Veranstaltungen auch von Freunden einer bestimmten Pferderasse durchgeführt.

Angebote für alle Reiter mit Pferden beliebiger Rassen machen Freizeitreiterorganisationen wie die ETCD (Erster Deutscher Trekking Club) und der VFD (Verband der Freizeitreiter Deutschlands). Bedingung ist hier nur, daß sich Ihr Pferd problemlos und vor allem gefahrlos in einer Gruppe mit fremden Pferden reiten läßt.

Wer eine Spezialrasse besitzt oder einer besonderen Reitweise anhängt, kann hier natürlich auch an Turnieren teilnehmen. Westernreiter und Islandpferdereiter sind oft auch wettbewerbsorientiert wie die konventionellen Vereine und bieten Interessenten eine Vielfalt von Möglichkeiten, sich mehr oder weniger ernsthaft mit anderen zu messen. Vorher sind natürlich ein paar Reitkurse fällig – auch dies eine Möglichkeit, den eigenen Reitplatz mal hinter sich zu lassen und neue Menschen, Pferde und Methoden, mit ihnen umzugehen, kennenzulernen.

Vorübung zum Verladen

Pferde transportieren

Reitkurse, Turniere, Pferdefeste – all das geht nur, wenn Sie und Ihr Pferd mobil sind. Sie brauchen also einen Pferdetransporter, und Ihr Pferd sollte dort einsteigen, ohne lange zu überlegen. Das ist leider nicht die Regel. Viele Vierbeiner brauchen Stunden, bis man sie mit List und Tücke dazu gebracht hat, die Hängerklappe zu erklimmen.

Über die Gründe dafür kann man viele Theorien entwickeln. Zum einen ist das Pferd einfach kein Höhlentier. Es macht ihm Angst, einen geschlossenen, engen Raum zu betreten. In fahren-

Vorübungen zum Verladen

Viele Dinge, die beim Verladen gefordert werden, lassen sich im Vorfeld trainieren. Zum Beispiel:

- Betreten einer Holzrampe bzw. eines Plastikbelags. Üben Sie mit Ihrem Pferd, sich angstfrei über Bodenhindernisse wie Holzbrücke und Plastikplane führen zu lassen.
- Unter ein Plastikdach treten und sich dabei vielleicht sogar ducken. Üben Sie das Durchschreiten eines von zwei Helfern mit einer Plastikplane gebildeten »Tores«.
- Vom Hellen in eine dunkle »Höhle« gehen. Nutzen Sie jede Gelegenheit, das zu üben, zum Beispiel, indem Sie das Pferd aus grellem Sonnenschein heraus in einen dunklen Stall führen. Machen Sie es mit Unterführungen, Scheinwerfern, Taschenlampen bekannt.
- Schwankenden Untergrund ausgleichen. Die ideale Vorübung dazu ist die Arbeit am Bodenhindernis Wippe.
  Und noch etwas: **Erleichtern Sie Ihrem Pferd den Transport durch rücksichtsvolle Fahrtechnik!** Bremsen Sie stets betont langsam, beschleunigen Sie nicht ruckartig und nicht bevor auch der Hänger aus der letzten Kurve heraus ist! Haben Sie die Wahl zwischen einem längeren, gut ausgebauten Weg und einer kurzen Kurvenstrecke, so nehmen Sie im Interesse des Pferdes den ersteren.

den Pferdehängern ist es zudem nicht gerade gemütlich. Das Pferd muß die Fahrtbewegungen ausgleichen und sich mit ungewohntem Lärm abfinden. Auch der Ortswechsel mag manche Pferde abschrecken. Der Vierbeiner möchte einfach nicht zum Turnier, zur Schau oder zum Distanzritt, und den Stall wechseln will er schon gar nicht. Also verharrt er vor dem Hänger wie ein Standbild – oder er wehrt sich mit aller Kraft, was leicht gefährlich werden kann.

Aus Sicht des Pferdes nicht ganz unverständlich. Aber was tut man in einem solchen Fall als Pferdebesitzer?

Zunächst einmal: Verbannen Sie das Wort »irgendwie« aus Ihrem Wortschatz. Viele Reiter verlassen sich darauf, ihr Pferd jedes Wochenende »irgendwie« aufs Turnier zu bekommen. Wenn sie lange genug am Strick ziehen, die Gerte einsetzen und Druck machen, gibt das Pferd in der Regel irgendwann nach und springt auf den Hänger. Jedenfalls dann, wenn es nicht wirklich panische Angst vor der Fahrt hat. Bei dieser Prozedur verliert es aber unnötig Energie, für die Nerven des Reiters ist sie auch nicht gerade erholsam, und vor allem ist die Sache gefährlich. Schreiben Sie »Hängertraining« also ganz dick auf Ihren geistigen Terminplan. In den nächsten Wochen gibt es für Sie und Ihr Pferd einiges zu tun. Aber zunächst müssen Sie Ihren frisch erstandenen Sportpartner nach Hause bringen. Starten Sie also das »Notfallprogramm«!

Dazu zunächst ein Tip: Wenn Sie ein fremdes Pferd irgendwo abholen müssen, legen Sie grundsätzlich eine »Notfallausrüstung« in Ihr Auto. Sie besteht aus zwei, besser drei etwa sieben Meter langen Stricken oder Longen mit Karabinerhaken, einer Führkette, falls Sie damit umgehen können, einer gut gefüllten Futterschüssel und mindestens einer langen Dressurgerte.

Suchen Sie sich jetzt mindestens zwei möglichst pferdekundige Helfer und befestigen zwei Ihrer Stricke links und rechts vom Hänger. Sie sol-

Manche Pferde machen schon Schwierigkeiten, wenn sie sich dem Hänger nur nähern sollen

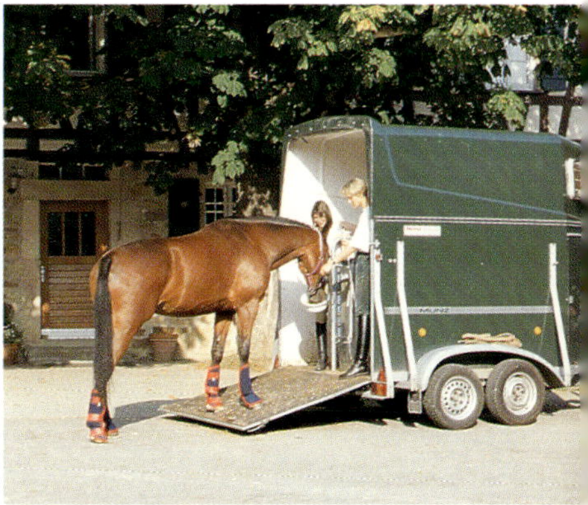

Wenn die Vorderhufe auf der Rampe stehen, ist es meist schon geschafft

len, von den Helfern gehalten, eine Gasse bilden. Schärfen Sie den Helfern ein, die Stricke sofort loszulassen, falls das Pferd darüberspringen will und sich mit den Vorderbeinen darin verfängt. Sie dienen in erster Linie als Leitseile, weniger als Zwangsmittel. Ein weiterer Helfer erhält die Gerte und die Anweisung, das Pferd auf der Kruppe zu touchieren, aber keinesfalls zu schlagen.

Nehmen Sie nun die Futterschüssel in die Hand, und führen Sie das Pferd an der Führkette oder am Führstrick durch die Gasse aus Seilen. Mit viel Glück folgt es Ihnen – und der Futterschüssel! – gleich auf den Hänger. Das passiert häufiger, als Sie glauben. Die Entschlossenheit eines fremden und betont selbst-

Die Seilgasse erleichtert den Weg auf den Hänger

Leichter Druck auf die Unterschenkel unterstützt die Vorwärtsbewegung

Viele Pferde setzen die Hinterhufe ungern auf die Rampe

sicher auftretenden Führers bewirkt manchmal mehr als ein Arsenal von Zwangsmitteln. Ebensogut kann es jedoch vorkommen, daß Ihr Pferd sich dem Hänger gar nicht erst nähern will und schon vor der Rampe seitwärts geht und versucht wegzulaufen. Trösten Sie es dann mit der Futterschüssel. Jeder Schritt in Richtung Hänger verdient eine Belohnung. Bleibt das Pferd stocksteif stehen, so warten Sie zunächst etwas und bringen es dann wieder in Bewegung, indem Sie es zum Beispiel ein Stück seitwärts schieben. Man nennt dieses »Erstarren zur Salzsäule« den »Freeze-Reflex«. Er hemmt den Informationsfluß zwischen Körper und Gehirn, und das Pferd kann erst dann wieder bewußt mitarbeiten, wenn er aufgehoben ist.

Sobald das Pferd voll in der Seilgasse steht, können die Helfer die Seile hinter ihm kreuzen. Pferde reagieren stark auf den Druck der Seile auf den Unterschenkel etwas unterhalb des

Schweifansatzes. Sehr viele lassen sich dadurch auf den Hänger schieben.

Steht das Pferd nun direkt vor der Rampe, wagt es sich aber offensichtlich nicht, sie zu betreten, kann es nutzen, ihm einen Huf zu heben und ihn auf die Rampe zu setzen. Läßt es ihn da, wird es sofort belohnt. Das Aufsetzen der Hinterhufe ist die nächste Klippe, aber hier hat sich menschliche Hilfestellung nicht bewährt. Das Pferd muß sich schon allein dazu entscheiden, sein Hinterteil nachzuholen. Wahrscheinlich tut es das ziemlich abrupt. Sehr viele Pferde brauchen eine halbe Stunde und länger, bis ihre Vorderhufe endlich auf der Rampe stehen, sind dann aber

Jetzt können Sie die Klappe ohne Hast schließen

»Na, war doch gar nicht so schlimm, oder?«

in Bruchteilen von Sekunden im Abteil! Bereiten Sie sich darauf vor, wenn Sie das Pferd führen. Es könnte Sie sonst umrennen!

Wenn das Pferd nun im Abteil ist, müssen Ihre Helfer es daran hindern, sofort wieder herauszuspringen. Das heißt, die Leinen bleiben hinter dem Pferd gekreuzt, bis die Stangen geschlossen sind.

Bei all dem sollte das Pferd möglichst gelassen bleiben. Lange Stops zwischen den einzelnen Schritten in Richtung Hänger und auf den Hänger sind normal. Das Pferd braucht einfach »Bedenkzeit« und muß Vertrauen entwickeln. Wird es für jedes Zögern gestraft, so vergrößert sich nur sein Mißtrauen. Lassen Sie also das Pferd das Tempo bestimmen. Strafen haben beim Verladetraining ohnehin nichts zu suchen. Grundregel ist: Richtiges Verhalten wird überschwenglich gelobt und belohnt, Fehlverhalten wie Wegspringen oder Rückwärtsgehen beachtet man nicht.

Erfrischung beim Ausritt

Falls Ihr Pferd beim Verladeversuch mit dem Kopf schlägt oder zu steigen versucht, so daß Sie es auch mit der Führkette nicht halten können, kommt der dritte Strick aus Ihrer Notfallausrüstung zum Einsatz. Klinken Sie die Longe in sein Halfter – auf keinen Fall in die Kette! –, ziehen Sie vorn im Hänger durch den Anbindering und geben Sie mit dieser Konstruktion von der Seite her die Impulse, vorwärts zu gehen. Ihr Pferd muß verstehen, daß der Weg in den Hänger führt und sonst nirgendwohin!

▸ Partner Pferd

Reiten – meist nennen wir es einfach eine Sportart, aber für Menschen, die Pferde lieben, bedeutet es unendlich viel mehr. Sicher, ein Galopp kann Ihnen Flügel verleihen, ein guter Walk wird Sie sanft wiegen, ein schneller Trab schenkt Ihnen den Rausch des Rennens. Aber ein Pferd ist auch ein Freund, eine Schulter zum Anlehnen, wenn

alles mal wieder danebengeht. Ein Pferd sorgt für gute Laune, indem es Ihnen morgens entgegenwiehert, und nichts wirkt so gut gegen Streß wie ein Abend im Stall, wenn alle Arbeiten getan sind und die Pferde zufrieden ihr Heu kauen.

Junge Pferde sind wundervoll, wenn sie einem vertrauensvoll ihre großen Kinderaugen zuwenden – nachdem sie gerade mal wieder einen Zaun zerlegt haben, versteht sich! Aber es ist auch schön, ein Pferd alt werden zu sehen und auf viele gemeinsame Erlebnisse zurückzublicken.

Mit diesem Buch wollte ich Ihnen deshalb etwas mehr mitgeben als einen Einblick in den »Pferdesport« oder »Reitsport«, in dem der Wert eines Pferdes in »Materialprüfungen« ermittelt wird. Jedes Pferd ist eine Persönlichkeit und möchte als solche geachtet werden. Mein Wunsch war, Ihnen Mut zu machen, Pferde an Ihrem Leben teilhaben zu lassen, sie zu verstehen und ihnen näherzukommen. Sollte mir das gelungen sein, werden Sie jetzt sicher darauf brennen, all das Gelesene in die Praxis umzusetzen.

Ich wünsche Ihnen und Ihrem Pferd viel Spaß dabei.

Entspannt und fröhlich mit Pferden umgehen

Serviceteil

NÜTZLICHE ADRESSEN

Deutsche Reiterliche Vereinigung (FN)
Freiherr-von-Langen-Str. 13
D – 48231 Warendorf
Tel. +49-(0)2581-63620
Fax +49-(0)2581-62144
www.fn-dokr.de

Bundesfachverband für Reiten und Fahren in Österreich (BFV)
Geiselbergstr. 26 – 35/512
A – 1110 Wien
Tel. 0043-(0)1-7499261-10
Fax 0043-(0)1-7499261-91
e-mail: office@fena.at
Internet: www.fena.at

Schweizerischer Verband für Pferdesport (SVPS)
Papiermühlestr. 40 H
Postfach 726
CH – 3000 Bern 22
Tel. 0044-(0)31-335 43 43
Fax 0044-(0)31-335 43 58
e-mail: info@svps-fsse.ch
Internet: www.svp-fsse.ch

Vereinigung der Freizeitreiter und -fahrer in Deutschland (VFD)
Auf der Hohengrub 5
D – 56355 Hunzel
+49-(0)6772-9630980
+49-(0)6772-9630985
www.vfdnet.de

FS Test Zentrum Reken
Frankenstr. 37
D – 48734 Reken
Tel. +49-(0)2864-2434
Fax +49-(0)2864-5860
e-mail: fs.reitzentrum@t-online.de
www.fs-reitzentrum.de

ZUM WEITERLESEN

BENDER, INGOLF: **Praxishandbuch Pferdehaltung.** Optimal planen und praxisgerecht umsetzen: Ställe und Ausläufe, Reitplätze und Weiden, Resthöfe um- und ausbauen. Kosmos Verlag, Stuttgart 1999/2004.

BENDER, INGOLF: **Praxishandbuch Pferdeweide.** Anlage einer Pferdeweide, Weidepflege, Weidemanagement. Kosmos Verlag, Stuttgart 2003.

GOHL, CHRISTIANE: **Was der Stallmeister noch wusste.** Neue Tipps rund ums Reiten. Ausflüge in eine Zeit, in der das Reiten kein Hobby, sondern ein wichtiger Teil des Lebens war, bringen Kurioses, Amüsantes und vor allem erstaunlich Nützliches ans Licht. Kosmos Verlag, Stuttgart 1998/2004.

HALLER, MARTIN: **Der neue Kosmos-Pferdeführer.** Pferderassen aller Welt beschrieben in Charakter, Körperbau, Ansprüchen und Eignung für bestimmte Sportarten. Kosmos Verlag, Stuttgart 1994/1999/2003.

KASPER, ARMIN: **Hufkurs für Reiter.** Anschauliche Erklärungen zur Pflege der Pferdehufe, Anleitungen für kleine Korrekturen am Huf und zum Aufnageln verlorener Eisen; Hilfestellung bei der Beurteilung von Angeboten zum alternativen Hufschutz. Kosmos Verlag, Stuttgart, 1999.

KREINBERG, PETER: **Der Freizeitreiterkurs.** Der praxiserprobte Reitkurs des bekannten Trainers liefert alle wichtigen Informationen und legt in 30 Übungen die Grundlagen für ein entspanntes Reiten und einen harmonischen
Umgang mit dem Pferd. Kosmos Verlag, Stuttgart 2005.

PULS, SUSANNE: **Der ganz normale Reiterwahnsinn;** Überlebenstipps, die in keinem Lehrbuch stehen. Dieser humorvolle Ratgeber beschreibt die Marotten der Reiterszene auf unterhaltsame Art und Weise und begleitet den Neueinsteiger wie den Fortgeschrittenen auf allen Stationen seiner Reitkarriere vom Erwerb seiner ersten Ausrüstung bis hin zu Kauf und Pflege des eigenen Pferdes. Kosmos Verlag, Stuttgart 2004.

TELLINGTON-JONES: **Die Persönlichkeit Ihres Pferdes.** Die Kunst, Charakter und Temperament Ihres Pferdes zu bestimmen und positiv zu beeinflussen.
Dieses einzigartige und seit Jahren erfolgreiche Buch von Linda Tellington-Jones hat weltweit viele Pferdefreunde dazu inspiriert, ihre Pferde mit ganz anderen Augen und neuem Interesse zu betrachten. Kosmos Verlag, Stuttgart 1992/2003.

BILDNACHWEIS

Mit 163 Farbfotos von: Jean Christen, Mannheim (S. 91 u.), Panja Czerski, Langwedel-Völkersen (S. 88, 89 li., m., re., 100 li., m., re., 101 o.li., o.re., u., 102 o., m., u.), Felix von Döring, Hamburg (S. 34 u., 35 o., m., u., 36 li., m., re., 37, 106), Hans D. Dossenbach, CH-Siblingen (S. 13, 55, 57, 60, 73 u., 92), Monika Dossenbach, CH-Siblingen (S. 24/25, 61, 117), Erwin Escher, Monheim (S. 58), Christiane Gohl, Detmold (S. 109), Klaus-Jürgen Guni / Horst Streitferdt, Böblingen (S. 2 u.), Gabriele Hampel, Kelkheim (S.16 o., m., u., 17), Irene Hohe, Lohndorf (S. 56, 59), Krämer Pferdesport, Hockenheim (S. 72 m., u., 73 o., 81, 86 o. und u., 87 o.li., o.re., u., 91 o., 104 o. und u.), Hans Kuczka, Wetter (S. 2 m., 4/5, 5, 28, 52 o., 54, 85), Lothar Lenz, Cochem (S. 6/7, 9, 10 li.o. und li.u., 14, 30, 31, 41 o., 43, 46, 53, 90, 94 li., 108/109, 116), Julia Rau, Mainz (S. 50), Ralf Roppelt, Stuttgart (S. 39, 63, 82, 105), Christof Salata, Stuttgart (S. 3 o. u. u., 12, 18 re., 32 o. und li., 34 o., 42, 52 u., 62/63, 65 li., m., re., 66 o., m., u., 67, 68 o., li.u., 69 o., u., 70, 71, 74 o., u., 75 re., 76, 77 o., m., u., 78, 79 li., m., re., 84, 112, 118, 119 o. und u., 120 li., m., re., 121 li. und re.,), Dagmar Schmidt, St. Michaelisdonn (S. 107 o. und u.), Daisuke Schneider, Reutlingen (S. 38/39), Edgar Schöpal, Düsseldorf (S. 75 li., 113), Christiane Slawik, Würzburg (S. 10/11, 15, 18 li., 19, 20/21, 22, 23, 25, 26, 40, 41 u., 44, 64, 72 o., 80/81, 93, 94 re., 95, 96, 97, 99 o., 103, 111, 115, 122, 122/123), Sabine Stuewer, Darmstadt (S. 1, 29, 49), Carola Toischel, Wiesbaden (S. 99 u.), Jaroslav Vogeltanz, Plzen (S. 20).

Die Computergrafiken im Innenteil erstellte Cornelia Koller, Schierhorn, die Zeichnungen auf S. 33 sind von Marianne Golte-Bechtle, Stuttgart.

REGISTER

Christiane Gohl

Pferde

Teil 2:
Pferde verstehen

KOSMOS

So sind Pferde

Wer Pferde verstehen will, muss lernen, wie ein Pferd zu denken. Keine Angst, das ist gar nicht so schwer, denn Pferde neigen zum Glück nicht zu philosophischen Überlegungen und komplizierten Strategien. Aus diesem Grund wird ihnen die Fähigkeit zu denken ja auch häufig abgesprochen.

Doch egal, ob wir es »Denken« nennen oder »Instinkt«: Der Vierbeiner zieht ganz klar Schlüsse aus dem, was er sieht und hört. Uns Menschen erscheinen sie leider nicht immer logisch, sondern oft befremdlich oder gar gefährlich. So können wir das kopflose Fluchtverhalten unserer Pferde zum Beispiel nur schwer nachvollziehen. Aus der Warte des Pferdes ist es jedoch durchaus logisch, erst wegzurennen statt die Furchtquelle zu analysieren.

Wir müssen begreifen, wie das Pferd sieht und hört, was es liebt und fürchtet. Dazu genügt es nicht, ein Pferd in der Box zu beobachten. Man muss schon etwas tiefer in das »Privatleben« natürlich gehaltener Pferdegruppen hineinschauen. Eine spannende Sache übrigens: »Bei Pferdens« tut sich nämlich mehr als in so mancher Fernsehserie …

In einer Welt voller Feinde …

▸ Das Pferd als Fluchttier

»Ein Pferd ist ein Tier, das vorn beißt und hinten schlägt« – ein dummer Spruch, der sich in Reiterkreisen nichtsdestotrotz beharrlich hält. Tatsächlich stellt er das Pferd als viel aggressiver dar, als es wirklich ist. Sieht man es nämlich realistisch, so hat das Pferd weder mit Zähnen noch Hufen allzu viel zu melden. Einen Menschen mag es damit noch schrecken können – zumindest, solange der ihm gänzlich unbewaffnet entgegentritt. Einem Raubtier imponieren die Verteidigungsstrategien des Pferdes aber wenig. Insofern setzt das Pferd in freier Wildbahn auch nicht auf Kampf, sondern grundsätzlich eher auf Flucht. Und da Raubtiere ihren Angriff im Allgemeinen nicht ankündigen, lebt ihr mögliches Opfer ständig in Fluchtbereitschaft. Das heißt natürlich nicht, dass eine Pferdeherde in dauernder Angst lebt. Ihre Mitglieder sind lediglich wachsam. Das dem am nächsten kommende menschliche Gefühl ist wohl das vage Unwohlsein, das wir spüren, wenn wir nachts zu Fuß unterwegs sind. Vielleicht ängstigen wir uns nicht ernsthaft, weil wir wissen, dass die Gegend nicht gefährlich ist. Vielleicht verfügen wir sogar über Kenntnisse in Techniken der Selbstverteidigung. Aber leicht angespannt sind wir schon – und wir fühlen uns deutlich sicherer, wenn wir nicht allein sind.

Dieses Bedürfnis nach Nähe in einer beängstigenden Situation ist auch bestimmend für die Grund-

stimmung des Pferdes. Ein Pferd allein fühlt sich niemals wirklich sicher, es braucht eine Gruppe, mit der es sich den anstrengenden »Wachdienst« teilen kann. So sieht man zum Beispiel selten alle Pferde einer Herde auf einmal liegen oder gar schlafen. In aller Regel ist mindestens eines auf den Beinen und checkt die Umgebung. Für diesen »Service« in der Herde nimmt das Einzelpferd auch mögliche Nachteile des Zusammenlebens in Kauf wie etwa einen eher niedrigen Platz in der Rangordnung. Gut, vielleicht stoßen die anderen Pferde das schwächste herum – aber wenn Gefahr droht, wird es ebenso gewarnt wie die anderen und kann im Herdenverband flüchten.

BLITZSTART Ständige Fluchtbereitschaft bedingt die Notwendigkeit eines schnellen Starts. Ein Pferd überlegt deshalb nicht groß, bevor es von null auf hundert beschleunigt. Jegliches Scheuen und Durchgehen, das wir Menschen als »Untugend« oder gar als feindlichen Akt gegen den Reiter interpretieren, ist aus der Sicht des Pferdes eine logische Reaktion auf etwas Beängstigendes.

Fluchttier Pferd: Blitzstarts sind Überlebensstrategie

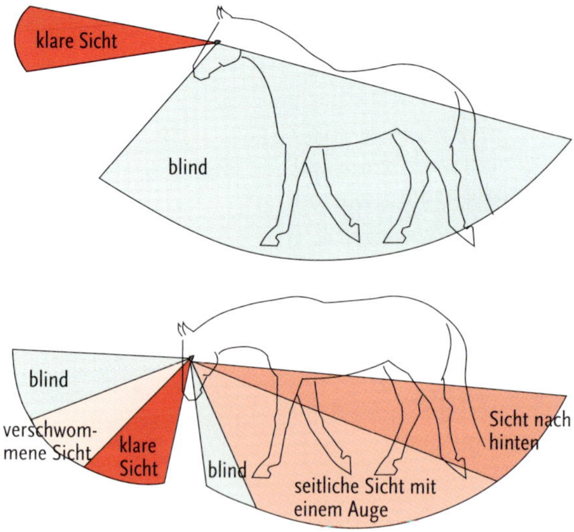

Die Sinne des Pferdes

Wie Pferde sehen

Die Augen des Pferdes liegen seitlich seines Kopfes, nicht frontal wie bei uns. Auch das hat seinen Grund in der Natur des Pferdes als Flüchter: Seitlich sitzende Augen erlauben fast Rundumsicht. Abgesehen von einem toten Winkel direkt hinter sich kann das Pferd seine Umgebung ständig überwachen, auch dann, wenn es den Kopf zum Weiden gesenkt hat. Es nimmt dabei mit jedem Auge ein anderes Bild auf, sieht also grundsätzlich anders als der Mensch, der mit beiden Augen das Gleiche fixiert. Dadurch leidet allerdings seine Fähigkeit zum räumlichen Sehen. Im Klartext: Nur direkt vor sich sieht das Pferd klar und deutlich. Der weit größere Teil des Blickfelds erlaubt nur schemenhafte Wahrnehmung. Für das Wildpferd reicht das: Wenn es eine verdächtige Bewegung wahrnimmt, schaltet es auf Flucht. Beim Reitpferd möchten wir, dass es stattdessen den Kopf dreht und sich die vermeintliche Gefahr näher ansieht. Ob es das tut oder sich für die »traditionelle Vorgehensweise« entscheidet, hängt im Wesentlichen davon ab, wie wohl es sich in seiner Umgebung fühlt. Auch das Vertrauen zum Reiter spielt eine Rolle.

Mit den seitlich angeordneten Augen hat das Pferd beinahe Rundumsicht

Wie Pferde hören

Pferde verfügen über ein feines Gehör, auch wenn sie nicht die Hörleistung eines Hundes erreichen. Vor allem ist das Pferdeohr immer in Alarmbereitschaft. Auch wenn das Pferd döst oder schläft, reagiert es sehr schnell auf akustische Reize. Dazu hat es

Achtung, Aberglaube!

Über den Gesichtssinn des Pferdes gibt es die verschiedensten unsinnigen Gerüchte. Am hartnäckigsten hält sich der Aberglaube, ein Pferd sehe den Menschen fünfmal oder gar neunmal so groß wie sich selbst. Aus diesem Grund bringe es ihm natürlichen Respekt entgegen. Wer logisch denkt, erkennt sofort, warum das nicht stimmen kann: Würde das Pferdeauge die wahrgenommenen Dinge nämlich wirklich vergrößern, so gälte das schließlich für sein gesamtes Gesichtsfeld. Es sähe also nicht nur den Menschen, sondern auch jeden Hund, jeden Baum und jeden Artgenossen fünfmal so groß. Die Relation würde damit wieder stimmen.
Anatomisch gesehen gibt es allerdings keine Indizien für eine »Lupe« im Pferdeauge. Dafür streitet sich die Wissenschaft aber immer noch darüber, ob Pferde Farben sehen oder nicht.

den Vorteil seiner extrem beweglichen Ohren, die als eine Art »Richtmikrofone« dienen. Sie helfen ihm, Geräusche aus den verschiedensten Richtungen zu orten. Insofern nimmt es Töne auch über weite Entfernungen hinweg wahr.

Dazu reagieren Pferde sehr sensibel auf feinste akustische Nuancen. Das Pferd kann lernen, auf Stimmkommandos seines Reiters Lektionen auszuführen, und es kann lobenden und strafenden Tonfall unterscheiden. Die Stimmlage des Menschen verrät ihm einiges über dessen Gefühle und Stimmungen. Manche Tiere erkennen schon an der Ansprache durch einen neuen Reiter, ob sie es hier mit einem eher ängstlichen oder selbstsicheren Zweibeiner zu tun haben.

Die Ohren des Pferdes sind äußerst beweglich

▸ **PROFI·TIPP**

▸ **Dr. med. vet. Barbara Schöning**

Achtung giftig!
Die meisten Todesfälle durch Giftpflanzen werden dadurch verursacht, dass Spaziergänger Weidepferden Pflanzen über den Zaun werfen. Frisch werden sie nicht gefressen, aber wenn sie anwelken, knabbern die Pferde doch daran. Giftpflanzen stellen deshalb auch dann eine Gefahr dar, wenn sie direkt neben Pferdeweiden wachsen.

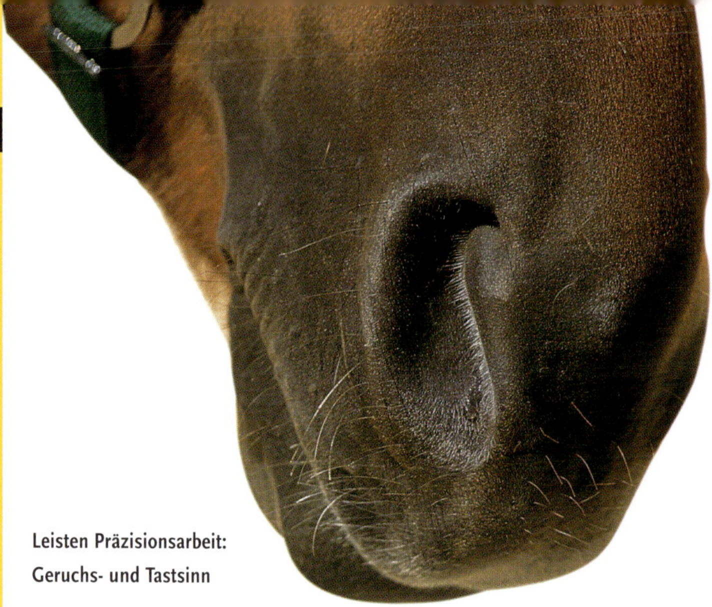

Leisten Präzisionsarbeit: Geruchs- und Tastsinn

Die weiteren Sinne

Auch der Geruchs-, Geschmacks- und Tastsinn des Pferdes ist in erster Linie auf Gefahrenerkennung ausgerichtet. Einem Pferd entgeht fast nichts. Zumindest in seiner natürlichen Umgebung ist es als Detektiv beinahe unschlagbar.

RIECHEN Der Geruchssinn des Pferdes dient vor allem der Erkundung seiner Umgebung. In einem neuen Stall stellt es z. B. fest, ob hier vorher ein Hengst, eine Stute oder ein Wallach lebte. Ein Hengst erkennt auch sofort, ob die Stute rossig war. Unangenehme Gerüche sind ebenso ein Grund zur Flucht wie andere Angstauslöser. Ein angespanntes Pferd zieht mit hochgezogenen Nüstern scharf die Luft ein. Auch das zielt auf Erkundung und Erkennung möglicher Gefahr.

SCHMECKEN Pferde mögen die Geschmacksrichtungen »sauer« und »salzig« fast so gern wie »süß«. Bitterstoffe lehnen sie am ehesten ab, worauf auch der Effekt beruht, dass frei lebende Pferde nur selten Giftpflanzen aufnehmen. Verlassen sollte man sich allerdings nicht auf diesen »Instinkt«. Zum einen kann sich jedes Pferd irren, und vor allem gibt es Fälle, in denen Giftpflanzen ihren bitteren Geschmack verlieren. Das ist zum Beispiel fast immer während des Trocknungsvorgangs der Fall.

TASTEN UND FÜHLEN Pferde haben eine sehr empfindliche Haut. Sie nehmen selbst kleinste Berührungen wahr und lassen sich im Extremfall schon von einer Fliege zum Scheuen und Durchgehen treiben. Was den Tastsinn angeht, so bedient sich das Pferd dabei vor allem der langen Tasthaare am Kinn und am Maul. Sie helfen ihm, sich in seiner Umgebung zurechtzufinden. Die »Mode«, sie aus Schönheitsgründen abzurasieren, ist eine Unsitte und sollte auf keinen Fall praktiziert werden.

Lacht das Pferd?

Es sieht witzig aus, wenn ein Pferd die Nüstern kräuselt und die Luft mit vorgestrecktem Hals genüsslich einzieht. Besonders Kinder fragen dann gern, ob das Pferd »lacht«. Tatsächlich ist »Flehmen«, wie man diese Haltung nennt, aber kein Ausdruck von Belustigung. Das Pferd zeigt damit eher an, dass es sich auf einen Geruch ganz besonders konzentrieren muss. Zum Beispiel dann, wenn er auf einen möglichen Sexualpartner hindeutet. Ein derart spannendes Riechbild bedarf sorgfältiger Analyse, wofür das so genannte »Jakob'sche Organ« zuständig ist. Diese feine Riechhilfe ist dem Menschen im Laufe seiner Entwicklung verloren gegangen. Wir können den Genuss des Pferdes also nicht nachempfinden. Wer Sinn für Komik hat, kann seinem Pferd aber schnell beibringen, auf Kommando zu flehmen. Kräuselt das Pferd auf den Zuruf »Bitte lächeln« die Nüstern, so ist das ein sicherer Lacherfolg bei jedem Zuschauer. Die Methode dazu ist ganz einfach: Der Gertenknauf wird mit etwas Parfüm betupft und die Nüstern des Pferdes damit berührt. Dazu sagt man das Kommando. Wenn das Pferd dann flehmt, wird es belohnt. Sehr bald wird es schon auf Gertenberührung ohne Duftstoff, später allein auf Stimmhilfe flehmen.

Dieser Hengst flehmt, weil ihm ein interessanter Geruch in die Nase kam

▸ Nur nicht allein sein!

Es kann nicht oft genug erwähnt werden: Pferde sind keine Einzelgänger. Ein Pferd dauerhaft von anderen zu isolieren ist Tierquälerei. Um psychisch gesund zu bleiben, benötigt der Vierbeiner Kontakte zu anderen. Freie Pferde leben meist in kleinen Familiengruppen. Wirklich große Pferdeherden sind selten. Zwar wurden bei wild lebenden Pferden wie Brumbies und Mustangs noch bis ins zwanzigste Jahrhundert hinein »Riesenherden« von mehr als hundert Einzeltieren beobachtet. Sie bestanden jedoch aus vielen lose zusammenlebenden Familienverbänden.

Auch die von Menschen zusammengestellte Pferdegruppe betrachtet sich selbst letztlich als »Familie«. Am Anfang gibt es zwar relativ viele Rangeleien, aber schließlich hängen die Tiere aneinander und sind in Grenzsituationen kaum voneinander zu trennen. Beim Reiten kann das lästig werden. Man spricht dann von der Untugend des »Klebens« und unterstellt dem Pferd Bosheit und Faulheit. In Wirklichkeit ist das Tier aber meist bloß unsicher. Es vertraut dem Zweibeiner nicht, sondern fühlt sich nur im Kreis seiner Artgenossen wirklich wohl. Strafen ist deshalb keine Lösung, wenn ein Pferd sich nicht von der Gruppe trennen will. Stattdessen muss sein Vertrauen zum Menschen geduldig (wieder) aufgebaut werden. Wenn es ihn schließlich als zuverlässigen Freund und Partner akzeptiert, wird es auch mit ihm fortgehen. Der Mensch übernimmt dann vorübergehend die Funktion eines Herdenmitgliedes. Das Zusammensein mit ihm gibt dem ängstlichen Pferd Geborgenheit.

HERDENMITGLIED »MENSCH«? Um hier jedoch nicht missverstanden zu werden: Obwohl das Pferd großes Vertrauen zu seinen zweibeinigen Freunden aufbauen kann und soll – den Kontakt zu anderen Pferden kann der Mensch ihm nicht ersetzen. Im Zuge moderner Ausbildungsmethoden – wir werden später noch darauf zurückkommen – wird häufig der Eindruck erweckt, das Pferd verstünde den Menschen als »Artgenossen«, mit dem es auf gleicher Ebene kommunizieren kann. Das ist in Wirklichkeit nicht der Fall. Auch vertraute Reitpferde wissen durchaus, dass ihr Zweibeiner sehr verschieden von ihnen ist. Nicht nur, weil er anders riecht und sich anders bewegt. Er zeigt auch Verhaltensweisen, die Pferden gänzlich fremd sind. Dazu gehören z. B. das Austeilen von Futter – und nicht zuletzt das Reiten.

SPIEL UND SPASS Bisher musste der Eindruck entstehen, das Herdenleben von Pferden sei eine reine Zweckgemeinschaft zur Gewährleistung von Sicherheit. Tatsächlich hat es aber noch weitere Funktionen, so zum Beispiel die der Unterhaltung. Insbesondere junge Pferde spielen und rennen miteinander, Freunde treffen sich zur sozialen Fellpflege, notorische Streithähne finden immer wieder einen Grund für einen Schlagabtausch. Je größer die Pferdegruppe, desto mehr Interaktion, Bewegung und weniger Langeweile. Ein einsames Pferd dagegen verkümmert. Es leidet ebenso am Mangel an Ansprache und Beschäftigung wie ein einsamer Mensch. Die wenigen Stunden oder nur Minuten am Tag, in denen wir es reiten und putzen, zählen da nicht. Pferde wünschen sich Gesellschaft rund um die Uhr.

Die Herdengemeinschaft gibt dem einzelnen Pferd Sicherheit

▸ Das Leben in der Herde

»Bonnie sollte sich schämen. Immer jagt sie den armen Jojo.« Eine typische Bemerkung von Pferdehaltern. Tatsächlich kann man hier jedoch kein schlechtes Gewissen erwarten. Bonnie steht in der Rangordnung höher als Jojo, und das wird sie auch weiterhin durchsetzen.

Das Wort »Rangordnung« hat für den Menschen immer einen negativen Beiklang. Die Vorstellung von »Freiheit, Gleichheit und Brüderlichkeit« drückt sich zwar selten in unseren Handlungen aus, ist in unserem Denken aber fest verankert. Gerade unserem Lieblingstier Pferd unterstellen wir gern eine pazifistische Grundhaltung. Pferde sehen das allerdings anders. Sie empfinden die Rangordnung in der Herde als gänzlich normal und fühlen sich meist recht wohl an dem Platz, auf dem sie stehen. Stärkeren Tieren ordnen sie sich

unter, gegenüber schwächeren setzen sie sich durch. Als Mensch sollten wir hier nicht eingreifen oder verurteilen. Lediglich beim Füttern wird die Sache kritisch. Dann müssen Bonnie und Jojo getrennt werden, damit auch der schwächere Partner seine volle Ration erhält.

Der Rang, den ein Tier in der Pferdegruppe einnimmt, hängt im Übrigen nicht von Kraft und Körpergröße ab. Letztlich sind es viel mehr die Persönlichkeit und der Durchsetzungswille eines Pferdes, die ihm an die Spitze der Rangordnung verhelfen. Oft zeigen kleine Ponys Großpferden energisch, »wo es langgeht«. In der Freiheit setzen »Herdenchefs« und »-chefinnen« ihre »Führungsqualitäten« sinnvoll für die Gesamtgruppe ein. Sie dürfen zwar zuerst an die Tränke, aber sie tragen auch das Risiko, dort vielleicht angegriffen zu werden. Dank ihrer Umsicht und Intelligenz werden sie dies jedoch kleiner halten als ein rangniedrigeres Pferd. Die meisten Pferde fühlen sich denn auch gar nicht unwohl auf ihrem Platz in der zweiten oder dritten Reihe, sondern genießen die Sicherheit der »Anonymität«. Auch die meisten Menschen drängt es schließlich nicht in Spitzenstellungen in Showgeschäft oder Politik. Lieber hat man ein festes Gehalt – und lässt sich dafür auch mal vom Chef herumstoßen.

Auch im Spiel messen die Partner ihre Kräfte

PROFI·TIPP

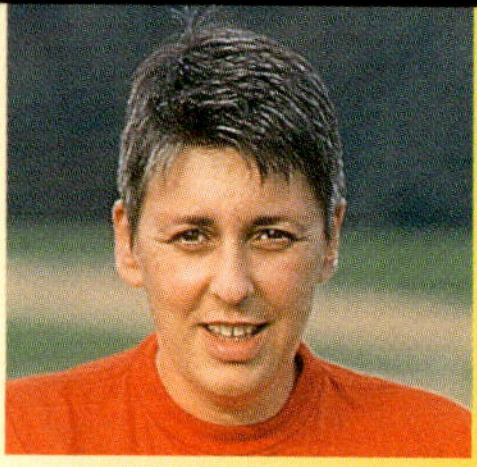

Dr. med. vet. Barbara Schöning

Ausschlagen nach vorn
»Kennen lernen« ist bei Pferden fast immer mit Ausschlagen nach vorn verbunden. Aus diesem Grund ist es nicht ratsam, Pferde über einen Zaun Kontakt miteinander aufnehmen zu lassen. Beim Ausschlagen geraten sie leicht mit dem Bein zwischen die Zaundrähte und können sich dabei lebensgefährlich verletzen.

DAS NEUE PFERD In mancher Art sind Pferdegruppen wie Schulklassen: Kommt ein »Neuer«, so wird er zunächst geneckt und geärgert. Erst nach einiger Zeit nimmt man ihn gnädig in die Klassengemeinschaft auf. Zunächst hält meist das Leitpferd den Neuankömmling auf Abstand. Dazu stürzt es sich auf ihn und wehrt ihn mit gebleckten Zähnen und angelegten Ohren ab. Im Laufe der ersten Tage siegt dann aber die Neugier. Erst nähern sich die ranghohen Tiere dem Neuling, dann auch die anderen. Alle direkten Begegnungen beginnen damit, dass man scheinbar freundlich Nase, Hals und Schulter des anderen Pferdes beschnuppert, es dann aber empört abschlägt. Dazu schlagen die Tiere mit den Vorderbeinen nacheinander aus. Mit Rangordnungskämpfen hat das noch nicht viel zu tun. Die werden unter Stuten und Wallachen eher mit den Hinterhufen ausgetragen und wirken noch dramatischer. Ernsthafte Verletzungen sind dabei jedoch selten. Wenn Weide oder Auslauf groß genug sind, um einander auszuweichen, tragen die Kämpfer höchstens ein paar Kratzer davon. Gefährlich werden kann es nur, wenn das Zusammentreffen in verwinkelten Haltungsanlagen stattfindet.

Verläuft alles glatt, so wird das neue Pferd im Laufe der nächsten Tage in die Herde integriert. Es findet Freunde, versucht sich gegen feindselige Artgenossen durchzusetzen, und erkämpft sich so seinen Platz in der Rangordnung. Es kommt vor, dass ranghohe Tiere schwächere unter ihre Fittiche nehmen. Am häufigsten beobachtet man das bei Wallachen, die sich in eine neue Stute »verlieben«. Aber manchmal schmeichelt sich auch ein neu hinzugekommenes Jungpferd bei der Leitstute ein.

Drohgesicht: hochgezogene Lippen und angelegte Ohren

Aggression beim Füttern

Drohgebärden bei unseren Hauspferden kann man besonders häufig beim Füttern beobachten. Viele Pferde begrüßen ihre Pfleger nicht mit freundlichem Wiehern, sondern mit angelegten Ohren und gefletschten Zähnen. Mitunter muss man aufpassen, beim Einfüllen des Futters in die Krippe nicht gebissen zu werden. Ein solches Verhalten darf nicht als »Undankbarkeit« interpretiert werden. Vielmehr kommt hier eine Art Futterneid zum Ausdruck. Das Pferd interpretiert das Verhalten seines Menschen einfach falsch, es sieht ihn nicht als Spender, sondern potenziellen Räuber seiner Futterration. Sein Verhalten ist instinktgesteuert, nicht boshaft. Nichtsdestotrotz ist hier Vorsicht von Seiten des Pflegers geboten. Gerade wenn ein Pferd »aus dem Bauch heraus« handelt, kann es gefährlich werden. Man sollte sich hier aber nicht auf das Abwehren des Pferdes in der akuten Fütterungssituation beschränken. Kommt es zu mehr Aggression als leichtes Ohrenanlegen, so läuft in der Rangordnung zwischen Reiter und Pferd wahrscheinlich etwas Entscheidendes falsch. Wenn daran konsequent gearbeitet wird, legt sich automatisch die Aggression beim Füttern. Das Pferd wagt schließlich keinen Angriff auf einen ranghöheren Partner.

Die Sprache des Pferdes

Die Pferdesprache ist in erster Linie eine Körpersprache. Wiehern hört man selten – es wird eigentlich nur eingesetzt, um entfernt stehende Freunde zu rufen. Zu den Ruflauten gehört auch das sanfte »Brummeln«, mit dem eine Stute ihr Fohlen begrüßt und erwachsene Pferde oft ihre menschlichen Freunde. Häufiger als beides hört man in vielen Pferdeherden das ärgerliche Quietschen beim Schlagabtausch. Meist wird es nur bei den ersten Annäherungen eingesetzt. Manche Stuten bauen es allerdings zu einem regelrechten Kampfgeschrei aus und quäken gellend, während sie mit den Hinterhufen auf einen Kontrahenten eintrommeln.

Quietschen gehört außerdem in den Bereich sexueller Annäherung. Die Stute macht dem Hengst damit klar, dass sie noch nicht ganz für ihn bereit ist. Oder vielleicht doch? Mitunter scheinen Pferdedamen ihr kokettes Quieken auch als »Flirtverhalten« einzusetzen.

Der erste Kontakt zwischen zwei fremden Pferden erfolgt über die Nase

OHRENSPIELE In der Regel verläuft die Kommunikation in Pferdegruppen allerdings lautlos. Das bekannteste Mittel dazu ist das Ohrenspiel. Durch die Haltung seiner höchst beweglichen Tütenohren drückt das Pferd vor allem Stimmungen aus. Ein freundliches Pferd, das sich interessiert nähert, wird die Ohren zum Beispiel aufstellen. Alarmiert gespitzte Ohren können allerdings auch auf vermehrte Anspannung hindeuten. Nimmt das Pferd dazu »Habachtstellung« ein, hebt es also Kopf und Hals, bläht die Nüstern und schlägt mit dem Schweif, muss mit plötzlicher Flucht gerechnet werden.

Flach zurückgelegte Ohren gehören zum »Drohgesicht« des Pferdes. Je nachdem, wie weit es sie anlegt, schwankt die Stimmung zwischen schlechter Laune und kurz bevorstehendem Angriff. Liegen sie so stark an, dass sie fast unsichtbar werden, schlägt das Pferd dabei mit dem Schweif oder zeigt es gar die Zähne, ist Vorsicht geboten. Bei sonst entspannter Haltung und gelassenem Gesichtsausdruck deuten leicht nach hinten gerichtete Ohren allerdings nicht auf Aggressionsbereitschaft hin. Das Pferd horcht dann wahrscheinlich nur auf ein hinter sich wahrgenommenes Geräusch oder auf die Worte seines Reiters. Wer Pferdemimik richtig deuten will, darf sich sowieso nicht nur auf das Ohrenspiel konzentrieren. Haltung und Bewegungen der Nüstern- und Maulpartie sind ebenso wichtig. Und wenn es etwas wirklich Entscheidendes zu »bereden« gibt, kommt ohnehin der gesamte Pferdekörper zum Einsatz.

ANNÄHERUNG Die wichtigsten »Vokabeln« der Pferdekörpersprache sollte jeder kennen, der häufig mit Pferden umgeht. Nicht nur, weil sich dadurch mögliche Aggression im Vorfeld erkennen lässt, sondern auch um kleine »Fauxpas« im Umgang miteinander zu vermeiden. Beim Einfangen eines Pferdes kann es zum Beispiel entscheidend sein, die wichtigsten Regeln der

Annäherung zu kennen. Freundliches Aufeinanderzugehen erfolgt in Pferdegruppen immer von vorn seitwärts. Der Partner bewegt sich auf die Schulter des anderen zu und »bittet ihn« damit, stehen zu bleiben. Indem er von vorn kommt, nähert er sich offen und gut sichtbar. Das Pferd kann klar erkennen, wer da kommt und wird nicht versehentlich vor ihm scheuen. Eine Annäherung von hinten wird dagegen oft als treibende und damit eher aggressive Geste empfunden. Je nach seiner Stellung in der Rangordnung reagiert das Pferd darauf, indem es weggeht oder indem es drohend die Ohren anlegt und ein Hinterbein aufstellt. Wenn Pferde gemeinsam laufen, lassen sie ein von hinten kommendes rangniederes Pferd maximal bis zur eigenen Schulter aufschließen. Danach wehren sie es mit Zähnen und Hufen ab. Dieses natürliche Verhalten ist der Grund dafür, weshalb sich viele Pferde nur ungern neben anderen reiten lassen. Sie fürchten sich ständig vor einem Angriff. Mit jungen Pferden muss das Nebeneinanderreiten deshalb gezielt geübt werden. Dazu gehört natürlich auch, dass man die Versuche des eigenen Reitpferdes, ein neben ihm gehendes zu schlagen, konsequent verhindert.

IMPONIERGEHABE Wenn ein Pferd neu in eine Herde kommt oder vor einem Neuankömmling einmal gründlich angeben möchte, zeigt es seinen Imponiertrab. Dazu wölbt es den Hals auf, was es größer und schöner erscheinen lässt, und winkelt den Kopf an wie ein dressurmäßig gerittenes Pferd in Beizäumung. Die Trabschritte werden schwebender und höher als normal, das Pferd wirkt edler und eleganter. Besonders häufig beobachtet man diese Verhaltensweise bei Hengsten, aber auch Wallache und vor allem ranghohe Stuten zeigen gern mal mit ein paar imponierenden Gesten, wie schön sie sind.

Mitunter imponieren Pferde übrigens auch ohne konkreten Anlass, einfach aus Lebensfreude. Oft genügt schon eine neu geöffnete, große Weide als Laufanreiz und auf einmal zeigt sich die ganze Gruppe von ihrer »besten Seite«.

Zum Imponieren wölben Pferde ihren Hals auf, um größer zu erscheinen

ANGST Im Gegensatz zu Drohgebärden und den kleinen »Redewendungen« des Alltags wie »Geh weg« und »Bleib stehen« sind Angsthaltungen bei Pferden relativ schwer zu erkennen. Häufig wird von Reitern die starre, scheinbar desinteressierte Angsthaltung als Gleichgültigkeit oder sogar als besonderer Gehorsam gedeutet.

Bei frei in der Herde lebenden Pferden kann man passive Angsthaltungen nur selten beobachten. Ein Pferd, das sich fürchtet, läuft weg. Deutliche Unterlegenheitsgesten sieht man allenfalls bei Jungtieren. Sie nähern sich erwachsenen Pferden mit gehobenem Kopf bei nach vorn gestrecktem Hals und geöffnetem Maul. Dabei machen sie deutlich erkennbare Kaubewegungen. Volkstümlich nennt man dieses Unterlegenheitsverhalten »Mäulchen machen«. Der »Pferde-Sprachwissenschaftler« Henry Blake übersetzt es mit den Worten »Tu mir nichts, ich bin noch so klein!«. Mitunter ziehen die Fohlen dabei zusätzlich die Hinterhand ein und klemmen den Schweif zwischen die Hinterbacken. Diese Angstsymptome zeigen auch erwachsene Pferde. Bei ihnen kommt aber noch eine charakteristische Stellung der Ohren hinzu. Je nach Grad der Unterwerfung klappen sie diese waagerecht weg. Die Öffnungen zeigen nach unten, bei noch vorhandener, aber verhaltener Aggression auch etwas nach hinten unten. Diese Ohrhaltung kann leicht mit dem entspannten Dösausdruck verwechselt werden. Viele Reiter reagieren deshalb empört auf die

Unterlegenheitsgeste gegenüber einem ranghöheren Pferd

Unterstellung, ihr ruhig am Anbinder stehendes Pferd »zittere« in Wirklichkeit der Reitstunde entgegen. Man beobachtet diese Haltung besonders häufig bei Pferden, die sich zunächst nicht einfangen lassen wollen, sich dann aber scheinbar sofort entspannen, sobald ihnen ein Halfter angelegt wird. Unter dem Reiter zeigen sie meist einen enormen »Vorwärtsdrang«, der von ihren stolzen Besitzern als »Temperament« missdeutet wird. Tatsächlich ist es allerdings nur ein verzweifelter – und natürlich nutzloser – Versuch, vor dem Reiter davonzulaufen.

Weit aufgerissene Augen und hochgeworfener Kopf sind Zeichen von Angst

Geraten Pferde in Panik, so erkennt man das allenfalls an weit geöffneten Augen und Nüstern. Dazu ist die Atmung meist forciert. Einem Pferd in diesem Zustand gut zuzureden, hilft gar nichts. Der Gehörsinn scheint in Panik geradezu ausgeschaltet zu sein, die Tiere reagieren nur noch auf visuelle Reize.

SCHMERZ Leidet ein Pferd Schmerzen, so kann man ihm das am Gesicht ansehen. Wichtigstes Merkmal des »Schmerzgesichtes« ist ein Wegfall des Ohrenspiels. Die Ohren sind eher leicht nach hinten gelegt als nach vorn, die Öffnungen seitwärts bis rückwärts gerichtet. Das Pferd scheint praktisch »nach innen« zu horchen. Die Augen des leidenden Pferdes scheinen kleiner und trüber, die Nüstern sind schmal oder, bei Krämpfen oder Schmerzanfällen, abwechselnd zurückgezogen und geweitet. Bei starken Schmerzen kann das Pferd die Zähne zusammenbeißen, wodurch sich die gesamte Gesichtsmuskulatur anspannt.

Bei Koliken, also Leibschmerzen, schaut sich das Pferd zum Beispiel nach seinem Bauch um. Häufig scharrt es auch und wirft sich hin. Neben diesen sehr bekannten Kolikanzeichen gibt es allerdings auch »stille Koliker«. Diese Pferde pflegen sich bei Bauchschmerzen einfach hinzulegen und still vor sich hin zu leiden. Vom normalen Ruhen ist das dann nur durch das Schmerzgesicht zu unterscheiden. Außerdem fällt auf, dass sonst eher nervöse

Die letzten Feinheiten der Pferdekommunikation sind noch nicht endgültig erforscht

Pferde, die beim Nahen eines Menschen gewöhnlich sofort aufstehen, im Krankheitsfall liegen bleiben. Andere stehen alle paar Minuten auf und suchen sich einen anderen Liegeplatz. Trotzdem gehört viel Erfahrung dazu, stille Koliken schnell zu erkennen. Wer ein Pferd hat, das dazu neigt, sollte eventuelle Wochenendpfleger oder Stallvermieter unbedingt über diese Besonderheit informieren.

▸ Kann man Pferdesprache lernen?

In den sechzigerjahren begann der Pferdeausbilder Henry Blake mit Forschungen zur Pferdesprache. Akribisch und wissenschaftlich möglichst korrekt versuchte er, die diversen Gesten aufzulisten und zu »übersetzen«. Damals betrat er damit Neuland, denn bisher hatte sich niemand besonders dafür interessiert. Auch seine Bücher, in denen er auf den Nutzen seiner Forschungen im täglichen Leben mit Pferden hinwies, trafen nur auf mäßiges Interesse. Erst fast zwanzig Jahre später war die Zeit offensichtlich reif, und andere Veröffentlichungen zur Verständigung mit Pferden wurden zu kleinen Sensationen in der Pferdewelt. Verschiedene »Pferdeflüsterer« brüsten sich damit, allein durch körpersprachliche Kommunikation und ohne jede Gewalteinwirkung Pferde ausbilden zu können.

In der Praxis erweist sich dieser Traum der absoluten und natürlichen Verständigung jedoch aus verschiedenen Gründen als übertrieben. Das fängt schon damit an, dass dem Menschen viele Ausdrucksmöglichkeiten des Pferdes fehlen. Auch bei noch so konzentriertem Üben wird uns etwa das Ohrenspiel immer verwehrt bleiben. Die »natürlichen Trainingsmethoden« reduzieren die Kommunikation mit dem Tier denn auch auf einige wenige, der Ausbildung nützliche »Vokabeln«. In der Regel begeben sie sich mit dem Pferd in einen abgeschlossenen Bereich, der nicht zu groß ist. Am Äußern der einfachsten Bemerkung – »Ich gehe jetzt, ich habe keine Lust mehr« – wollen sie das Pferd schließlich hindern. Danach bedienen sie sich der relativ einfachen Bewegungen des Treibens und Anhaltens, um das Pferd auf sich zu konzentrieren. Insbesondere bei Wildpferden funktioniert diese Technik recht gut. Sie sind damit erheblich schneller zu »zähmen« als durch konventionelle Methoden.

Bei Hauspferden bewirken besagte Methoden von vorne herein nicht viel. Nach drei bis vier Jahren Zusammenleben mit dem Zweibeiner kann das Pferd meist mehr »Vokabeln« der Menschensprache, als sein Besitzer sie in einem Kurs in »Pferdesprache« lernt. Früher oder später müssen Reiter und Pferd sich ohnehin auf die gemeinsame Sprache der reiterlichen Hilfengebung umstellen. Kompliziertere Befehle als »Vorwärts« und »Anhalten« lassen sich auf »pferdisch« nämlich kaum formulieren.

Freies Longieren im Roundpen: Das Pferd konzentriert sich schnell auf den Menschen in der Mitte

Pferde unter sich

»Die Pferde wachsen da noch frei auf« – »Da leben die Pferde noch wild in den Bergen«. In den Äußerungen der Menschen schwingt meist etwas Sehnsucht mit, wenn sie von den letzten halbwild lebenden Pferden Europas schwärmen. Kein Wunder, zeigen Fotos die Herden doch stets beim genüsslichen gemeinsamen Rennen oder bis zum Bauch im frischen Frühlingsgras. Über Dauerregen, Frost und Schneestürme, Futter- und Wassermangel sowie die ständige Bedrohung durch Raubtiere redet dagegen niemand.

Ob Pferde das Leben in Freiheit dem sicheren Dasein beim Menschen wirklich vorziehen würden? Wir können sie leider nicht fragen. Eins aber können wir für unsere eigenen Pferde tun: ihnen das Leben bei uns so angenehm wie möglich gestalten. Dazu braucht es Haltungsbedingungen, welche die Vorteile der Freiheit und der Domestizierung miteinander verbinden. Letztlich ist es das, was wir mit dem Begriff »artgerechte Pferdehaltung« meinen. Voraussetzung dafür: Kenntnisse über das Verhalten des frei lebenden Pferdes, verbunden mit fundiertem Wissen über diePflege.

Pferde ganz natürlich

▸ Das Pferd als Steppentier

Wenn vom natürlichen Leben der Pferde die Rede ist, schwärmt der Mensch meist von der »Freiheit der Steppe«. Tatsächlich waren aber längst nicht alle unsere Pferde ursprünglich Steppenbewohner. Der erste Urahn der Equiden, der Eohippus (ca. 60 Millionen Jahre vor unserer Zeitrechnung), hielt sich zum Beispiel bevorzugt im Wald auf. Erst der Merychippus (25 bis 10 Millionen Jahre vor unserer Zeitrechnung) bevorzugte die Steppe. Die direkten Vorfahren unserer Hauspferderassen gehörten dann zu vier sehr verschiedenen Urpferdetypen, die sich in Körperform, Temperament und Nahrungsvorlieben ihren jeweiligen Lebensräumen anpassten.

Urpony, Tundrenpony, Ramskopfpferd und Urvollblüter entstanden während der an- und abschwellenden Eiszeiten vor etwa einer Million Jahren. Die beiden Ersten entwickelten sich in nördlichen, die Letzteren in südlichen Regionen. Man spricht auch von den Nord- und Südpferdetypen.

URPONY Das Urpony – Stockmaß etwa 122 bis 125 cm – dürfte der Urahn aller Ponyrassen gewesen sein. Das Exmoorpony kommt ihm im Erscheinungsbild am nächsten. Wie unsere heutigen Ponys war auch das Urpony äußerst anpassungsfähig. Als »Fernwanderwild« fühlte es sich sowohl in Wäldern als auch in den Bergen wohl. Es war kontaktfreudig und lebte in relativ großen Herden, bestehend aus mehreren Stutenfamilien. Sein Fluchtverhalten war gut ausgeprägt, allerdings auch »intelligenzgesteuert«. Zur Panik neigten und neigen Ponyherden nicht. Das Leittier sieht eher mal hin, bevor es »auf Fluchtgeschwindigkeit schaltet«. Extrem schnelle Fluchten lagen dem kleinen Wildling ohnehin nicht. Wie die meisten seiner Nachfahren war das Urpony eher ein Trabpferd als ein ausdauernder Galopper.

TUNDRENPONY Das Tundrenpony trägt seinen Namen nicht ganz zu Recht. Mit einem Stockmaß von 145 bis 170 cm würde man es heute unter »Pferd« einordnen. Unter den Vorfahren moderner Ponyrassen dürfte es zwar viele Tundrenponys gegeben haben, sie haben aber sicher auch dem Kaltblutpferd ihre Gene mitgegeben. Die dem Tundrenpony ähnlichste noch bestehende Pferderasse ist das Przewalskipferd. Auch der Tarpan und das Highlandpony können ihre Vorfahren nicht verleugnen. Die Tundrenponys waren massig und grobknochig, ihre bevorzugte Gangart war der Schritt. In Sachen »Verteidigung« setzten sie mehr auf Tarnung als auf Flucht. Ihre bevorzugten Lebensräume waren denn auch schwer zugängliche Sumpf- und Gebirgslandschaften. Das Futterangebot war hier nicht groß, was dazu führte, dass sich das Tundrenpony zum erstklassigen Futterverwerter entwickelte. Diese Eigenschaft hat es all seinen Nachkommen mitgegeben.

RAMSKOPFPFERD Das Ramskopfpferd war mit 170 bis 180 cm Stockmaß der Riese unter den Urpferden. Letztlich haben wir hier den Vorfahren all unserer Warmblutsportpferde vor uns, auch wenn das Ramskopfpferd noch nicht besonders edel wirkte. Dafür hatte es aber bereits Biss – im wahrsten Sinne des Wortes.

Unsere Ponyrassen stammen vom Urpony ab

Ramskopfpferde wehrten ihre Gegner weit häufiger mit Zähnen und Hufen ab als alle andere Urpferdetypen. Auch unter sich waren die großen Knochigen keine »Kuscheltypen«. Sie lebten in kleinen Stutengruppen, der Hengst wurde eigentlich nur zur Deckzeit in der Herde geduldet. Bevorzugter Lebensraum des Ramskopfpferdes waren hügelige Waldgebiete. Nach der Eiszeit bevölkerten ihre lauffreudigeren Nachkommen auch Steppengebiete. Im Erscheinungsbild am ähnlichsten ist ihnen heute das Sorraiapferd. Die klassische Kopfform dieses Pferdetyps findet sich aber auch bei Andalusiern, Lipizzanern und anderen Barockpferden, dazu relativ häufig beim Berber.

Der Typ des Urvollblüters

URVOLLBLÜTER Klein, aber fein war dieser Vorfahre des Arabers mit seinen 115 bis 120 cm Stockmaß. Er bevölkerte subtropische Gebiete und Wüstenformationen. Klar, dass er weite Strecken zurücklegen musste, um hier genügend Futter zu finden. Wie das Urpony war auch das kleine Vollblut Fernwanderwild. Es kam allerdings erheblich schneller voran als das nördliche Trabpferd. Der Urvollblüter war der geborene Galopper und ein ausgeprägter Flüchter. Wie seine Nachfahren startete der Minirenner voll durch, sobald er das Nahen eines Feindes auch nur befürchtete. Temperament und Leidenschaft zeigte er auch im Herden- und Familienleben. Die Pferdegruppen lebten äußerst harmonisch zusammen.

Dem Lipizaner sieht man heute noch das Erbe des Ramskopfpferdes an

NACHFAHREN Vielen Pferderassen sieht man ihre Abstammung von diesem oder jenem Urpferdetyp noch an. Ganz rein erhalten ist aber selbstverständlich keiner mehr. Auch die Verhaltensunterschiede haben sich weitgehend vermischt. Für den Menschen »unpraktische« Eigenheiten wie die vermehrte Aggressionsbereitschaft des Ramskopfpferdes wurden im Laufe der Domestikation gezielt »herausgezüchtet«. Heute sind nur noch einige grundlegende Unterschiede zwischen Nord- und Südlandpferden erkennbar.

Die Vorstellung von Domestikation als plötzlicher Verpflanzung »aus der Steppe in den Pferdestall« ist sicher irrig. Das Pferd hat im Laufe seiner Entwicklung verschiedenste Lebensräume bevölkert und sich veränderten Bedingungen immer erfolgreich angepasst. Das können wir auch auf die Haltung des Pferdes als Haustier übertragen. Wenn wir ihm keine extremen Haltungsbedingungen wie etwa das Leben in einer Einzelbox zumuten, ist es verhältnismäßig leicht zufrieden zu stellen.

Freiheit – unendlich erstrebenswert?

In vielen modernen Veröffentlichungen über Pferde wird dem Leser gezielt ein schlechtes Gewissen vermittelt. Der Mensch, so heißt es, habe sich gegenüber dem Pferd versündigt, indem er es zähmte und für seine eigensüchtigen Zwecke verwandte. Ganz unrichtig ist das natürlich nicht. Andererseits brachte die Domestikation dem Pferd auch Vorteile. Nur in der Fantasie des Menschen schien in der Steppe nämlich stets die Sonne, das Gras wuchs den Pferden praktisch ins Maul und den paar Raubtieren konnten sie leicht entkommen. In Wirklichkeit waren die Winter im Norden lang, die Sommer im Süden trocken, häufig verbunden mit Wassermangel. So manches Pferd verhungerte oder fiel entkräftet einem Raubtier zum Opfer. War ein Pferd krank, kam der Wolf, nicht der Tierarzt.
Ob unsere Freizeitpferde ihre Sommerweide und ihren trockenen Winterauslauf mit täglich dreimaliger Fütterung wirklich gegen ein solches Leben in Freiheit eintauschen würden? Wir werden es nie erfahren. Ein schlechtes Gewissen müssen wir uns aber sicher nicht machen, wenn wir sie für all den von uns gebotenen Service ein paar Mal in der Woche reiten wollen.

Spielpartner sind wichtig

Neben dem Spiel mit Altersgenossen bleibt die Mutter lange Zeit für das Fohlen der sichere Zufluchtsort

Das Familienleben der Pferde

Pferde führen ein ausgeprägtes Familienleben. In der Regel besteht eine solche Familie aus zwei bis drei Stuten, einem Hengst und den zugehörigen Fohlen. Manchmal kann ein Hengst einen etwas größeren Harem ergattern, häufig muss er sich mit einer einzigen Stute zufrieden geben. Viele Hengste finden auch gar keine und verbringen ihr Leben als »Junggesellen«. Das bedeutet allerdings nicht, dass sie einsam sind. Bei größeren Pferdepopulationen bilden sich »Junggesellenherden«, die mehr oder weniger Kontakt zu den Ursprungsfamilien halten. Oft duldet der Leithengst seine Söhne sogar in relativer Nähe seines »Harems«. Nur während der Decksaison kennt er kein Pardon. Dann hat sich der männliche Nachwuchs zurückzuziehen. Junge Stuten bleiben zunächst in der Ursprungsfamilie, was natürlich einen gewissen Inzuchtanteil nach sich zieht. Die Nachwuchsstuten werden vom Hengst aber mit weniger Umsicht bewacht als die älteren. Gelingt es einem mutigen Junghengst, eine Stute wegzutreiben, so ist es fast immer ein solches Nachwuchspferd.

Bleibt die Stute in der Herde, so unterhält sie auch noch als Erwachsene enge Beziehungen zu ihrer Mutter und ihren Schwestern. Wird ein Fohlen in eine solche Stutenfamilie hineingeboren, hat es gleich noch ein oder zwei »Ersatzmütter«. Im Allgemeinen trinkt der Nachwuchs zwar nur bei der eigenen Mami, aber selbst bei domestizierten Pferden gibt es hier Ausnahmen. Besonders bei recht urtümlichen Rassen wie etwa Isländern kann man das häufig beobachten.

Die »Erziehung« der Fohlen obliegt in Pferdefamilien zwar weitgehend der Stute, der Hengst verhält sich dem Nachwuchs gegenüber jedoch freundlich. Man sieht ihn durchaus mal beim Spielen oder bei der sozialen Fellpflege mit einem Sohn oder einer Tochter. Verhaltensforscher gehen heute davon aus, dass vieles im Bereich des Pferdeverhaltens erlernt ist. Je natürlicher ein Fohlen aufwächst – im Idealfall also in einer alters- und geschlechtsmäßig gemischten Herde –, desto weniger Verhaltensstörungen wird es später zeigen.

HERDENZUSAMMENSTELLUNG Vom Menschen zusammengestellte Pferdegruppen sind zwangsläufig nur selten mit natürlichen identisch. So werden zum Beispiel kaum Hengste gehalten. Einmal deshalb, weil viele Hobbypferdehalter mit dem selbstbewussten Verhalten eines »Paschas« überfordert wären, und dann natürlich auch, weil sich nicht jeder Hengst zur Zucht eignet. Außerdem sollen Reitstuten nicht jährlich gedeckt werden. Ein Nebeneinanderherleben von Junggesellengruppen und Familien, wie man es in Freiheit oft sieht, wäre unter menschlicher Regie auch aus Platzgründen kaum machbar. Bei solchen Konstellationen muss der Ausweichraum riesig sein, ansonsten sind Mord und Totschlag vorprogrammiert. Statt der Hengste

Natürliche Familienverbände bestehen immer aus Pferden unterschiedlichen Alters

teilen sich deshalb meist Wallache die Weide mit Stuten. Sie zeigen unterschiedlich starkes Hengstverhalten, die meisten sind sowohl mit Stuten als auch mit anderen Wallachen problemlos gemeinsam zu halten. Einige wenige zeigen jedoch extreme »Hengstallüren« und verteidigen ihren »Harem« wie ein Herdenhengst.

Spiel zweier Wallache:

Fohlen wachsen in den meisten Gestüten getrennt von den erwachsenen Pferden auf. Sie werden in Gruppen Gleichaltriger in Stuten- und Hengstherden zusammengefasst. Auch das hat wieder praktische Gründe. So müssen die jungen Hengste zwangsläufig von den Stuten getrennt werden, da es sonst unerwünschte Fohlen gibt. Die gemeinsame Haltung von Fohlen mit Reitpferden ist in großen Betrieben unpraktisch. Im Allgemeinen bringt man die Reittiere auf schnell verfügbaren, hausnahen Weiden unter, während die Youngster sich auf großen, weiter entfernten Wiesen tummeln.

AUFZUCHT AM HAUS? Für den Freizeitreiter, der nur gelegentlich ein Fohlen aus der eigenen Stute großzieht, ist abzuwägen, ob »Aufwachsen in einer gemischten Herde« für die Entwicklung des Fohlens wichtiger ist als »Spielen mit Gleichaltrigen«. Verhaltensforscher beantworten diese Frage mit einem glatten »Nein«. Ein junges Pferd braucht dringend gleichaltrige, bewegungsfreudige Spielkameraden. Nur durch ausreichende Bewegungsanreize können sich Lunge und Muskeln des Fohlens optimal entwickeln. In einer reinen Erwachsenengruppe langweilt es sich und bewegt sich deutlich weniger. Viele Hobbyzüchter schicken ihre Fohlen deshalb zum Aufwachsen auf ein Gestüt, wo sie mit anderen Jungpferden den Sommer auf großen Weideflächen verbringen.

In Scheinangriffen demonstrieren sie ...

Geschicklichkeit und Mut

Die Sache mit dem Leithengst

Der Hengst gilt vielen Menschen als Symbol der Stärke, des Adels und der Männlichkeit. Bücher und Filme stellen den Leithengst als tapferen Führer und Verteidiger seiner Herde dar. Tatsächlich ist ein Hengst, so imposant er sich auch aufführt, nichts anderes als ein männliches Pferd. Grundsätzliche Verhaltensweisen hat er mit dem weiblichen Pferd gemeinsam. Dazu gehört zum Beispiel das Fluchtverhalten. Befürchtet die Herde den Angriff eines Raubtiers, so läuft der Hengst mit – meist ohne Führungsambitionen. Bei spontaner Flucht heißt es ohnehin: Rette sich, wer kann. Aber auch im Alltag führt der Hengst die Gruppe in der Regel nicht an. Chefin ist eher eine alte, erfahrene Stute, die neue Wasser- und Futterplätze sondiert, bevor die anderen Tiere nachkommen. Das berühmte Zusammentreiben der Herde und das Verteidigungsverhalten des Hengstes gehören ziemlich ausschließlich in den Bereich der Fortpflanzung. Der Hengst sichert und bewacht seinen Harem, er treibt Rivalen von seiner Familie weg, oder er stiehlt Stuten aus anderen Familien, indem er sie vor sich hertreibt. Dieses Verhalten ist sehr eindrucksvoll und sieht imposanter aus als bei Stuten oder Wallachen, verherrlichen sollte man diese Männlichkeitsdarstellung dennoch nicht.

Der Wallach – das dritte Geschlecht

In unseren Breiten werden die meisten Hengste kastriert, das heißt, die Hoden werden operativ entfernt, und der Hengst wird zum Wallach. Dies dient einmal der Haltungserleichterung, zum anderen erhofft man sich vom Wallach ein ruhigeres Temperament. Wie weit und vor allem warum sich diese Vorstellung bewahrheitet, ist Ansichtssache. Realistisch gesehen verändert die Kastration den Charakter eines Tieres sicher nicht. Sie nimmt ihm lediglich den Geschlechtstrieb – und auch das nur mit unterschiedlichem Ergebnis. Mitunter übernimmt die Nebenniere einen Teil der Hormonproduktion. Im Allgemeinen ist das Verhalten von Wallachen aber weniger hormongesteuert als das der Hengste, was den Umgang mit ihnen erleichtert.

Doch auch kritische Stimmen regen sich zur Kastration, zum Teil mit sehr dramatischem Unterton. Besonders in den letzten Jahren ist es zur Mode geworden, Kastration mit sehr vermenschlichenden Argumenten abzulehnen: Der Eingriff raube dem Pferd die Seele und die Lebensqualität, mache das Tier zum Neutrum und verletze seinen Stolz. Bevor man dem Pferd das antut, lässt man es dann doch lieber Hengst – und verurteilt es zu lebenslanger Einzelhaft, denn artgerechte Haltungsanlagen

für Hengste sind selten. Insofern sind die meisten Hengste weit mehr zu bedauern als das Gros der Reitwallache. Die leben nämlich zumindest in Freizeitreiterhand in der Regel in Familien oder »Junggesellengruppen«, haben Freunde und oft auch regelrechte Partnerinnen. Selbstverständlich verliert der Wallach auch weder seinen Stolz noch seine Seele. Es sei denn, man wollte das eine oder das andere in den Hoden ansiedeln. Wallache sind männliche Pferde ohne oder mit vermindertem Geschlechtstrieb. Außerhalb der Paarungszeit weicht ihr Verhalten kaum von dem eines zufriedenen Herdenhengstes ab. Defizite zeigen eher unsere typischen Reithengste. Ihr Macho-Gehabe bei jedem Verlassen der Box ist durchaus nicht hengsttypisch, sondern eher neurotisch. Wenn man also unbedingt einen Hengst halten will, so bitte nur, wenn artgerechte Haltung in einer Junggesellengruppe ohne Stutenkontakt möglich ist.

Manch ein Reiter nimmt dafür hohe Kosten und einen weiten Anfahrtsweg zu seinem Pferd in Kauf. Will oder kann man das nicht, so spricht nichts dagegen, das Pferd zu kastrieren. Der Eingriff ist schnell vergessen, für den Tierarzt ist er nur Routnie, und die Lebensqualität des Tieres steigt dadurch um ein Vielfaches.

Ein Wallach kann in der Regel artgerechter als ein Hengst gehalten werden

PROFI·TIPP

Dr. med. vet. Barbara Schöning

Ausschlagen mit der Hinterhand ist oft eine Verteidigungshaltung, die aus Angst entspringt. Ein nervöses, verängstigtes Pferd, das sich auf der Weide nicht fangen lässt, darf man deshalb niemals in eine Ecke drängen. Es könnte in Panik ausschlagen, wenn man versucht, sich ihm zum Aufhalftern von hinten zu nähern.

Wenn zwei sich streiten – Aggressivität

Auch in Pferdegruppen wird gestritten. Genau wie unter Menschen gibt es hier friedfertige Individuen und geborene Streithähne. Besonders selbstbewusste, starke Pferde kämpfen oft – zumindest so lange, bis sie den ihnen zustehenden, hohen Platz in der Rangordnung erreicht haben.

STREITANLÄSSE Verstöße gegen die Rangordnung sind ohnehin die Hauptursachen von Auseinandersetzungen zwischen Stuten und Wallachen. Zu den dramatischeren Hengstkämpfen, die wir aus vielen Filmen kennen, kommt es höchstens, wenn ein Herdenhengst versucht, dem anderen eine Stute zu stehlen. Solche Streitigkeiten enden im Extremfall mit ernsten Verletzungen, begegnen uns im täglichen Umgang mit Pferden aber so gut wie nie. Häufig beobachten wir dagegen Kampfspiele, die junge Hengste und Wallache oft stundenlang miteinander ausfechten.

Die Möglichkeit, sich in Kampfspielen auszutoben, trägt viel zur Ausgeglichenheit des Pferdes unter dem Reiter bei

Gelegentlich machen auch mal ein erwachsener Wallach oder eine junge Stute mit. Das Kampfspiel ähnelt dem Hengstkampf, beinhaltet also Steigen und Beißen nach den Vorderbeinen. Es wird aber weniger verbissen betrieben. Nach dem Spiel sind die »Gegner« wieder beste Freunde.

KAMPFTECHNIK Die Rangordnungskämpfe erwachsener Stuten und Wallache werden im Allgemeinen mit den Hinterhufen ausgemacht. An sich ist das eine Verteidigungshaltung, aber mitunter schlägt ein ranghohes Pferd auch nur aus einer Laune heraus auf ein schwächeres ein. Kann das attackierte Tier dann nicht ausweichen, wird es gefährlich. Das stärkere Pferd deutet sein Bleiben als Aggression und wird nicht aufhören, auf den Gegner einzutrommeln. Aus diesem Grund dürfen Haltungsanlagen für Pferde niemals verwinkelt sein. Selbst im Offenstall muss es für ein »verfolgtes« Pferd immer möglich sein, am Aggressor vorbei ins Freie zu kommen.

AGGRESSION GEGEN MENSCHEN Erwachsene, gut erzogene Pferde werden nur in Ausnahmefällen nach Menschen schlagen oder beißen. Fohlen versuchen das mitunter, müssen dann aber direkt in ihre Schranken verwiesen werden. Sie lernen so sehr schnell, Schlagen gegen Menschen unter »Todsünde« einzuordnen. Ein erwachsenes aggressives Pferd ist nur schwer zu korrigieren. Besonders, wenn es dazu neigt, mit Vorderhufen und Zähnen anzugreifen, sollten Anfänger unter allen Umständen die Finger davon lassen. Auch dann, wenn das Tier schön und billig ist und dem Menschen Leid tut.

Aus der Drohung wird Ernst: Ausschlagen mit den Hinterbeinen gegen den Störenfried

▸ Dicke Freunde – soziale Fellpflege

Wenn sich zwei Pferde gut verstehen, fordern sie einander häufig zur sozialen Fellpflege auf. Dabei beknabbern und kraulen die Partner sich gegenseitig mit Lippen und Zähnen, hauptsächlich am Hals und am Schweifansatz, also an Körperstellen, die das Pferd allein nicht oder nur schwer erreichen kann. Auch die Flankengegend und die Kruppe lässt das Pferd sich gern von seinem Partner massieren.

Soziale Fellpflege erfüllt den Zweck des gegenseitigen Putzens oder des Kratzens, weil es an dieser oder jener Stelle juckt. Pferde wissen ihrem Kraulpartner genau verständlich zu machen, wo sie massiert werden möchten. Meist tun sie das, indem sie den Partner andeutungsweise an der entsprechenden Stelle beknabbern.

Häufige »Kraulpartnerschaften« verraten Sympathie, nicht Versklavung. Zum Kraulen

Beide Partner genießen das gegenseitige Fellkraulen

treffen sich Pferde ganz unterschiedlichen Rangs. Es kommt durchaus vor, dass sich rangniedrigere Herdenmitglieder Ranghohen zur Fellpflege nähern.

Dem Menschen vertraute, im Umgang angstfreie Pferde fordern auch ihren Zweibeiner gern mal zum gegenseitigen Kraulen auf. Das passiert vor allem beim Putzen, denn die Bearbeitung mit dem Striegel löst beim Pferd den Reflex aus, dem Krauler ebenfalls etwas Gutes zu tun. Als Pferdefreund darf man sich ruhig darauf einlassen und das Angebot als »Ehre« auffassen. Schließlich beweist das Pferd damit Freundschaft und Zutrauen. Aber Vorsicht, Pferde verwenden gern die Zähne zur Massage! Man kann ihnen das leicht abgewöhnen, indem man sie bei jedem »Zahnkontakt« freundlich, aber konsequent zurückweist. Bis das Pferd gelernt hat, sich beim Zweibeiner auf »Lippenmassage« zu beschränken, zieht man beim Putzen aber besser eine dicke Jacke über.

▸ Ständig hungrig – die Futteraufnahme

Fressen hat einen wichtigen Stellenwert im Leben eines Pferdes. In Freiheit sind die Tiere 12 bis 16 Stunden pro Tag mit der Futteraufnahme beschäftigt. So langes Fressen gehört zu ihrem festen Verhaltensrepertoire. Das heißt, sie hören nicht unbedingt auf, wenn ihr Hunger gestillt bzw. die ausreichende Nährstoffaufnahme gesichert ist. Pferde sind auch keinesfalls »figurbewusst«. Im Gegenteil: Das Bedürfnis, sich im Sommer einen Fettvorrat anzulegen, von dem dann im mageren Winter gezehrt werden kann, ist fest in ihren Genen verankert. Besonders nordische Ponys, von Natur aus gute Futterverwerter, kennen hier kein Halten. Zu dicke Pferde leben jedoch gefährlich. Sie sind von Herzverfettung und vor allem Hufrehe, einer Stoffwechselerkrankung, bedroht.

RICHTIG FÜTTERN Die natürlichsten Grundfuttermittel für alle Pferde sind Gras im Sommer und Heu im Winter. Im Gegensatz zu gehaltvolleren Nahrungsmitteln wie Hafer oder Pellets fordern sie verhältnismäßig viel Zeit zur Futteraufnahme. Das ist wichtig, wenn die Tiere möglichst naturnah und artgerecht gehalten werden sollen. Ermöglicht man dem Pferd nicht, viele Stunden am Tag zu kauen, so neigt es zum Beknabbern von Holz im Stall oder Auffressen der Einstreu.

Viele Freizeitreiter haben die Möglichkeit, ihre Pferde zumindest im Sommer bei Tag und Nacht auf der

Weide zu halten. Das kommt natürlicher Haltung am nächsten. Aber Vorsicht: Etliche unserer bevorzugten Freizeitpferderassen wie Isländer, Haflinger und Norweger werden auf den hiesigen Kulturweiden leicht zu fett. Der Verdauungsapparat dieser Pferde ist auf karge Weiden und kurze Vegetationsperioden zugeschnitten. In jahrhundertelanger, natürlicher Selektion haben sich erstklassige Futterverwerter herausgebildet. Überlässt man sie auf den bei uns üblichen durch Düngung üppigen Weiden sich selbst, fressen sie sich auf lange Sicht buchstäblich zu Tode. Hier muss

Gute Futterverwerter dürfen nur wenige Stunden pro Tag auf die Weide

der Mensch eingreifen. Am besten reduziert man den Weidegang der zum Übergewicht neigenden Pferde. Im Durchschnitt reicht es, wenn sie sechs Stunden pro Tag fressen. In Einzelfällen – und besonders, wenn die Tiere bereits zu dick sind und abnehmen müssen – ist die Weidezeit noch mehr einzuschränken. Zwischen den Weidezeiten sollte dann grundsätzlich Stroh zum Knabbern und zur Befriedigung des natürlichen Kaubedürfnisses zur Verfügung stehen. Denn auch Fressen ist eine Art von Beschäftigung.

Fressen in Zahlen

Wissenschaftler haben nachgezählt:
Zum Fressen eines Kilogramms Heu braucht ein gesundes Warmblutpferd etwa 40 Minuten und 5250 Kauschläge. Wird ein Kilo Stroh vertilgt, so ist das Pferd 45 Minuten beschäftigt und kaut 5700 mal. Dabei nimmt es aber wesentlich weniger Nährstoffe zu sich, es darf also mehr Stroh fressen, ohne dick zu werden. Auch beim Gras macht es die Menge und nicht die Kalorienzahl. Ein Pferd frisst bis zu 25 Kilo pro Tag, um sich die nötigen Nährstoffe zuzuführen. An Heu brauchen kleine Pferde nur etwa vier Kilo, größere sechs bis acht.
Beim Hafer sieht das Verhältnis zwischen Nährstoffaufnahme und Fressdauer schon anders aus. Hier braucht das Pferd selbst für ein Kilo ganze Körner nur zehn Minuten und 830 Kauschläge. Für den »Dauerfresser« Pferd eine höchst ungünstige Relation.

KRAFTFUTTER Hafer oder andere gehaltvolle Futtermittel (z.B. Müslifutter, Rübenschnitzel) braucht das Pferd eigentlich nur dann, wenn es arbeitet. Ansonsten tut man dem Tier mit den eiweißreichen Leckerbissen nichts Gutes für ihre Gesundheit. Wie viel das einzelne Tier bei leichter, mittelschwerer und wirklich schwerer Arbeit braucht, kann man Fütterungstabellen (siehe Literaturtipps im Serviceteil ab Seite 125) und Packungsangaben auf den Futtermittelsäcken entnehmen. Dies sind jedoch immer nur Richtwerte, in der Regel müssen sie eher nach unten als nach oben korrigiert werden.

Viele Freizeitreiter haben auch nur unklare Vorstellungen davon, was für ein Pferd »Arbeit« ist. Gerade Anfänger müssen sich selbst bei der Reitstunde sehr anstrengen und schließen daraus, dass jetzt auch ihr Pferd am Ende seiner Kräfte sein muss. Das hat aber meist noch nicht mal geschwitzt. Nur wenige unserer Freizeitpferde leisten mehr als »leichte Arbeit«. Der einstündige ruhige Ausritt, auf den es pro Tag maximal hinausläuft, strengt sie nicht wirklich an.

Achtung, Krankheitszeichen!

Wenn ein Pferd keinen Hunger hat, ist es krank. Dieser Satz gilt bei fast jeder Erkrankung unserer Vierbeiner.

KOLIK Besonders häufig ist dabei »Kolik«, eine Sammelbezeichnung für »Bauchschmerzen«. Koliken können verschiedensten Ursachen haben. Die gängigsten sind Verstopfung und Blähungen. Nur ein relativ geringer Teil aller Koliken (30 Prozent) ist allerdings wirklich gefährlich. Die meisten gehen einfach auf Verspannungen oder leichte Darmträgheit zurück. Sie sind mit einer Injektion binnen Minuten zu heilen. Klappt das jedoch nicht, bringt man das Pferd am besten direkt in eine gute Tierklinik. Im schlimmsten Fall ist eine Operation fällig.

Koliken erkennt man an Futterverweigerung, häufigem Wälzen, Schwitzen oder Streckstellung. Besonders Ponys wirken aber auch oft einfach schlapp und legen sich stundenlang hin. Ein erfahrener Pfleger legt dann erst mal sein Ohr an den Unterbauch des Pferdes und lauscht auf Darmgeräusche. Rechts muss immer ein Rumoren vorliegen, links erfolgt etwa einmal pro Minute ein starkes Blinddarmgeräusch. Herrscht an mindestens einer Bauchseite

Artgemäße Haltung bedeutet auch regelmäßige und vor allem häufige Fütterungszeiten

PROFI-TIPP

Dr. med. vet. Barbara Schöning

Wasserverweigerung
Wenn ein Pferd absolut nicht trinken will, weil ihm das Wasser nicht schmeckt, und Dehydrationsgefahr besteht, kann es helfen, ihm einen Tropfen Japanisches Heilpflanzenöl auf die Nase zu streichen. Der starke Geruch der ätherischen Öle überlagert dann den Eigengeruch des Wassers und mitunter lässt sich das Pferd überlisten. Der Trick funktioniert auch bei Pferden, die sich weigern, Arzneimittel mit dem Futter aufzunehmen.

Stille, so ist das Pferd verstopft. Sind die Darmgeräusche dagegen stark erhöht, so liegt wahrscheinlich eine Gaskolik vor. Der Tierarzt muss auf jeden Fall kommen.

HUFREHE Eine der wenigen Krankheiten, bei denen der Appetit des Pferdes unbeeinflusst bleibt, ist die Hufrehe (Huflederhautentzündung). Es handelt sich hier um eine Art »Selbstvergiftung« des Körpers, häufig infolge übermäßiger rohfaserarmer Eiweißfütterung. Deshalb erkranken fast immer übergewichtige Pferde. Hufrehe verursacht starke Schmerzen im Huf. Oft sind beide Vorderhufe gleichzeitig betroffen. Durch die harte Hornkapsel kann die entzündete Huflederhaut nicht anschwellen. Der Schmerz ist also dem Anschwellen eines Körperteils unter einem Gipsverband vergleichbar. An Rehe erkrankte Pferde versuchen ihre Hufe zu entlasten, indem sie in starke Streckstellung gehen. Verständlicherweise mögen sie sich nicht bewegen. Als Erste Hilfe, bis der Tierarzt eintrifft, lindert man die Schmerzen mit kaltem Wasser, das man entweder über die Hufe gießt, oder auch, wenn das das Pferd zulässt, indem man die Hufe direkt in Eimer mit kaltem Wasser stellt. Behandelt wird Rehe mit entzündungshemmenden Mitteln und konsequenter Diät. Wenn die betroffenen Pferde nicht abspecken und sehr sorgfältig gefüttert werden, kommt es zu immer neuen Schüben.

An der Tränke kann es zu Rangeleien kommen, besonders wenn nicht ständig Wasser zur Verfügung steht

Pferde an der Tränke

Pferde sollten ständig Trinkwasser zur Verfügung haben. Ihr Wasserbedarf differiert je nach Fütterung – zu Heu und Stroh brauchen sie mehr als zum wasserreichen Gras. Auch das Wetter spielt natürlich eine Rolle. An warmen Sommertagen wird mehr Wasser konsumiert. Dann kann ein Großpferd schon mal an einem heißen Tag sechzig bis achtzig Liter zu sich nehmen.

Selbstbedienung – die Selbsttränke

Aus modernen Haltungsanlagen ist die Selbsttränke nicht mehr wegzudenken. Es handelt sich dabei um ein etwa maulgroßes Becken, aus dem die Pferde schluckweise Wasser beziehen, indem sie einen Druckmechanismus betätigen. Gegenüber der früher üblichen Methode, aus Eimern zu tränken, hat die Selbsttränke erhebliche Vorteile. Den Pferden steht ständig Wasser zur Verfügung, sie sind nicht auf das Stallpersonal angewiesen und können trinken, wann sie wollen. Für den Pfleger entfällt das Wasserschleppen. Auch auf der Weide setzt sich die Selbsttränke gegenüber dem Wasserbottich immer mehr durch. Das Wasser ist hier stets kühl und frisch, es wird nicht verschmutzt und die Pferde können das Trinkgefäß nicht umwerfen, indem sie damit spielen. Kritiker merken allerdings an, dass die schluckweise Wasseraufnahme den Pferden nicht entgegenkommt. Sie können nicht in so langen Zügen saufen, wie sie möchten, sondern müssen warten, bis die Tränke sich wieder gefüllt hat.
Tatsächlich ziehen Pferde ein größeres Wasserangebot im Allgemeinen vor. Das langsame Trinken an der Selbsttränke ist allerdings nicht schädlich, sondern der Gesundheit eher zuträglich. Die Tränke muss nur so angebracht werden, dass der Pferdekopf beim Saufen eine gerade Linie mit dem Hals bilden kann. In vielen Ställen sind die Tränken zu hoch und damit unphysiologisch angebracht.
Und ansonsten hindert den Reiter ja niemand, beim Ausritt immer mal wieder einen Bach anzusteuern oder vor dem Reiten einen Eimer Wasser zu reichen. Damit das Pferd auch mal »aus vollen Zügen« genießen kann.

Pferde trinken vornehm: leise und meist ohne zu schlürfen

Eine gewaltige Menge, wenn man es in Eimern transportieren muss! Bei Auswahl und Anlage einer Haltungsanlage sollte man deshalb größten Wert auf einen leicht zugänglichen Wasseranschluss legen. Der »eigene Brunnen mit Handpumpe« verliert sein romantisches Flair spätestens nach Befüllen des sechsten Eimers mit anschließendem Tragen zur Tränkestelle.

WASSERQUALITÄT Viele Pferde sind recht wählerisch, wenn es um ihr Trinkwasser geht. Riecht das kühle Nass etwas anders als gewohnt oder wird es aus dem falschen Eimer angeboten, vergeht ihnen der Appetit. Andererseits trinken fast alle gern aus natürlichen Gewässern wie Bächen oder Teichen, auch dann, wenn uns das Wasser eher brackig erscheint. Wie auch immer: Als Pfleger hat man den vierbeinigen Sensibelchen entgegenzukommen. Insbesondere dann, wenn man sie aufs Turnier oder gar auf einen Distanzritt mitnehmen will. Dann kann Wassermangel schnell zu Elektrolytverlust und zu sehr gefährlichen Austrocknungserscheinungen führen. Sicherheitsbewusste Turnierbesucher laden grundsätzlich einen Kanister des heimischen Nasses» mit ein. Reisen nicht auch Hollywoodstars gern mit ihrem persönlichen Mineralwasservorrat?

Pferde trinken gern an natürlichen Wasserstellen

Im Wechsel der Jahreszeiten

Winterfell schützt ideal vor Kälte

Wer Pferde artgerecht hält, wird den Jahresrhythmus deutlich intensiver erleben als ein Nichtpferdehalter. Das fängt damit an, dass man den Frühling weit sehnlicher erwartet, denn damit reduziert sich die Stallarbeit. Andererseits wird die »Vorfreude« durch die Notwendigkeit von Zaunkontrolle und Weidedüngung getrübt.

FRÜHLING Im Frühjahr verlieren die Pferde ihr dickes Winterfell. Allein durch soziale Fellpflege werden sie damit kaum fertig, es wird also vermehrtes Putzen fällig. Sehr gut auch gegen menschlichen Winterspeck! Stuten rossen im Frühjahr deutlicher als während des restlichen Jahres. Züchter lassen ihre Stuten jetzt decken. Aber auch Wallache entwickeln Frühlingsgefühle und lockern den Ausritt gern mal durch einen Hupfer auf.

Vorsicht bei der Umstellung von winterlicher Heu- auf sommerliche Grasfütterung! Der Pferdemagen muss zunächst erst an kleine Grasmengen gewöhnt werden. Langsames Anweiden von 15 Minuten am ersten Tag bis zum ganztägigem Weidegang erfordert mindestens 14 Tage. Im Mai steht Heukauf für den nächsten Winter an.

SOMMER Die warme Jahreszeit ist die Zeit der Fliegenplage – jedem Weidepferd sollte ein Unterstand zur Verfügung stehen, der ihm Schutz vor den Plagegeistern bietet. Dazu steht Weidepflege auf dem Arbeitsplan: Besonders bei kleineren Weideflächen sollte täglich der Pferdemist abgesammelt werden, um Wurmbefall in Grenzen zu halten. Nach der Getreideernte muss der Strohvorrat für den nächsten Winter ergänzt werden.

HERBST Im Herbst kann die Weide knapp werden. Dann wird Zufüttern nötig. Außerdem entwickeln die Pferde jetzt ihr Winterfell. Manchmal ist es schon recht dick, obwohl die Tage noch warm sind. Dann verstärkt auf Pilzbefall achten!

WINTER Die Pferde ziehen jetzt von der Weide in den Stall um, idealerweise in einen offenen Stall mit Auslauf. Für den Pfleger ist damit wieder Stallarbeit angesagt. Hinzu kommt der ständige Kampf gegen einfrierende Tränken.

Langeweile kennen Pferdehalter im Allgemeinen nicht. Artgerecht gehaltene Vierbeiner halten ihre Menschen auf Trab. Und manchmal fragen wir uns schon, wie sie es während all der Jahrtausende ihrer Evolution ohne uns ausgehalten haben!

Im Frühling erwachen die Lebensgeister: Jetzt lassen sich auch ältere Herrschaften zu einem kurzen Spiel ermuntern

Pferde heute

Das Pferd ist aus dem Freizeitbereich des modernen Menschen nicht mehr wegzudenken. Nach jahrhundertelangem Einsatz als »Arbeitskraft« ist es nun ein Luxusgeschöpf geworden, das wir rein zum Vergnügen halten.

Das große Angebot hat Reitunterricht und Pferdehaltung erschwinglich gemacht. Bietet diese »schöne neue Pferdewelt« dem Tier aber wirklich ein »pferdegerechtes Leben«? Macht ihm die Arbeit als Reitpferd Spaß oder schadet ihm der Sport?

Diese Fragen scheinen heute oft müßig. Forderungen nach »artgerechter Pferdehaltung« und »tierschutzgerechter Nutzung« sind schließlich in aller Munde. Was ist hier jedoch Praxis und was sind nur schöne Worte? Wie steht es um die Haltung, Aufzucht und Beschäftigung unserer Sport- und Freizeitpferde? Um zu verstehen, was hier wirklich dem Pferd oder doch mehr dem Reiter – und der Reitsportindustrie – zugute kommt, müssen wie die Wurzeln einer jahrtausendealten »Partnerschaft« kennen lernen. Zeichnen wir also den Weg nach: von der ersten Liebe durch den Magen bis hin zum Pferd als Superstar.

Zwischen Schmusetier und Leistungsträger

▸ So kam der Mensch zum Pferd

Die erste Beziehung zwischen Mensch und Pferd war die zwischen Jäger und Gejagtem. Pferd am Spieß bedeutete viel Nahrung für den Stamm. Die erste Domestizierung des Pferdes dürfte unter dem Gesichtspunkt der Vorratshaltung erfolgt sein. Man fing Tiere, um sie zu mästen und zu schlachten. Irgendwann kam dann aber jemand auf eine zündende Idee, die mindestens so bahnbrechend war wie die Sache mit der Glühbirne: Er begann, das Pferd zu reiten.

ERSTE SPUREN

Die ersten Nachweise menschlicher Pferdehaltung fanden sich in der Ukraine, am westlichen Ufer des Flusses Dnjepr. Hier entdeckte man erstmals die Reste menschlicher Siedlungen, die vermutlich zwischen 4300 und 3500 vor unserer Zeitrechnung entstanden waren. Forschungen zufolge betrieben die Bewohner damals Ackerbau, aber auch Rinder-, Schaf-, Schweine- und vor allem Pferdezucht. Das Pferd muss in großem Ansehen gestanden haben, denn es wurde auch als Gottheit verehrt. In einer Siedlung namens Dereiwka fanden sich ein Pferdefell und ein Pferdeschädel, die zu einem Heiligtum angeordnet waren. Das Sensationelle daran: Das Gebiss des Tieres wies Abnutzungserscheinungen auf. Der Hengst, den man offensichtlich mit sieben oder acht Jahren den Göttern geopfert hatte, musste ein Mundstück getragen haben. Tatsächlich fanden sich in der Nähe auch zwei durchbohrte Geweihstücke: Die erste Trense der Menschheitsgeschichte. Da das Rad in der Kupferzeit noch nicht erfunden war, spricht alles dafür, dass der Hengst von Dereiwka zum Reiten genutzt wurde.

FORTSCHRITT Der Besitz von Reitpferden veränderte das Leben der Vorzeitmenschen vollständig. Ihr Bewegungsradius vergrößerte sich dadurch enorm, Jagd und Handel – und natürlich auch Kriegszüge – wurden einfacher. Die Entdeckung der Reiterei hatte enorme Auswirkungen auf die menschliche Entwicklung – und nicht nur auf die der Reitervölker. Bei den Forschungen am Dnjepr ließ sich das leicht feststellen: Kurze Zeit nach der

Zähmung der ersten Reitpferde in Dereiwka schlossen sich andere bäuerliche Dörfer zu größeren Siedlungen zusammen. Man nimmt an, dass sie das taten, um gemeinsam gegen die militärisch überlegenen Reiter angehen zu können.

PFERDELIEBE? Pferde bedeuteten für ihre Reiter einen kostbaren Besitz – und wie immer, wenn einem etwas wertvoll ist, entwickelte man dazu auch eine besondere Beziehung. Unsere Vorfahren drückten das aus, indem sie das Pferd heilig sprachen. Pferdegötter kennen wir aus praktisch jedem Kulturkreis. Erst später brachte man auch dem Pferd als Individuum Wertschätzung entgegen. Und etwa 1400 Jahre vor unserer Zeitrechnung schlug sich das auch in den ersten Ausbildungs- und Haltungsrichtlinien nieder.

Heute wieder im Trend: Barockes Reiten

Der Weg in die Zivilisation

Von Anfang an dürfte der Mensch bestrebt gewesen sein, seine kostbaren Reitpferde gut zu behandeln. Am Anfang war das sicher mit einer ziemlich naturnahen Haltung verbunden. Wer selbst noch in Hütten wohnte, baute seinen Reitpferden keine festen Ställe. Möglicherweise brachte man die Pferde in Umzäunungen unter, in vielen Reiterländern kennt man aber auch heute noch Fesselungsmethoden. So wurden den Tieren zum Beispiel die Vorderbeine zusammengebunden, damit sie frei weiden, aber nicht zu weit weglaufen konnten.

ERSTE REITLEHREN Erste schriftliche Zeugnisse der Pferdehaltung stammen von den Griechen und den Hethitern.

Kikkuli, ein Mann aus dem Mitannireich, das damals Gebiete des heutigen Mesopotamien, Syrien und Israel umfasste, hatte dabei die Nase vorn. In hethitischer Sprache verfasste er einen heute noch lesenswerten Bericht über Fütterung, Pflege, Haltung und Training von Streitwagenpferden. Die erste Reitlehre schuf dann der Grieche Xenophon etwa 430 bis 355 Jahre vor unserer Zeitrechnung. Er legte bereits großen Wert darauf, Pferde nicht als seelenlose Nutztiere zu betrachten, sondern sich in sie hineinzudenken und ihr Wesen und ihre Verhaltensweisen zu verstehen.

Ritterrüstungen waren schwer zu tragen, weshalb größere und kräftigere Pferde gezüchtet wurden

PFERDE BEI HOFE Bis ins Mittelalter hinein waren die meisten Reit- und Fahrpferde Kleinpferde, vergleichbar mit unseren heutigen Arabern oder Berbern bzw. Isländern oder Norwegern. Erst zur Ritterzeit züchtete man gezielt große und schwere Pferde, die leichter mit dem Gewicht der Rüstungen fertig wurden. Auch repräsentative Überlegungen kamen jetzt ins Spiel. Besonders zur Zeit des Barocks, als »Pferdekarussells«, die Vorläufer der heutigen Quadrille, in Mode kamen. Dazu wünschte man sich elegante Pferde, die sich für die Schaulektionen der hohen Schule eigneten. Um wetterunabhängig zu sein, baute man Reithallen und geschlossene Ställe. Der Barockreiter bevorzugte Hengste, wodurch sich die Einzelhaltung in Boxen durchsetzte. Bestes Beispiel für Barocke Reiterei ist die Spanische Hofreitschule in der Hofburg zu Wien: eine wunderschöne Halle, goldgeschmückte Ställe – aber Pferde, die von artgerechter Haltung nur träumen können.

▸ Pferdehaltung einst und jetzt

Aus allen früheren Kapiteln ging bereits hervor, was ein Pferd braucht, um rundum zufrieden zu sein: Bewegung in frischer Luft, Gesellschaft von Artgenossen und Gelegenheit zu mehrstündiger Futteraufnahme. Entsprechen die Haltungsanlage und die Versorgung durch den Menschen diesen Bedingungen, so sprechen wir von »artgerechter Pferdehaltung«. Eigentlich sollte jedes Pferd so leben. Aber die Wirklichkeit sieht leider oft anders aus.

TRADITIONELLE PFERDEHALTUNG »Artgerechte Pferdehaltung« ist ein Schlagwort unserer Zeit. Unsere Vorfahren, die das Pferd als Nutztier hielten, machten sich darüber keine großen Gedanken. Trotzdem war die Haltung der Pferde damals oft naturnäher als heute. Schon aus praktischen Überlegungen ließ der Bauer seine Arbeitspferde lieber auf die Weide als sie in den Stall zu sperren. Und mussten sie doch mal angebunden im

Gegensätze: grenzenlose Pferdefreiheit ...

Ständer stehen, so hatten sie immerhin einen Tag harter Arbeit hinter sich und ihren Bewegungsdrang weitgehend ausgelebt. Dazu kam das enorme Personalangebot, das Pferdehaltern in früheren Zeiten zur Verfügung stand. Jedes Kavalleriepferd verfügte zum Beispiel über mindestens einen Burschen, der nur für seine Versorgung und sein Wohlergehen zuständig war. Er fütterte es fünfmal am Tag, putzte es, führte es herum und bewegte es auf Schrittausritten, wenn sein Herr einmal dienstfrei hatte. Klar, diesen Pferden fehlte es an der Gesellschaft von Artgenossen, aber Langeweile kam trotzdem nicht auf. Als das Pferd dann seine Wandlung vom Arbeitspferd zum Sport- und Freizeitpferd vollzog, änderte sich sein Tagesablauf. Plötzlich wurde es nicht mehr sechs bis acht Stunden täglich geritten oder gefahren, sondern nur noch, wenn sein Reiter Lust hatte. Personal wurde knapp und teuer, wodurch sich z. B. die Fütterungszeiten reduzierten. Das Gros der Reitstallpferde wird heute maximal drei-mal, oft nur

... und Leben hinter Gittern

Einzelboxen mit Auslauf sind ein Kompromiss zum Vorteil des Pferdes

zwei-mal am Tag mit Heu und Hafer versorgt. Auch das »Auf-die-Weide-bringen und Abholen« sowie die aufwendige Reinigung des Pferdes danach wollten jetzt teuer bezahlt oder vom Reiter selbst erledigt werden. Infolgedessen fiel es oft weg. Das Pferd verbrachte mehr und mehr Stunden beschäftigungslos in der Einzelbox – die obendrein selten gemistet wurde, weil auch das Arbeit und Kosten verursacht. Wir dürfen uns diese Haltung nicht mit dem Argument »Das haben wir schon immer so gemacht« schönreden lassen. Reine Boxhaltung ist nicht in Ordnung, und so wie wir sie heute vorfinden, hat sie auch keine »Tradition«.

NEUE WEGE Nicht nur für das Pferd, auch für den Reiter hat die herkömmliche Boxhaltung im Reitstall mehr Nach- als Vorteile. Gut, die Pferde sind immer sauber und trocken und brauchen vor dem Reiten nicht von entfernten Weiden geholt zu werden. Dafür sind die frustrierten, unglücklichen Tiere aber nervös und schlecht gelaunt. Ihren Bewegungsdrang leben sie dann oft in Form von Buckeln und Durchgehen aus. In den Sechzigerjahren verunsicherte dieses unkontrollierbare Verhalten der Stallpferde viele Reitanfänger. In dieser Zeit, als immer mehr Menschen mehr Freizeit hatten und sich auf ihren Kindertraum vom Reiten besannen, begann erstmals eine ganze Generation ihr Reiterleben als Erwachsene. Der unbekümmerte Umgang Jugendlicher mit schwierigen und gefährlichen Pferden ging diesen Menschen ab. Sie wünschten sich freundliche, ausgeglichene Pferde, mit denen sie in Harmonie ihre Freizeit genießen konnten. Dafür nahmen sie gern ein paar Unbequemlichkeiten in Kauf, ja, sie fanden sogar Gefallen daran, ihr Pferd selbst zu putzen und zu satteln, zu füttern und zu pflegen. Damit war die Idee der Freizeitreiterei geboren. Die Schriftstellerin Ursula Bruns half ihr zusätzlich auf die Beine, indem sie Pferderassen propagierte, die Anfängern den Einstieg leichter machen. Dazu gab sie Tipps zur Haltung und Nutzung und stärkte den Newcomern den Rücken. In den letzten vierzig Jahren entstand so eine Alternativbewegung zur herkömmlichen Pferdehaltung und Reitnutzung der Vierbeiner. Die Tiere sollten artgerecht gehalten und möglichst pferdefreundlich genutzt werden.

OFFENSTALLHALTUNG Grundsätzlich sind alle Pferde Frischluftfanatiker, aber zeitweise schätzen sie auch einen Unterstand. Wetterschutz – egal ob er vorzugsweise bei Regen oder bei Sonnenschein genutzt wird – muss sein. Im Winter sollte zudem unter Dach gefüttert werden. Wirft man das Heu in den Regen und auf unbefestigten, matschigen Untergrund, so verdirbt und verschmutzt es schneller, als die Pferde fressen. Freiheit und Schutz gleichermaßen gewährleistet in erster Linie die Offenstallhaltung. Hier handelt es sich um Ställe, deren Türen immer offen stehen. Die Pferde können selbst wählen, ob sie sich drinnen oder draußen aufhalten möchten. Das

Ideal: Gruppenhaltung im Offenstall

klingt einfach, aber Primitivbauweise ist hier trotzdem nicht angesagt. Ein ganzjährig genutzter Offenstall ist mehr als ein schlichter Weideschuppen. Das fängt damit an, dass der Boden und möglichst noch ein Stallvorplatz befestigt werden müssen. Naturboden wird schnell zu matschig. Dazu wird Raum für die winterliche Heu- und Strohlagerung benötigt sowie eine Futter- und Sattelkammer. Wasseranschluss muss gewährleistet sein. Ein verschließbarer Stallbereich ist nützlich, um ein Pferd im Krankheitsfall zu separieren. Oft wird der Stall auch in besondere Fress- und Liegebereiche eingeteilt. Über die richtige Anlage eines Offenstalls gibt es mannigfache, sehr gute Veröffentlichungen. Stallbaufachleute wie Ingolf Bender (siehe Buchtipp im Serviceteil) bieten auch individuelle Beratung an.

Eine Verbindung von Offenstallhaltung und Weidegang kommt den Bedürfnissen der Pferde am meisten entgegen

AUSLAUF UND WEIDE

Im Sommer gehen die Pferde vom Offenstall aus direkt auf die Weide – sofern man die Möglichkeit hat, Weiden am Stall anzupachten. Die Sommerweide kann aber nicht gleichzeitig als Winterauslauf genutzt werden. Während der kalten und nassen Jahreszeit

würden die Pferde die Grasnarbe zerstören, indem sie das Gras zunächst bis zur Wurzel abfressen und dann die Reste zertreten. Was bleibt, sind bestenfalls Unkräuter, meist nur eine Matschwüste. Insofern muss die Weide im Winter gesperrt werden und die Pferde brauchen einen Sandauslauf, um sich die Beine zu vertreten.

Wenn man nicht gerade in einer Gegend mit natürlichem Sandboden wohnt, ist eine solche Anlage leider teuer. Schließlich genügt es nicht, eine Grube auszuheben und mit Sand aufzufüllen. Damit er trocken bleibt, ist fachmännische Drainage angesagt. Einen sehr großen Bereich auf diese Art zu befestigen, kann sich kaum jemand leisten. Die meisten Ausläufe oder Paddocks werden dem Bewegungsbedürfnis des Pferdes deshalb nicht ausreichend gerecht. Ihre Bewohner müssen dann auch im Winter von ihren Besitzern täglich bewegt werden. Das trifft auch im Sommer zu, wenn die Haltungsanlage nur über kleine Weideflächen verfügt.

Artgerechte Haltung bedeutet insofern nicht »Arbeitsersparnis«. Im Gegenteil: Wer sein Pferd möglichst naturnah halten will, braucht mehr Einsatz, Zeit und Energie als ein anderer, der es einfach im Reitstall unterstellt. All das stellt an berufstätige Pferdehalter oft enorme Ansprüche. Aber leider gibt es kaum Alternativen. Pensionsbetriebe, die artgerechte Pferdehaltung ohne Eigenleistung anbieten, sind so selten wie die Nadel im Heuhaufen.

Das Freizeitpferd

»Freizeitreiten« – dieser Begriff ist heute zum Synonym für Reiten ohne Leistungsdruck und in Harmonie mit dem Pferd geworden. Freizeitreiter kaufen sich ihr Pferd nicht aus Ehrgeiz oder sportlichem Interesse, sondern weil sie es lieben und gern mit ihm umgehen. Sie unternehmen alles, um sein Wohlergehen zu sichern, scheuen weder Zeit noch Mühe, um ihm artgerechte Haltung und beste Versorgung bieten zu können.

So weit die Theorie. In der Praxis sieht manches anders aus beziehungsweise kehrt sich aus Unkenntnis oder Profitgier um. Das fängt damit an, dass viele typische »Freizeitpferderassen« heute nicht mehr in erster Linie im Hinblick auf harmonisches Reiten und Familienanschluss gezüchtet werden. Für spezielle Pferderassen bestehen schon florierende Turnierszenen mit allen Vor- und Nachteilen für Mensch und Pferd. Wer hier »Nurfreizeitreiter« sein möchte, wird oft mitleidig belächelt.

Turnierpferde sind meist ausgelastet

Auch Sportpferde brauchen Ausgleich durch Geländeritte

Auf der anderen Seite gibt es viele »Freizeitreiter«, die das Postulat »Reiten ohne Leistungsdruck« mit »Spaß ohne Anstrengung« verwechseln. »Das brauche ich nicht, ich bin nur Freizeitreiter«, gehört zu den beliebtesten Ausreden, um sich Arbeit und Verantwortung rund ums Pferd zu entziehen.

Aber selbst wenn jemand es ernst meint und seine ganze Energie in das Hobby »Pferd« steckt: Gerade bei der Freizeitpferdehaltung gelingt es nur wenigen, alle Fehlerfallen zu umgehen.

FALLE 1: REITMINIMALISMUS Reiten ist ein schwerer Sport. Es erfordert ein Höchstmaß an Gleichgewichtssinn und Körperbeherrschung. Dabei steigern sich die Anforderungen hier nicht kontinuierlich von leichten zu schwierigen Lektionen. Im Gegenteil: Gerade die Anfangsgründe des korrekten Sitzes und des geschmeidigen Mitgehens in der Bewegung sind schwer zu erlernen. Eben diese Grundfertigkeiten sind jedoch dringend notwendig, wenn man ein Pferd reiten möchte, ohne es vorzeitig zu verschleißen. Warum genau das so ist, wird später noch erklärt. Auf jeden Fall braucht man mehr als einen Wochenendkurs oder drei bis vier Reitstunden, um auch nur die Grundgangarten Schritt, Trab und Galopp gekonnt und pferdeschonend reiten zu lernen. Das klappt auch kaum auf Ausritten, sondern nur unter dem kundigen und kritischen Blick eines Reitlehrers, der von der Mitte der Reitbahn aus ständig korrigiert. Wenn nun viele Freizeitreiter mit den Argumenten »langweilig«, »Ich will ja doch nicht auf Turniere«, »Ich reite lieber ins Gelände« auf einen solchen Reitunterricht verzichten, schaden sie ihrem Pferd. Von »pferdefreundlichem Reiten« und »Harmonie mit dem Vierbeiner« ist ihr »Reitminimalismus« weit entfernt.

Reitstunden sind immer eine sinnvolle Investition, ob auf Schulpferden oder auf dem eigenen Pferd

FALLE 2: ZEITMANGEL Keine Frage: Es macht eine Menge Arbeit, sein Pferd in Eigenregie zu versorgen. Viele Freizeitreiter klagen zu Recht, dass sie darüber kaum aufs Pferd kommen. Das gilt natürlich besonders im Winter, wenn die Tage kürzer werden. Insofern werden Freizeitreiter oft zu Wochenend- oder Gelegenheitsreitern. Am Samstag und Sonntag – oder gar nur einmal im Monat – soll dann alles zwischendurch Versäumte nachgeholt werden. Nun wäre das gar nicht so schlimm, würde man Pferdewahl, Fütterung und Rittplanung diesen Rahmenbedingungen anpassen. Gerade das schlechte Gewissen, wenig Zeit für die Tiere zu haben, verleitet jedoch manchen dazu, sein Pferd zwischen der Reitnutzung geradezu zu nudeln. Die Pferde sind dann übergewichtig und lustlos – oder extrem kernig und »gehfreudig« bis zum Durchgehen. Ihre Kondition ist allerdings schwach. Flotten Ausritten oder auch mehrstündigen Wanderritten am Wochenende sind sie nicht gewachsen. So manches am Sonntag überforderte Pferd braucht drei Wochentage, bis es seinen Muskelkater auskuriert hat. Zudem geben sich viele Reiter der Illusion hin, ein junges Pferd in ihrer knappen Zeit selbst ausbilden zu können. Auch das führt selten zu befriedigenden Ergebnissen. Junge Pferde brauchen kontinuierliche, leichte Arbeit in kurzen Arbeitsphasen. Stundenlanger »Blockunterricht« am Wochenende bringt nichts. Also: Nichts gegen Wochenendreiten, aber auf schlank gehaltenen, erwachsenen Pferden bei angemessener Beanspruchung. Wer am Wochenende viel reiten will, sorgt am besten für eine Reitbeteiligung, die das Pferd auch zwischendurch in Form hält.

Viel gemeinsame Zeit vertieft das Verständnis zwischen Mensch und Pferd

Bodenarbeit ist wichtig, aber auch hier gilt: Nie zu viel auf einmal!

FALLE 3: ZU VIEL DES GUTEN »Ich will alles richtig machen!« Ein löblicher Vorsatz, aber bei manchem Freizeitreiter führt er zu einem permanenten schlechten Gewissen. Die Industrie rund um den Reitsport hat diese chronisch Besorgten längst als Zielgruppe erkannt. Noch ein Zusatzfutter, ein Computerprogramm zur Errechnung des optimalen Nahrungsbedarfs, ein Spezialsattel, aber erst nach ausführlicher Analyse, ein Bodenarbeitskurs hier, ein Meditationskurs da. Viele Freizeitreiter verzetteln sich auf diese Weise und verlieren den Blick für das Wesentliche. In der Angst, ihr Pferd nicht richtig zu verstehen und zu Unrecht zu tadeln, erziehen sie es gar nicht mehr. In der Furcht, es falsch zu belasten, verzichten sie lieber aufs Reiten. Bevor sie Mangelerscheinungen riskieren, füttern sie ihr Pferd lieber fett. Die unweigerlich folgenden degenerativen Erkrankungen tun das Ihre, den Reiter in die Rolle des Krankenpflegers zu drängen. Auch für diese Reiter wäre es Zeit, aufzuwachen und sich die Grundbedürfnisse des Pferdes noch einmal vor Augen zu führen. Ein Pferd ist ein Geschöpf der Weite, kein Schoßtier. Wer es dazu degradiert, macht sich ebenso schuldig wie ein anderer, der es im Sport verheizt.

▸ Sportpferde als Frührentner

Während Freizeitpferde chronisch gelangweilt und überfüttert werden, leiden Hochleistungssportpferde oft an Überforderung. Wer gewinnen will, schert sich nicht um frühen Verschleiß oder wenig pferdegerechte Trainingsmethoden. Und wenn es ab und zu einen Skandal gibt, wie etwa den um das Barren von Springpferden, so sitzt die Sportpferdeszene das gelassen aus. Irgendwann ist es schließlich vergessen und das Publikum freut sich wieder mit an Titeln und Medaillen. Wer weiß schon, dass die durchschnittliche Lebenserwartung des Sportpferdes heute bei deutlich unter zehn Jahren liegt, während ein artgerecht gehaltenes und genutztes Tier bis über dreißig Jahre alt werden kann?

KINDERARBEIT Ein Grund für diese geringe Lebenserwartung ist zunächst eine zu frühe Nutzung

der Pferde. Rennpferde kommen traditionell schon mit einem Jahr unter den Sattel, manche Westerntrainer scheuen sich nicht, ihre Pferde mit spätestens zwei Jahren, in den USA oft schon mit 18 Monaten zu reiten. Warmblüter sieht man als Dreijährige bereits weit ausgebildet auf Eliteauktionen. Und selbst der körperlich spätreife Isländer, der traditionell erst mit fünf unter den Sattel kam, wird heute oft mit drei angeritten. All diese Pferde sind natürlich weder psychisch noch körperlich reif für ihre Arbeit. Auch dann nicht, wenn sie weit entwickelt wirken. In manchen Disziplinen wird hier übrigens mit Wachstumshormonen nachgeholfen. Zeit ist Geld. Das gilt auch für Pferdetrainer und »Meistermacher«. Die Methoden, mit denen sie junge Pferde zu schnellen Höchstleistungen bringen, differieren je nach Reitweise und Turnierdisziplin. Schmerzhaft und unfair sind jedoch alle. Die bekannteste ist dabei das Barren bei Springpferden: Während das Pferd korrekt über ein Hindernis setzt, heben zwei Männer die Stange hoch und schlagen sie ihm gegen die Vorderbeine. Beim nächsten Mal wird es höher springen. Abwandungen dieser Methode, zum Beispiel das »Blistern« (Einreiben der Beine mit scharfen Mixturen), finden heute auch noch in anderen Reitsportdisziplinen Verwendung. Misshandlungen von Tieren, auch zwecks Pokal- und Titelgewinn, sind nicht tolerierbar. Gerade als Reiter sollten wir lernen, sie zu erkennen und anzuprangern. Von Pferdefreunden, die den Sport nur vom Fernsehen kennen, kann man das nicht erwarten. Pferde sind fast unendlich geduldig und tolerant, sie sind bereit, sich von uns reiten zu lassen und dabei ihr Bestes zu geben. Dafür schulden wir ihnen, den Missbrauch nicht schweigend hinzunehmen. Nicht jeder eignet sich zu lautem Protestieren oder Schreiben kritischer Artikel. Aber jeder kann seine Pferde von Trainern fern halten, die harte Methoden anwenden. Und jeder kann ein Turnier verlassen oder den Fernseher ausschalten.

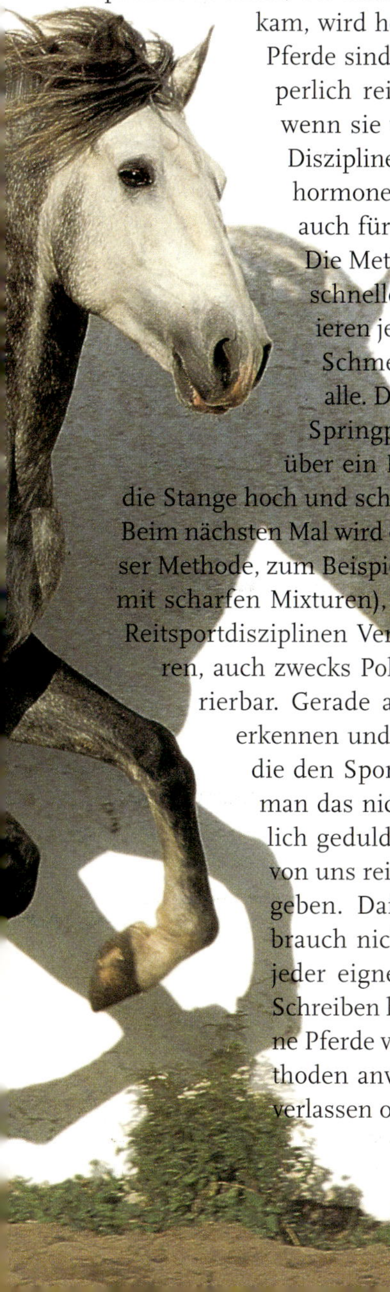

Der Bewegungsapparat des Pferdes ist kompliziert und muss in seiner Leistungsfähigkeit durch sinnvolles Training erhalten werden

Mensch und Pferd

Im Reitsport spricht man gern vom »Partner Pferd«. Nicht immer zu Recht, wie wir gerade gesehen haben. Von Partnerschaft im Sinne von gemeinsamen Zielen und Anstrengungen war und ist der Umgang mit Pferden oft weit entfernt.

Trotzdem: Aus allen Epochen der Geschichte gibt es Legenden über Reiter und Pferde, die wirklich freundschaftlich zusammenarbeiteten. Und auch heute sind viele Pferde in Freizeit und Sport durchaus mit Freude dabei. Entscheidend ist dabei letztlich die Motivation. Wenn der Mensch es versteht, sein Pferd zu begeistern, wenn bei der Ausbildung viel mit Belohnung und Liebe statt mit Strafen und Geschrei gearbeitet wird, dann stehen die Chancen gut für eine wirklich harmonische Beziehung.

Der Mensch wird im Umgang mit seinem Pferd natürlich den Ton angeben. Er sollte sich jedoch als Steuermann sehen und nicht als Sklaventreiber. Als Dirigent, der den Takt angibt, und nicht als Dompteur, der seinen Bären auf heißen Kohlen tanzen lässt. In Einklang mit seinem Partner Pferd gelangt letztlich nur der Mensch, der das Tier verstehen gelernt hat.

Die Grundlagen der Partnerschaft

▸ Raubtier und Beutetier – kann das gut gehen?

Zwischen Menschen und Pferden bestehen grundlegende Unterschiede. Nicht nur, dass hier Jäger und Beutetier aufeinander stoßen, auch Größe und Körperbau sind gänzlich verschieden. Das macht die Kommunikation zwischen den Partnern nicht einfacher. Wie schon gesagt ist »körpersprachliche Kommunikation auf pferdisch« komplizierter, als diverse »Pferdeflüsterer« behaupten. Allerdings: Pferde sind nicht dumm, und sie sind ungemein entgegenkommend. Insofern können sie die Unterschiede zwischen sich und ihren menschlichen Partnern durchaus erkennen und das Ihre dazu tun, sie zu überwinden. Verständigung zwischen Mensch und Pferd klappt nämlich nur, wenn beide Teile auf-

einander zugehen. Ausgehend von der Körpersprache der Pferde ist im Laufe der Jahrhunderte längst eine gemeinsame »Kunstsprache« für Mensch und Pferd entwickelt worden, die fast reibungslose Kommunikation ermöglicht. Beim Thema »Reiten« werden wir darauf noch zurückkommen.

Zunächst wollen wir uns der Verständigung jedoch vom Boden aus nähern. Viele Dinge, die uns selbstverständlich scheinen, so zum Beispiel Führen und Anbinden des Pferdes, stellen sich aus der Sicht des Vierbeiners ganz anders dar. Als Fluchttier bedeutet beispielsweise das Anbinden zuerst einmal einen ganz erheblichen Eingriff in das natürliche Instinktverhalten des Pferdes. Das unangenehme Gefühl kann sich bis zur Panik hochschaukeln, oft in Sekundenschnelle. Wer das weiß, kann besser damit umgehen. Und dann ist da natürlich noch die Sache mit der Rangordnung, die täglich Missverständnisse verursacht.

Richtiges Führen: Hier achten Pferd und Mensch aufeinander

▸ Wer ist der Chef?

Das Schlagwort »moderner« Pferdeausbildung ist »Dominanz«. Besonders die Vertreter körpersprachlicher Ausbildungsmethoden führen die meisten Probleme zwischen Mensch und Pferd auf ein falsches »Dominanzverhältnis« zurück.

Ganz Unrecht haben sie damit nicht. Wenn wir bei der Arbeit mit unserem Vierbeiner von einer »pferdischen Betrachtungsweise« ausgehen wollen, so müssen wir uns tatsächlich als Teil einer Miniherde sehen. Zwischen Mensch und Pferd besteht eine Zweierbeziehung, und dabei muss einer den Ton angeben. Dies darf – bei aller Liebe – nicht das Pferd sein. Einmal, weil wir dann kaum zu längeren gemeinsamen Ausritten kämen, mal ganz abgesehen von Schmied- oder Tierarztbesuchen. Vor allem aber deshalb, weil das Tier dieser Führungsrolle nicht gewachsen wäre. Wir leben schließlich nicht mehr in der Steppe, sondern in einer straßendurchzogenen und hubschrauberüberflogenen Welt. Reagierte das Pferd hier seinen Instinkten gemäß, würde es für Mensch und Tier gefährlich.

Üben einer beengten Situation: Im Ernstfall darf das Pferd den Menschen nicht über den Haufen rennen

Auch eine »gleichberechtigte Beziehung« zwischen Mensch und Pferd, wie sie neuere Veröffentlichungen fordern, ist nicht ungefährlich. Für Pferde ist Rangordnung nun einmal Bestandteil ihres Lebens – nur unter ganz jungen Pferden finden kaum Auseinandersetzungen statt. Man kann also nie wissen, ob dem Vierbeiner nicht plötzlich einfällt, den Zweibeiner herauszufordern. Das »gleichberechtigte, spielerische Miteinander« wird dann sehr schnell ernst. Auf dem Reitplatz kann ein versierter Ausbilder damit fertig werden. Im Straßenverkehr könnte es zur Katastrophe führen.

Begegnet das Pferd im Gelände solchen Planen, wird es sich so leicht nicht mehr erschrecken

DIE ZWEITE REIHE Schon im Kapitel über Rangordnung wurde erwähnt, dass Pferde auf einem niedrigeren Platz der Rangordnung gar nicht so unglücklich sind. Wenn sie den Chef als solchen respektieren, stehen sie gern in der sichereren zweiten Reihe. Diesen Respekt muss der Mensch sich aber erst verdienen: Durch sicheres Auftreten, wenn das Pferd aufmuckt, aber auch durch gelassenen Umgang mit Problemsituationen. Letzteres wird gern vergessen – und prompt kommt es zu Missverständnissen: Da hat der Reiter dem Pferd im Roundpen körpersprachlich klargemacht, dass er der Chef ist. Aber wenn er es dann an einem Trecker vorbeiführen soll, kriegt er Herzklopfen. Solche Verhaltensweisen können Pferde nicht verstehen. Wenn sie diesem Chef gehorchen, so nur, weil er mit Gewaltanwendung droht – die diversen »Dominanzsignale« sind letztlich nichts anderes. Sobald die Lage aber wirklich kritisch wird, ergreifen zumindest starke Pferde von sich aus die Initiative, z. B. indem sie sich und ihren zaudernden Reiter durch Flucht in Sicherheit bringen. Richtiges Dominanzverhalten kann man nicht durch Bücher oder Kurse lernen. Es ist ein Zusammenspiel von Technik und Pferdeverstand, aber auch Persönlichkeit, Selbstsicherheit und Auftreten.

▸ Einfangen auf der Weide und in der Box

»Geh ja nicht von hinten an ein Pferd!« Diese Weisung bekommt jedes Kind von seinen Eltern, wenn es sich Pferden zum ersten Mal nähert. In früheren Kapiteln wurde bereits erläutert, warum das durchaus seinen Sinn hat. Erstens liegt direkt hinter dem Pferd die »tote Zone«, in der es den Ankömmling nicht sieht, zweitens wirkt Annähern von hinten treibend. Das Pferd könnte

Man nähert sich dem Pferd von der Seite

Ein Helfer sorgt für das Öffnen des Gatters

weglaufen, statt sich einfangen zu lassen. Bei einem sehr furchtsamen Pferd ohne Raum zum Flüchten besteht zudem die Gefahr eines Ausschlagens.

Besonders wenn ein Pferd in der Box steht, sollte man es deshalb ansprechen, bevor man eintritt. Fast immer dreht es sich daraufhin um, und man kann ihm das Halfter anlegen.

AUF DER WEIDE Beim Weidepferd sieht die Sache etwas anders aus. Hier hat das Pferd gute Chancen, sich dem Zugriff des Menschen zu entziehen. Nun ist das eher die Ausnahme als die Regel. Viele Pferde kommen auf Zuruf freudig auf ihren Menschen zu. Die große Mehrheit zeigt sich zwar nicht so begeistert von der nahen Reitstunde, lässt sich aber willig aufhalftern, wenn der Mensch sie abholt. In diesem Fall nähert man sich dem Pferd »höflich« von vorn seitwärts. Man spricht es freundlich an und geht auf seine Schulter zu. Eventuell streichelt oder krault man es, bevor man ihm das Halfter anlegt. Auch ein Begrüßungsleckerbissen ist angebracht, sofern man mit dem Pferd allein ist.

Steht es in einer Gruppe, ruft man Futterneid hervor, wenn man ein Pferd verwöhnt und die anderen nicht. Dann findet man sich schnell umgeben von einer Herde gieriger Mäuler, und womöglich jagt ein ranghohes Tier das eigene Pferd weg, bevor man noch dazu kommt, es aufzuhalftern.

AUFHALFTERN Pferde neigen zu Schreckreaktionen, es ist also nicht angebracht, mit dem Halfter vor ihrem Gesicht he-

Das Pferd sollte geduldig warten können ...

... bis das Gatter ganz geöffnet und der Durchgang frei ist

rumzuwedeln. Am besten ordnet man das Halfter, bevor man auf die Weide geht, damit es dann schon griffbereit in der Hand liegt. Nachdem man sich dem Pferd seitlich genähert hat und damit an seiner Schulter bzw. in Halshöhe steht, wendet man sich in Blickrichtung des Pferdes und umfasst seine Nase mit der rechten Hand. Das Pferd fühlt sich dann bereits eingefangen und man kann ihm in Ruhe mit der linken Hand den Nasenriemen umlegen. Nur wenige Pferde sperren sich jetzt noch, während man ihnen das Nackenstück über die Ohren zieht und dann das Halfter schließt. Ab und zu gerät man allerdings an ein Pferd, das Berührungen der Ohren nicht duldet. Meist liegt das daran, dass es von einem unsensiblen Vorbesitzer im Kopfbereich geschlagen wurde. Mit viel Geduld lässt sich das abbauen. Anfänglich verwendet man aber besser ein Halfter, das man anlegen kann, ohne die Ohren zu berühren.

PROBLEME Gelegentlich gibt es Pferde, die sich auf der Weide nicht oder nur ungern einfangen lassen. Sie haben fast immer gute Gründe, die Zusammenarbeit mit dem Menschen zu scheuen. Meist fürchten sie sich vor dem Reiten, weil sie die Bedeutung der Hilfen nie richtig begriffen haben und ihr Reiter sie hart behandelt. Manchmal verursacht ihnen auch das Sattelzeug ständige Schmerzen, oder die Arbeit ist einfach zu eintönig und langweilig. Pferde mit letzterem Problem entziehen sich meist nicht lange. Nach ein paar Runden auf der Weide, bei denen sie es merklich genießen, ihren Menschen zu ärgern, bleiben sie stehen und lassen sich fangen. Ängstliche Pferde sind da eine härtere Nuss. Im Grunde muss man erst herausfinden, warum sie denn so gar keine Lust auf die Zusammenarbeit mit dem Menschen haben. Dann kann man eine gezielte »Therapie« beginnen. Versucht man dagegen nur jeden Tag, ihrer mit irgendwelchen Tricks habhaft zu werden, und reitet dann wie gewohnt, ist nichts gewonnen.

Um ein scheues Pferd einzufangen, empfiehlt es sich, zunächst alle anderen Pferde aufzuhalftern und in einer Reihe am Weidezaun anzubinden. Das ängstliche Pferd schlüpft dann meist rasch neben seinen besten Freund und lässt sich dort greifen. Oder man wendet Henry Blakes unfehlbare, aber endlose Geduld erfordernde Methode an. Dazu folgt man dem Pferd so lange über die Wiese, bis der Vierbeiner genug hat und sich greifen lässt. Das kann schon mal zehn Stunden dauern. Und danach winkt nicht etwa ein entspannender Ausritt, sondern eine Neuauflage: Man lässt das Pferd sofort wieder laufen und beginnt die Sache von vorn.

PROFI·TIPP

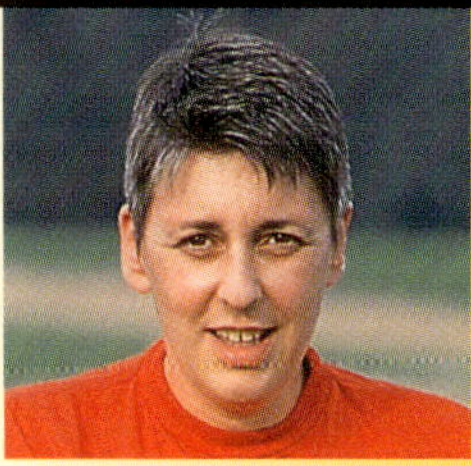

Dr. med. vet. Barbara Schöning

Umgang mit ängstlichen Pferden

Wenn Reitpferde sich auf der Weide nicht fangen lassen, liegt dem niemals schlichte »Arbeitsscheu« zu-Grunde. Das wäre auch unlogisch, denn die hektische Flucht vor dem Menschen fordert ja meist mehr Energie als die Reitstunde. Tatsächlich sind es meist verängstigte Tiere, die unter dem Sattel oft zum Durchgehen neigen. Auf keinen Fall eignen sie sich für Kinder oder Anfänger.

Auch wenn Sie das Pferd auf die Weide lassen, ist ein Helfer nützlich, der gleich hinter Ihnen das Gatter wieder schließt

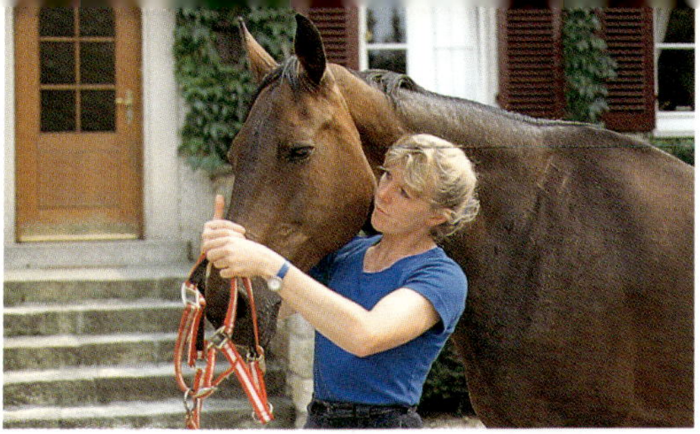

Auch das Aufhalftern geschieht so, dass das Pferd es gerne duldet:

Vorsichtig streifen Sie die Riemen über die Nase und bleiben dabei immer seitlich am Pferdekopf stehen. So kann Sie das Pferd nicht umrennen, falls es sich erschrecken sollte

Vorsicht, die Ohren sind empfindlich! Zügig streifen Sie das Nackenteil über beide Ohren, passen dabei aber auf, dass die Ohren nicht unnatürlich abgeknickt werden

Jetzt können Sie das Halfter verschließen. Das individuell angepasste Halfter wird das Pferd schon nach kurzer Zeit gern an seinem Kopf akzeptieren

▸ Richtig führen und anbinden

Gewöhnlich lassen wir ein Pferd beim Führen neben uns hergehen. Für uns Menschen eine Selbstverständlichkeit, sind wir es doch gewohnt, entspannt neben einem Freund oder Gesprächspartner herzugehen. Für ein Pferd ist die Sache nicht so klar. In Freiheit gehen Pferde nämlich fast nie nebeneinander, in der Regel bewegen sie sich eher im »Gänsemarsch«. Aufschließen wird, wie schon aus früheren Kapiteln hervorging, als feindliche Handlung gewertet. Um sich korrekt führen zu lassen, muss das Pferd also lernen, furchtlos neben uns zu gehen, uns andererseits aber nicht zu überholen.

FÜHRTECHNIK Die meisten Pferde, mit denen man als Anfänger umgeht, haben das natürlich schon verinnerlicht. Man führt sie, indem man den Führstrick etwa eine Handbreit unter dem Pferdekinn mit der rechten Hand umfasst. Das Strickende liegt in Schlaufen in der linken. Ein Knoten am Ende des Stricks

Ein Pferd muss sich überall sicher führern lassen

Die Führkette

Bei jungen, unsensiblen oder wehrigen Pferden wird zum Führtraining oft eine Kette über die Pferdenase gelegt. Sofern der Ausbilder den Umgang damit versteht und seine zusätzliche Kraft nicht missbraucht, ist das eine nützliche Hilfe. Stürmt das Pferd vorwärts, ermahnt man es zuerst mit der Stimme, dann schiebt man die Gerte vor die Nase des Pferdes. Hilft auch diese Methode nicht weiter, gibt man beim nächsten Mal mit der Führkette einen kurzen Ruck auf die Nase. Es muss sofort wieder losgelassen werden, damit dem Pferd nicht die Möglichkeit gegeben wird, den Hals zu versteifen und gegen den Druck der Führkette anzurennen. Meist genügen ein oder zwei Kettenrucke auf die Nase und das Pferd hat begriffen, dass es nicht überholen darf. Als Erinnerung daran genügt dann ein leises Klingeln an der Kette.
Bei bestimmten Techniken der Bodenarbeit wird die Führkette grundsätzlich eingeschnallt, um feinere Hilfen geben zu können als mit dem dicken und recht unpräzise wirkenden Stallhalfter.

verhindert, dass er einem beim Verlängern der Leine aus der Hand rutscht. Selbstverständlich schlingt man sich den Führstrick nie um die Hand. Wenn das Pferd doch mal vorstürmt, kann es sonst zu Verletzungen kommen. Geht das Pferd nicht bereitwillig am leicht durchhängenden Strick mit, sondern lässt sich ziehen, so braucht man eine Gerte. Durch aufmunterndes Antippen an der Flanke bringt man das Pferd in die richtige Position. Auch wenn das Pferd zum Vorstürmen neigt, ist eine Gerte sinnvoll. Man schiebt den linken Arm mit der Gerte dann energisch Richtung Pferdenase und schafft so eine Art »Barriere«. Das Pferd versteht diese Hilfe sehr gut, entspricht sie doch dem Vorschießen von Pferdekopf und Hals, wenn ein ranghöheres Pferd einen frechen Überholversuch abwehrt.

PROFI·TIPP

Dr. med. vet. Barbara Schöning

Entspannung durch Nackenmassage
Viele Anbindeprobleme ergeben sich daraus, dass ein Pferd auf Druck im Nacken panisch reagiert. Es reißt dann erschrocken den Kopf hoch und zieht rückwärts, um sich zu befreien. Man kann dem abhelfen, indem man dem Pferd beibringt, sich bei sanfter Nackenmassage zu entspannen und auf leichten Druck den Kopf zu senken. Allerdings dauert es lange, bis der Teufelskreis »Anbinden – Nackendruck – Panik« durchbrochen ist.

Anbinden – für viele Pferde ein Problem

Dem Fluchttier Pferd gilt es grundsätzlich als gefährliche Sache, irgendwo fixiert zu sein. Insofern ist es ein großer Vertrauensbeweis, wenn unsere Pferde sich problemlos anbinden lassen. Sie gehen dann davon aus, dass ihnen unter dem Schutz ihres Menschen nichts passieren kann. Wir sollten uns dieser Verantwortung bewusst sein und sie möglichst nur an Stellen anbinden, an denen nichts sie ängstigen oder erschrecken kann. Allerdings: Auch das ruhigste Pferd kann in unerwarteten Situationen in Panik geraten. Insofern ist gerade beim Anbinden einiges für die Sicherheit zu beachten.

GRUNDLAGEN So paradox es klingt: Um ein Pferd sicher anzubinden, braucht es einerseits einen enorm festen Anbindeplatz, andererseits aber ausreichend »Sollbruchstellen« im Bereich des Halfters und Anbindestricks. Fixiert man ein Pferd nämlich so »sicher«, dass es unter keinen Umständen freikommen kann, wird es bei möglichen Panikanfällen kämpfen, bis es hinfällt und sich unter Umständen schwer verletzt.

ANBINDEPLÄTZE Bei der Auswahl des Anbinders gilt zunächst zu beachten, dass sich hier nichts bewegt, wenn das Pferd einmal rückwärts zerrt. Frei stehende Pferdehänger, Stangen oder Balken, die sich in diesem Fall gelöst und das Pferd zusätzlich erschreckt haben, führten schon häufig zu schweren Unfällen.

Sicherheitsknoten

Dieser einfache Knoten lässt sich mit einem Ruck am Strickende lösen. Die Anleitung zeigt, wie man ihn richtig knüpft.

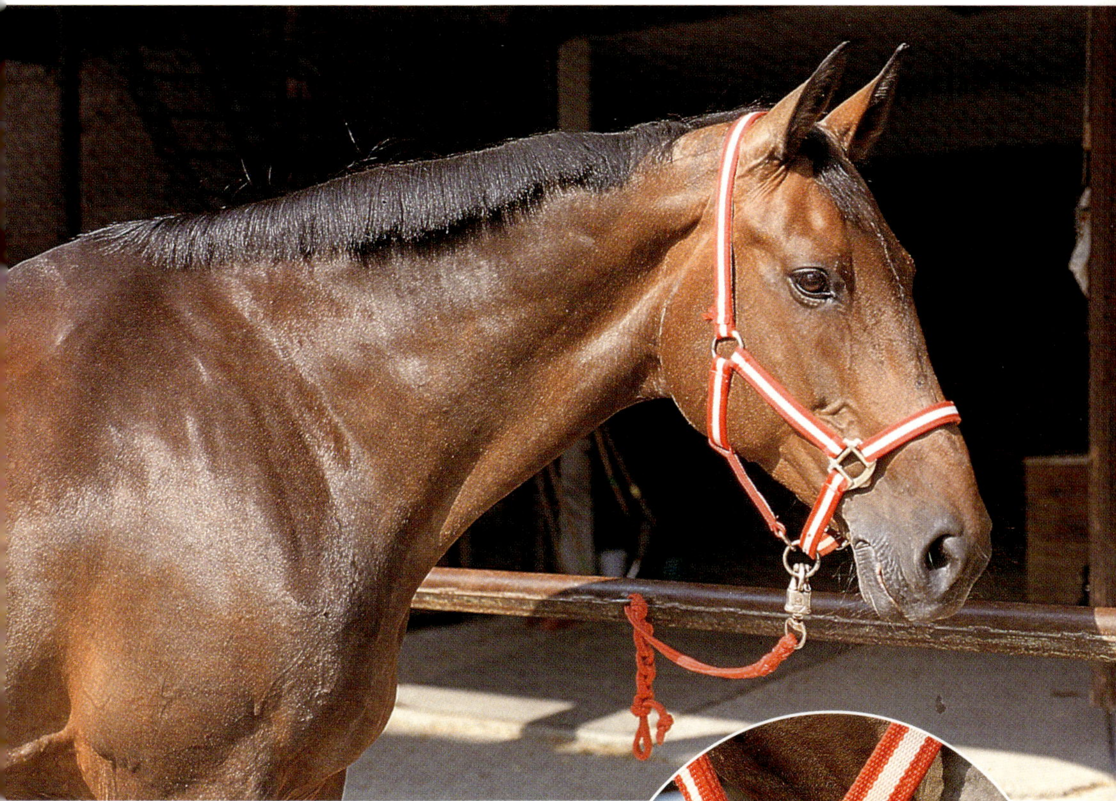

SOLLBRUCHSTELLEN Panikattacken am Anbinder lösen sich erst, wenn das Pferd wieder frei ist. Schnelle Befreiung gewährleistet hier ein Panikhaken am Anbindestrick, der sich von selbst öffnet, wenn das Pferd ernsthaft zerrt. Außerdem bindet man Pferde grundsätzlich mit einem Sicherheitsknoten an, der sich ruckartig sofort lösen lässt, wenn es nötig ist. Als nützlichen Nebeneffekt zieht er sich nicht zu, wenn das Pferd daran zieht. Man kann ihn also jederzeit leicht entfernen. Neigt ein Pferd sehr zum Scheuen am Anbinder, so kann eine zusätzliche »Sollbruchstelle« durch ein Strohbändchen zwischen Halfter und Anbindestrick geschaffen werden.

Ein Panikhaken ist im Notfall mit einem Handgriff zu öffnen

Kardätsche

Hufbürsten

Hufauskratzer

Putzen – ein Genuss

Eine genüssliche Putz- und Kraulstunde mit dem Menschen bereitet dem Pferd ebenso viel Vergnügen wie soziale Fellpflege mit einem Artgenossen. Unter Umständen sogar noch mehr, denn menschliche Hände und Putzwerkzeuge können viel effektiver pflegen als die Zähne des vierbeinigen Freundes. Insofern lohnt es sich, jede Reitstunde mit intensivem Putzen einzuleiten. Das versüßt dem Pferd die Arbeit und lockert seine Muskulatur vor dem Reiten.

PUTZZEUG Im Allgemeinen putzt man ein Pferd, indem man sein Fell zunächst von Kopf bis Schweif mit einem Striegel durchrubbelt und anschließend glatt bürstet. Danach werden Mähne und Schweif gekämmt bzw. verlesen und die Hufe ausgekratzt. Schon bei der Auswahl des Striegels gilt es jedoch, auf individuelle Bedürfnisse einzugehen. Manche Pferde lieben die kräftige Massage mit einem harten Eisenstriegel. Andere ziehen Gummistriegel verschiedener Form vor oder zeigen sich so sensibel, dass man am besten nur ein Kaktustuch einsetzt. Das Gleiche gilt

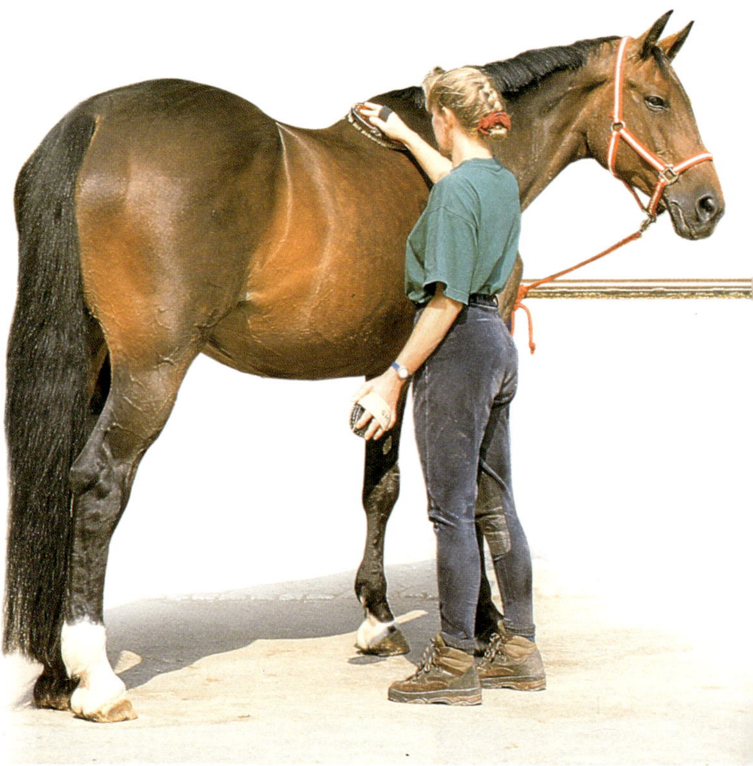

Putzen ist mehr als Fellpflege: Hier entsteht eine Beziehung

Vollbad gefällig? – Waschen und Abspritzen

Eine Dusche nach dem Reiten oder eine gründliche Reinigung vor dem Turnier – jedes Pferd sollte sich gelassen waschen und abspritzen lassen. Teilweise genießen die Vierbeiner diese Behandlung, teilweise wehren sie sich aber auch heftig dagegen. Man kann sie daran gewöhnen, indem man sie zunächst mit dem Schlauch vertraut macht. Erst dann beginnt man das Abspritzen an einem Vorderhuf, wobei man mit wenig Wasserdruck und schwachem Strahl arbeitet. Wenn das Pferd sein »Vorderteil« gelassen behandeln lässt, geht man auch zur Hinterhand über. Beim Waschen und Einshampoonieren hat es sich bewährt, das Einschäumen mit einem Schwamm und warmem Wasser vorzunehmen. Ansonsten fängt das Pferd schnell an zu frieren. Nur am Schluss wird mit kühlem Schlauchwasser nachgespült.

für das anschließende Bürsten. Auch hier gibt es Vorlieben für härtere oder weichere Bürsten. Was das eigene Pferd schätzt, ist leicht zu erkennen: Entzieht es sich der Reinigung, hampelt hin und her, beißt in Richtung Pfleger oder verspannt die Muskulatur, so mag es die Behandlung nicht. Steht es dagegen still, schiebt die Oberlippe genüsslich vor, macht Anstalten, den Pfleger seinerseits zu kraulen und weist ihn auf juckende Stellen hin, indem es sie ihm zuschiebt, genießt es das Putzen.

Massagebürsten

Mähnenkämme

Mit Sattel und Trense

Wir kennen die Sache aus Westernfilmen: Nachdem sich das treue Pferd für John Wayne und Co. zu Tode gerannt hat, schultert der Cowboy seinen Sattel und macht sich auf, ein neues zu finden. Das buckelt dann im Allgemeinen nicht schlecht, wenn der Held sich auf seinen Rücken schwingt. Ein »Dominanzproblem«? Mitnichten. Ein aufgeklärter Pferdemensch würde sich hier eher fragen, ob dem Tier vielleicht der Sattel nicht passt.

MASSANZUG Jedes Pferd hat eine andere Rückenform, genau wie wir unterschiedliche Schuhgrößen tragen. Ist der Sattel dem Rücken des Tieres nicht angepasst, kommt es im Extremfall zu wunden Stellen, dem so genannten Satteldruck. Manchmal zeigt sich der Schmerz allerdings nicht so deutlich. Dann kommt es »nur« zu Muskelverspannungen und Vermeidungshaltungen. Das Pferd läuft steif und unwillig oder es wehrt sich gegen Sattel und Reiter, indem es bockt oder durchgeht. Häufiges Zeichen für einen nicht passenden Sattel – oder frühere schlechte Erfahrungen mit falschem Sattelzeug – ist auch der so genannte »Sattel-

Checkliste: Passt der Sattel?

- [ ] Entspricht die Kammerweite der Pferdeschulter? Sie sollten eine Hand zwischen Pferd und Sattel schieben können.
- [ ] Zwischen Widerrist und Sattel sollten mindestens zwei, besser drei Finger passen.
- [ ] Zwischen Sattel und Wirbelsäule des Pferdes muss ausreichend Raum sein. Der Sattel darf nicht auf dem Rückgrat aufliegen.
- [ ] Die Polsterflächen des Sattels sollten gleichmäßig über die gesamte Länge aufliegen. Drückt die Polsterkante ein oder stoßen sich die Kanten des Westernsattels am Becken des Pferdes, passt der Sattel nicht.
- [ ] Die Sattellage sollte nach dem Reiten gleichmäßig verschwitzt sein. Ist sie nass mit einzelnen trockenen Zonen, so drückt der Sattel.

zwang«. Dabei kämpft das Pferd gegen Satteln und Aufsteigen des Reiters. Es beißt nach dem Sattel, versucht, sich klein zu machen und den Rücken »einzuziehen«, um dem Satteln und Angurten zu entgehen, und wirft sich im Extremfall sogar hin. Ein solches Pferd zu strafen ist unsinnig. Stattdessen gilt es herauszufinden, ob der aktuelle Sattel drückt, und ihn im Zweifelsfall auszutauschen. Dabei empfiehlt sich der Wechsel auf einen Sattel mit großer Auflagefläche wie etwa einen Westernsattel oder Trachtensattel. Der verteilt das Gewicht des Reiters besser auf dem Pferderücken und zeigt sich damit angenehmer für das empfindliche Tier.

Dressursattel

SATTELN Vernünftige Ausbilder gewöhnen das Pferd schon lange vor dem ersten Aufsitzen an den Sattel. Das Pferd trägt seinen Sattel dann zunächst beim Longieren und auf Spaziergängen. Es soll sich in Ruhe mit dem neuen Ausrüstungsgegenstand – einschließlich schlackernder Steigbügel und eventueller Zusatzausrüstung wie Schweifriemen – vertraut machen, bevor der Reiter aufsteigt.

Vielseitigkeitssattel

Zum Satteln stellt sich der Reiter an die linke Seite des Pferdes und legt den Sattel mit der Satteldecke weit vorn auf. Die Decke muss tief in die Sattelkammer hineingezogen werden. Man nennt das »Auskammern«, und es dient dazu, den empfindlichen Widerrist des Pferdes druckfrei zu halten. Sattel und Decke werden dazu gemeinsam angehoben und die Decke in die Kammer hochgedrückt. In einer fließenden Bewegung schiebt man dann beides nach hinten in die richtige Position auf dem Pferderücken.

›rsichtig den Gurt anziehen

ıe Handbreit bleibt zwischen Ellenbogen und Gurt

Der Sattel liegt richtig, wenn er die Bewegung der Schulter nicht beeinträchtigt, aber andererseits auch nicht auf die Nieren des Pferdes drückt. Faustregel ist, dass zwischen Sattelgurt und Pferdevorderbein eine Handbreit Platz sein muss. Beim Angurten bleibt beim englischen Sattel der mittlere Sattelstrupfen als Reserveriemen frei. Westernsättel erfordern oft einen Krawattenknoten, um den Gurt korrekt zu schließen. Besonders bei jungen Pferden sollte der Sattelgurt nie sofort sehr fest angezogen werden. Das Pferd könnte sich sonst erschrecken und ängstigen. Besser gurtet man vor dem Aufsitzen oder nach den ersten Minuten im Sattel noch einmal nach.

Richtig aufzäumen

Wie praktisch alle Tätigkeiten am Pferd geschieht das Aufzäumen von links. Man legt dem Pferd dazu zunächst die Zügel um den Hals. Dann ordnet man das Kopfstück in der rechten Hand. Man fasst es etwa in der Mitte der Backenstücke und trennt das rechte und das linke Backenstück durch den Zeigefinger. Die linke Hand liegt unter dem Gebiss, die rechte mit dem Zaumzeug umfasst die Pferdenase. Damit hält sie den Pferdekopf unten und verhindert ein Ausweichen des Pferdes. Die rechte Hand zieht dann das Kopfstück über die Ohren, während die Linke das Gebiss ins Pferdemaul schiebt. Öffnet das Pferd das Maul nicht bereitwillig, knallt man ihm die Trense möglichst nicht mit Gewalt gegen die Vorderzähne, sondern schiebt den eigenen Daumen sanft ins Pferdemaul und drückt damit auf die Laden. Daraufhin nehmen fast alle Pferde die Trense. Nun wird die Mähne so geordnet, dass sie über das Stirnband fällt und von Stirnband und Nackenstück nicht eingeklemmt wird. Zuletzt schließt man die Schnallen, meist eine am Kehlriemen und eine am Nasenriemen.

So sitzt das Reithalfter richtig

Checkliste: Sitzt die Trense richtig?

Prüfen Sie nach, ob:

- ☐ das Gebiss nicht zu eng ist und in den Maulwinkeln klemmt.
- ☐ das Gebiss nicht zu groß ist und somit zu viel Spiel im Maul hat. Das ist besonders bei Trensenzäumungen wichtig, Stangen können ruhig etwas länger sein, ohne das Pferd zu beeinträchtigen.
- ☐ die Trense nicht zu hoch oder zu niedrig verschnallt ist. Sie darf nicht gegen die Hengstzähne schlagen. Im Maulwinkel darf eine Falte zu sehen sein, nicht mehr, nicht weniger.
- ☐ die Backenstücke nicht zu nah am Auge liegen. Das kommt besonders bei Ponys mit breiten Stirnen vor. Sie brauchen mitunter ein breiteres Stirnband. Oder man lässt das Stirnband ganz weg.
- ☐ das Reithalfter mindestens vier Finger oberhalb des oberen Nüsternrandes aufliegt.

ZÄUMUNG Auch wenn sich ein Pferd gegen das Anlegen der Trense wehrt, hat es dafür meist seine Gründe. Manchmal haben Pferde schlechte Erfahrungen gemacht. Ein ungeschickter Reiter hat ihnen vielleicht das harte Gebiss an die Zähne geschlagen, anstatt vorsichtig das Maul zu öffnen.

Das Gebiss muss die richtige Größe haben und dem Ausbildungsstand von Pferd und Reiter angepasst sein. Stangengebisse eignen sich zum Beispiel nur für fortgeschrittene Paare. In der Hand eines ungeschickten Reiters sind sie keine Hilfe für das Pferd, sondern eine Qual. Kein Wunder, wenn es das Maul dann nicht zum Aufzäumen öffnen will. Das Lederzeug muss richtig sitzen und darf das Pferd weder im Ohrbereich noch im Maulbereich einengen. Auch die Wahl des Reithalfters, also des Nasenriemens an der Zäumung, muss mit Umsicht geschehen. Das so genannte Hannoversche Reithalfter, das unterhalb der Trensenringe verschnallt wird, ist abzulehnen, weil es die Atmung des Pferdes behindern kann.

▸ Zeigt her eure Hufe

Schmied und Tierarzt – für uns nützliche Helfer zur Gesunderhaltung der Pferde, für das Pferd jedoch nur Fremde, die unangenehme Sachen mit ihm anstellen. Relativ viele Pferde haben deshalb Angst vor Routinebehandlungen rund um Hufe und Gesundheit. Wir sollten ihnen dabei mit Geduld begegnen. Insbesondere beim Schmiedbesuch kommt es aber auch auf konsequente Gewöhnung an die Situation an. Es darf nicht sein, dass jeder Beschlag in eine Angstpartie für Pferd und Reiter ausartet. Auch für den Schmied ist das bestenfalls lästig, schlimmstenfalls gefährlich. Verständlich, dass er die Geduld verliert, wenn ein Pferd ständig versucht, nach ihm zu schlagen.

Der Vorderhuf wird abgerundet

GEDULDSSPIEL Beim Schmied muss das Pferd lange ruhig stehen. Besonders jungen und temperamentvollen Tieren fällt das oft schwer. Man kann ihre Langmut schulen, indem man sie auch im Alltag mitunter für längere Zeit anbindet. Ein etwas furchtsames Pferd steht ruhiger, wenn ein gelassener Artgenosse es zum Schmied begleitet . Durch Zusehen beim Beschlag anderer, ruhiger Pferde kann es sich an die fremden Gerüche und Geräusche gewöhnen – gleichzeitig nimmt dies die Furcht und trainiert die Geduld.

QUALM UND LÄRM Beim Schmied qualmt, hämmert und zischt es. Vielen Pferden machen allein diese Geräusche Angst. Auch daran kann das Pferd gewöhnt werden, indem man es beim Beschlagen anderer Pferde zusehen lässt. Geländegewohnte Pferde, die auch beim Anblick von Autos und Baustellen nicht gleich in Panik geraten, bleiben hier meist ruhiger als reine Reithallenpferde.

HUFE GEBEN Wenn sich ein Pferd noch nicht bereitwillig die Hufe auskratzen lässt, wird es erst recht keine Schmiedbe-

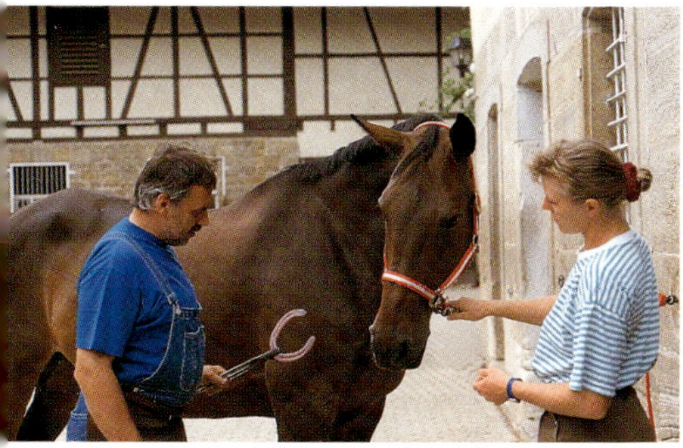

Zunächst wird das heiße Eisen angepaßt

Das Annageln des Eisens geschieht schnell und schmerzlos

handlung dulden. Für junge und alte Pferde ist es körperlich auch belastend, die Hufe sehr lange hochzuhalten. Spätestens wenn man Muskelzittern beobachtet, sollte man dem Pferd deshalb eine Pause gönnen. Beginnt das Pferd erst nach einiger Zeit zu zappeln, so lohnt sich der Test, ob es vielleicht strahlen muss. Volle Blase steht nicht gern, und auf der glatten, harten Fläche, auf der Beschlag meist stattfindet, mögen sich viele Pferde nicht erleichtern. Führt man sie kurz in eine Box oder auf Sandboden, strahlen sie meist umgehend und stehen dann auch wieder ruhig.

EIGENHEITEN Viele Pferde haben persönliche Eigenheiten und Abneigungen rund um den Beschlag. Das eine mag das Hämmern auf der Hufvorderseite beim Versenken der Nägel nicht, das Nächste geht nicht gern auf den Bock. Man kann sich viel Ärger ersparen, indem man den Schmied bittet, darauf Rücksicht zu nehmen. Das kann zwar etwas Mehrarbeit erfordern, geht aber immer noch schneller als der Kampf mit dem zappelnden, wehrigen Pferd.

Das Auge wird auf eine Verletzung untersucht

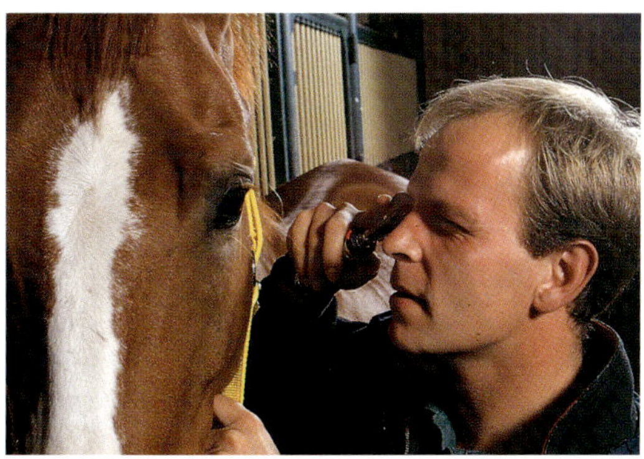

▸ Wenn der Tierarzt kommt

Es gibt Pferde, die ihren Tierarzt kennen und ihm vertrauen, andere fürchten sich dagegen zu Tode, sobald sie ihn kommen hören. Mitunter hat das mit seiner Persönlichkeit zu tun. Selbstsichere Tierärzte mit

Checkliste: Gesundheit rund ums Jahr

Routinemaßnahmen rund um die gesunde Pferdehaltung sind:

- [ ] Wurmkuren im März, Juni, September und Dezember. Bei der Winterwurmkur muss ein Mittel eingesetzt werden, das Dassellarven mit erfasst.
- [ ] Impfungen gegen Grippe und Tetanus, möglichst auch gegen Herpesinfektionen. Nach einer Grundimmunisierung von zwei Impfungen im Abstand von sechs Wochen wird der Impfschutz alle sieben Monate aufgefrischt. In gefährdeten Gebieten muss zudem gegen Tollwut geimpft werden, bei anfälligen Individuen ist eine Impfung gegen Pilzbefall möglich.
- [ ] Zahnkontrolle, besonders bei älteren Pferden, alle sechs bis zwölf Monate.
- [ ] Hufkontrolle, auch bei unbeschlagenen Pferden, etwa alle acht Wochen.

Anhand der Beugeprobe stellt der Tierarzt Lahmheiten fest

viel Pferdeerfahrung werden meist besser »angenommen« als solche, die sich schon ängstlich nähern. Auch die Anwesenheit des vertrauten Pflegers oder Besitzers kann helfen, die Behandlung einfacher zu machen. Wenn allerdings gar nichts mehr geht, muss sie erzwungen werden.

Um das Pferd zwangsweise ruhig zu stellen ohne gleich Beruhigungsmittel einzusetzen, verwendet man meist die Nasenbremse. Richtig angewandt ist dieses Zwangsmittel zwar unangenehm für das Tier, aber keine Quälerei. Es wirkt nämlich nicht durch Schmerz, der das Pferd von der Behandlung ablenken soll, sondern durch Akupressur. Beim Druck auf die Nase werden Endorphine, körpereigene Schmerz- und Beruhigungsmittel, ausgeschüttet.

GEKONNT GEBREMST Am besten lernt man als Pferdehalter selbst, wie man die Nasenbremse richtig anwendet. Auf keinen Fall darf man zulassen, dass irgendein Helfer dem Tier damit Schmerz zufügt. Sonst reagiert es beim nächsten Anblick des Schmieds oder Tierarzts erst recht verstört. Die Bremse wird deshalb nicht extrem fest angezogen, sondern nur so, dass deutlicher Druck spürbar wird. Sie wirkt besser, wenn man damit etwas spielt, also im Wechsel annimmt und nachgibt. Tierarzt oder Schmied dürfen auch nicht sofort nach Anlegen der Bremse mit der Behandlung beginnen. Es dauert ein paar Minuten, bis die »Ruhigstellung« wirkt. Wann es so weit ist, erkennt man an den Augen des Pferdes. Sie werden deutlich glasig, außerdem entspannt sich der Kopf-Hals-Bereich.

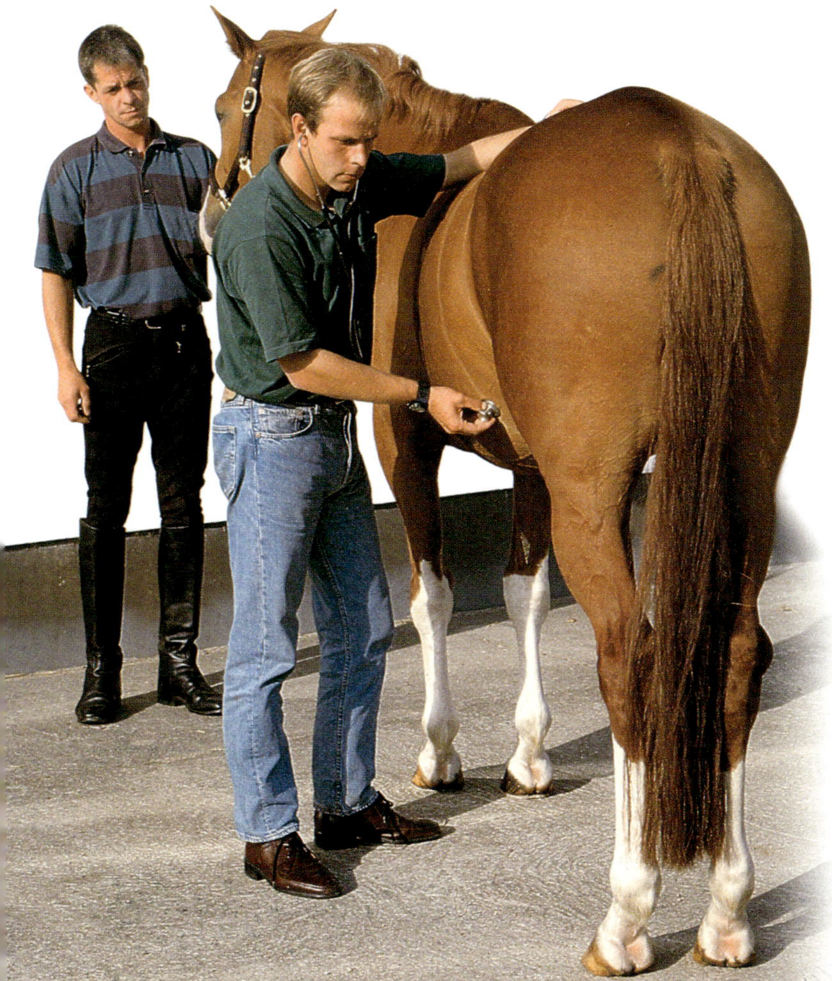

Die Darmgeräusche geben dem Tierarzt Aufschluss darüber, ob bei dem Pferd eine Kolik vorliegt

Richtiges Verhalten im Verkehr übt man am besten in der Gruppe mit einem Reitlehrer

Angstbesetzte Situationen

So mancher Turnierbesuch scheitert an der Weigerung des Pferdes, einen Hänger zu betreten. So mancher Ausritt wird dadurch getrübt, dass ein Pferd vor jeder Kleinigkeit scheut und sich mit seinem Reiter in Gefahr bringt. Das Tier verdirbt seinem Reiter den Spaß jedoch nicht aus Bosheit. Es vertraut nur mehr auf seine Instinkte als auf den zweibeinigen Herdenführer. Was hier hilft, ist üben. Das »Naturkind« Pferd muss mit seiner zivilisierten Umwelt vertraut gemacht werden.

IM VERKEHR Zur Gewöhnung des Pferdes an Autos und Straßenlärm führt man es zunächst hinter langsam fahrenden Autos, Treckern oder LKWs her. Es fühlt sich dann nicht verfolgt und kann die Fahrzeuge klar sehen. Als Nächstes lernt das Pferd, neben den Autos herzugehen. Erst dann übt man mit Fahrzeugen, die sich von hinten nähern und das Tier überholen. Wichtig: Wer auch immer das Pferd führt oder reitet, darf selbst keine Angst haben. Einem unsicheren Chef kann das Pferd nicht vertrauen.

IM GELÄNDE Warum nicht mal ein Spaziergang, um das Pferd an Geländeschwierigkeiten wie Wasserdurchquerungen zu gewöhnen? Es fällt dem Vierbeiner viel leichter, dem zweibeinigen Herdenchef direkt zu folgen als ihn zu tragen. Das bedeutet natürlich, dass man wirklich unter allen Umständen vorgeht, auch wenn es um Wasserstellen geht. Manchmal muss man das Pferd ins kühle Nass locken. Aber Vorsicht: Wenn es sich nach längerer Überlegung endlich entschließt, seinem Menschen zu folgen, macht es das meist mit einem Sprung – und möchte am liebsten genau da landen, wo der Mensch schon sicher steht. Dabei kann es leicht auf dessen Füßen aufkommen.

Auch das Überqueren von Brücken will geübt sein. Die dumpfen Geräusche des eigenen Hufschlags auf der Brücke machen vielen Pferden Angst. Schwierige Aufgaben müssen übrigens nicht an einem Tag gelöst werden. Man lobt und belohnt schon kleine Fortschritte, gerät nie in Wut, sondern macht am nächsten Tag weiter. Vielleicht findet sich ja ein Begleiter mit einem erfahrenen Pferd, das den Youngster über die Brücke oder durchs Wasser lotst.

Das erfahrenere Pferd zeigt dem jüngeren, dass es sich gefahrlos ins kühle Nass begeben kann

VERLADEN Beim Eintritt in den Pferdehänger begibt sich der Freiluftfan Pferd in einen dunklen, engen Raum. Das erfordert viel Selbstsicherheit und Vertrauen zum führenden Menschen. Kein Wunder, dass viele Pferde einiges an Übung brauchen, bevor sie sich reibungslos verladen lassen. Gewalt ist hier übrigens fehl am Platze. Ein Pferd in den Hänger zu prügeln hat erstens selten den gewünschten Erfolg und führt zweitens zu noch mehr Widerstand beim nächsten Versuch. Letztlich kommt man um gezieltes Training nicht herum. Zum Verladetraining wird der Hänger zunächst einladend gestaltet. Dazu gehören eine rutschfeste Rampe, ein gut eingestreuter Boden, ein Heunetz und ein offenes Türchen vorn, damit Licht hereinkommt. Eine Schüssel Kraftfutter zum Locken darf natürlich auch nicht fehlen. Zum ersten Üben werden dann zwei Longen rechts und links am Hänger befestigt und von Helfern gehalten. Sie dienen als Leitseile, nicht als Zwangsmittel. Versucht das Pferd, über sie zu springen, müssen die Helfer unter allen Umständen loslassen. Das Tempo beim Verladen wird dann vom Pferd bestimmt. Jeder Schritt in die richtige Richtung wird belohnt, ängstliches Zurückweichen aber nicht getadelt. Die meisten Pferde brauchen mehrere Anläufe, bevor sie den Hängerinnenraum betreten. Wenn sie zwischendurch der Mut verlässt, wollen sie schnell wieder herunter. Erlaubt man ihnen das nicht, könnten sie in Panik geraten, fallen und sich verletzen. Also lässt man sie besser noch einmal absteigen, startet dann aber direkt den nächsten Versuch.

Wie immer beim Führen wird das Pferd auch auf den Hänger nicht gezogen, sondern von hinten getrieben. Ein Helfer kann

Zum Verladen gerade auf die Rampe zugehen,

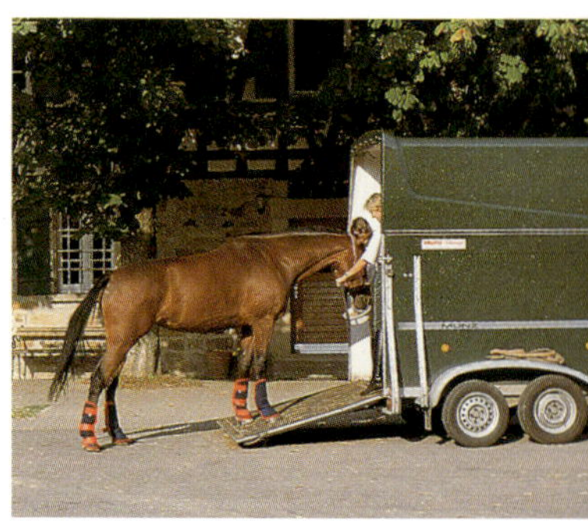

das Pferd darf stehen bleiben,

es mit der Gerte auf der Kruppe touchieren. Fürchtet es sich davor allerdings sehr oder neigt es zum Schlagen und Ausbrechen, ist es sicherer, nur die Longen hinter ihm zu kreuzen. Ist das Pferd dann drin, wird die Rampe hinter ihm geschlossen. Es soll mindestens fünf Minuten ruhig auf dem Hänger stehen bleiben, fressen und sich entspannen. Danach lädt man wieder aus und übt die Sache noch einmal. Wenn man etwa eine Woche lang täglich dreimal verlädt, sollte die Sache sitzen. Der Zeitaufwand lohnt sich, erspart er doch Nerven und kann sich auch im Turnier auszahlen. Untersuchungen zufolge verbrauchen Turnierpferde bis zu 60 Prozent ihrer Energie bereits beim Verladen und während der Fahrt im Hänger.

Apropros »Fahrt«: Betrachtet man den Fahrstil vieler Reiter mit ihrem vierbeinigen Passagier, so versteht man gut, warum so manches Pferd nicht einsteigen will. Eigentlich sollte jeder Reiter mal im Hänger mitfahren (leider höchstens auf Privatgrundstücken möglich, im Verkehr verboten!), um sich den Lärm und das Gerüttel vorstellen zu können, dem das Pferd hier ausgesetzt ist. Also: Auf den ersten Kilometern besonders langsam und besonnen fahren, bis sich das Pferd an das Geschüttel gewöhnt hat. Besonders die ersten Kurven sind im Zeitlupentempo zu nehmen. Später ist darauf zu achten, nach einer Kurve nicht zu rasch zu beschleunigen. Viele Reiter fahren langsam, bis ihr Auto aus der Kurve ist und geben dann Gas. Der Hänger ist zu dieser Zeit allerdings noch in Schräglage. Auch beim Bremsen ist Vorsicht angesagt. Faustregel: Langsam und fließend fahren. Jeder ruckartige Fahrstil bringt das Pferd aus dem Gleichgewicht.

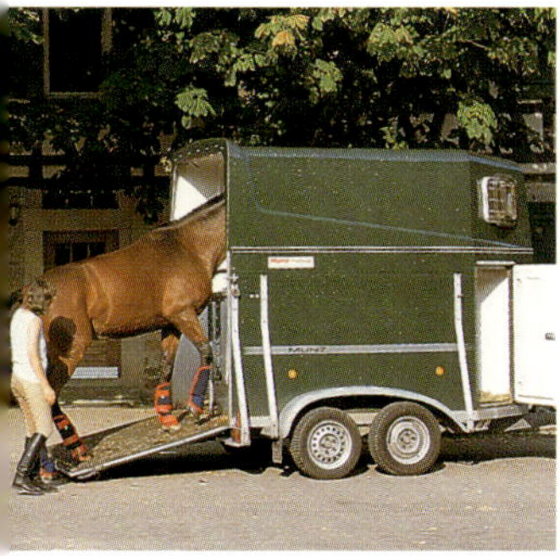

wird dann von hinten ...

... ermuntert, in den Hänger einzusteigen,

Laderampe vorsichtig schließen

Geschaffen zum Reiten?

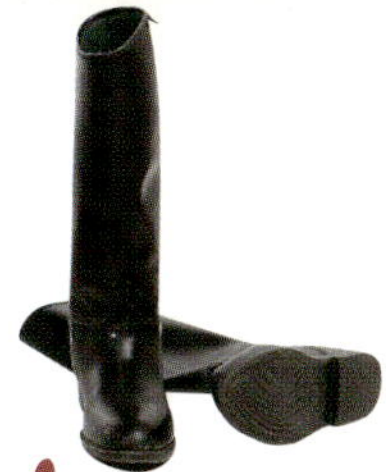

Betrachtet man den Körperbau eines Pferdes, so erscheint dieses Tier wie geschaffen zum Reiten. Sein Rücken bietet Platz für einen bequemen Sattel, ja, weist sogar eine leichte entsprechende Vertiefung auf. Die Beine sind kräftig genug, zusätzliches Gewicht zu tragen, und Halfter und Trense halten problemlos am Pferdekopf.

Tatsächlich ist jedoch kein Tier dafür geboren, zusätzliches Gewicht zu tragen. Erst recht bringt es keine natürliche Veranlagung dazu mit, menschliche Kommandos ohne entsprechende Vorbereitung zu verstehen. Wenn wir das Pferd also reiten wollen, muss es entsprechend trainiert werden. Es muss die gemeinsame »Sprache« lernen, die zur Verständigung zwischen Reiter und Pferd entwickelt wurde, und es muss eine Art »Rückenschule« durchlaufen, um zu einer ökonomischen Traghaltung zu finden. Das alles lernt es idealerweise während der Phase des Anreitens. Der Reiter muss es später aber immer wieder an diese Dinge »erinnern«. Reiten ist stets eine aktive Handlung, kein Sich-mitnehmenlassen. Nur wenn Reiter und Pferd die nötigen Techniken beherrschen, ist Harmonie möglich.

Das Glück der Erde...

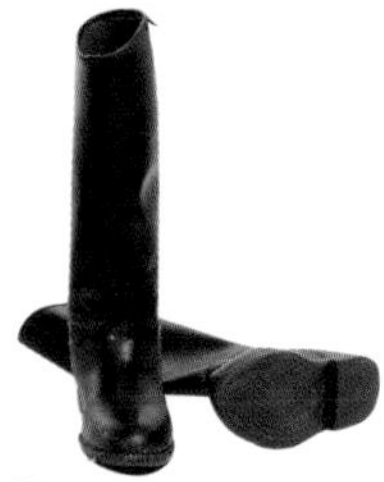

▶ So wird das Pferd zum Reitpferd

»Zureiten« – wenn vom ersten Besteigen eines jungen Pferdes die Rede ist, spukt in den meisten Menschenköpfen noch die Idee von buckelnden Vierbeinern und todesmutigen Rodeoreitern. In Wirklichkeit gibt es diese »Zähmungsmethode« aber fast nur noch in Büchern und Filmen. Zumindest hierzulande wird längst nicht mehr so halsbrecherisch gearbeitet und selbst in den USA dürfte das eher die Ausnahme als die Regel sein. Das liegt nicht nur daran, dass eine solche Art des Anreitens gefährlich ist – nein, sie hat sich auch als uneffektiv erwiesen, und um das zu erkennen, brauchte die Welt keinen Monty Roberts. Abbuckeln lassen reduziert »Reiten« auf »Tragen« und »Obenbleiben«. Das Pferd lernt dabei nur, den Reiter zu dulden. Alles darüber Hinausgehende wie etwa Anhalten, Lenken, Gangarten bestimmen usw. muss erst anschließend erarbeitet werden. Und hier geht es dem Pferd wie uns Menschen: Wenn schon der erste Schultag mit Schmerzen, Angst und Schlägen verbunden war, werden wir hinterher kaum warm mit dem Lehrer. Angst blockiert. Das nervöse Pferd benötigt erheblich mehr Zeit zum Verständnis der nächsten Lektionen als das entspannte. Schon Kikkuli und Xenophon rieten deshalb dazu, das Pferd beim Anreiten nicht zu ängstigen, sondern die Sache mit Ruhe anzugehen. Wie man das genau macht, differiert von Reitstil zu Reitstil und von Ausbilder zu Ausbilder. Gewalt sollte dabei jedoch nicht angewandt werden. Hier ein paar Einblicke in die Techniken des Anreitens und der Vorbereitung auf den entscheidenden »ersten Tag«.

LERNINHALTE Wie gesagt, das Pferd ist nicht als Tragtier geboren, ebenso wenig wie jedes andere Geschöpf. Auch wir Menschen wissen nicht automatisch, wie man schwere Lasten ohne Anstrengung transportiert. Eine falsche Traghaltung verursacht uns Rückenschmerzen. Dem Pferd geht das genauso. Bei ihm liegt das Hauptproblem beim Tragen in der Verteilung der Lasten auf Vor- und Hinterhand. Von Natur aus neigt es dazu, etwas »kopflastig« zu laufen, also sein Körpergewicht mit der Vorhand aufzunehmen. Wenn wir ihm nun aber zusätzliches Gewicht aufladen und obendrein von ihm erwarten, es längere Strecken in hohem Tempo zu tragen, muss es lernen, die kräftigere Hinterhand verstärkt einzusetzen. Durch geschickte Einwirkung zunächst vom Boden aus an der Longe und dann auch vom Sattel

Ziel allen Reitens ist das vermehrte Aufnehmen von Gewicht durch die Hinterhand

aus bringen wir es dazu, den Kopf zu senken oder anzuwinkeln und damit die Rückenmuskulatur zu straffen. Seine Wirbelsäule darf unter dem Gewicht des Reiters nicht »durchhängen«, sondern muss aufgewölbt werden, um eine stabile »Brücke« zwischen Vor- und Hinterhand zu schaffen. Außerdem muss das Pferd lernen, mit der Hinterhand verstärkt »unterzutreten«, also Schub von hinten zu entwickeln, um sein Eigengewicht und das des Reiters zu tragen.

Den meisten Pferden fällt das Erlernen dieser Tragtechniken schwerer als das Einüben der Hilfen zum Anhalten, Abbiegen, Beschleunigen und Bremsen. Viele Reiter erarbeiten diese einfachen Befehle schon vor dem ersten Anreiten vom Boden aus.

LONGENARBEIT Fast alle Pferde werden vor dem Anreiten an der Longe, also einer langen Leine gearbeitet. Im konventionellen Reitstall beschränkt man sich dabei meist darauf, das Pferd an einer einfachen Longe um sich herumlaufen zu lassen, ihm die Unterscheidung der Gangarten und Anhalten auf Stimmkommando und Peitschenhilfe beizubringen. Die richtige Traghaltung soll durch Hilfszügeleinsatz erreicht werden. Im klassisch-iberischen Stil geht man weiter und nimmt das Pferd nach kurzer Gewöhnungszeit an die Doppellonge. Hier werden

zwei lange Leinen wie Zügel rechts und links des Pferdemauls eingeschnallt. Das Pferd kann also vom Boden aus wie ein Reitpferd geführt werden. Der Ausbilder ist dann nicht mehr auf einen Kreisbogen beschränkt, sondern kann sich auf dem ganzen Reitplatz bewegen, das Pferd abwechselnd biegen und gerade richten. Auch die Erarbeitung der richtigen Traghaltung wird sensibler und effektiver betrieben. Gute Ausbilder führen ihre jungen Pferde so schon vor dem Anreiten durch relativ schwere Dressurlektionen. Dadurch kräftigen sie ihre Rückenmuskulatur und machen ihnen den Einstieg in das Leben als Reitpferd leichter.

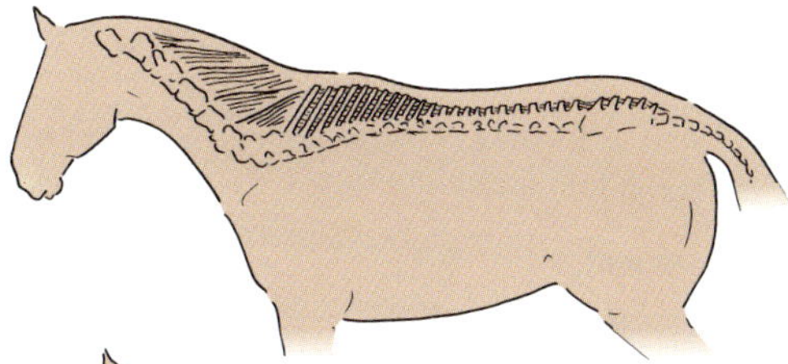

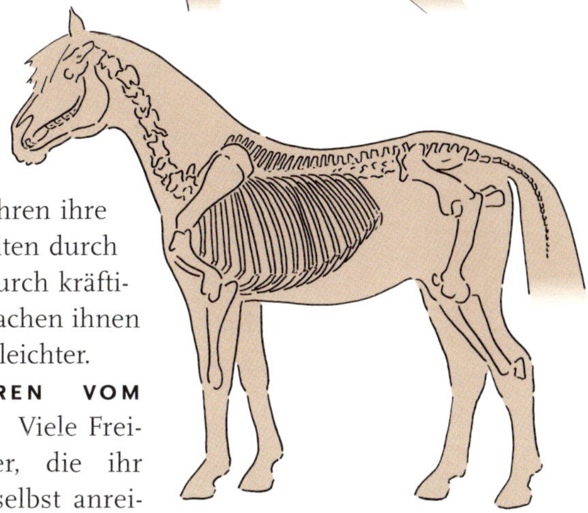

Oben: Die Nackenbänder ziehen den Rücken nach oben, wenn das Pferd seinen Kopf senkt

Unten: Knochenbau des Pferdes – die Wirbelsäule braucht eine starke Rückenmuskulatur, um nicht unter dem Reitergewicht zu leiden

FAHREN VOM BODEN Viele Freizeitreiter, die ihr Pferd selbst anreiten wollen, haben leider weder einen Reitplatz zur Verfügung noch Erfahrung in der Handhabung der Doppellonge. Wenn sie ihr Pferd trotzdem schon vor dem Anreiten mit den wichtigsten Hilfen vertraut machen wollen, schnallen sie links und rechts des Halfters Fahrleinen ein und gewöhnen ihr Pferd auf Spaziergängen an das Lenken von hinten. Am Anfang braucht man allerdings einen Helfer am Kopf des Pferdes. Junge Pferde finden es nämlich äußerst irritierend, wenn die Befehle des zweibeinigen Chefs plötzlich von hinten kommen.

SATTELN Das junge Pferd kennt den Sattel schon vom Longieren und von Spaziergängen. Dabei wird der Gurt auch nicht gleich fest angezogen, was das Pferd erschrecken und ängstigen würde. Wenn das Pferd so ruhig und sorgfältig auf das Reiten vorbereitet wird, wird es keine großen Probleme mit dem Aufsitzen haben.

AUFSTEIGEN Wenn sich der Reiter plötzlich in den Sattel des unvorbereiteten Pferdes schwingt, vermutet das so überraschte Tier einen Angriff. Es versucht den Menschen abzubuckeln wie weiland den Tiger – meist mit mehr Erfolg, weil der Zweibeiner sich schließlich nicht festbeißt. Um Buckeln zu vermeiden gilt es folglich, den Überraschungseffekt zu vermeiden. Deshalb wurde das junge Pferd schon vor dem Anreiten an den Schatten im Rücken gewöhnt. Die optimale Methode dazu ist Handpferdereiten. Man nimmt den Youngster neben einem erfahrenen Reitpferd am Führstrick mit auf den Ausritt.

Geht das nicht, so kann man sich auch neben das Pferd auf einen Strohballen stellen und über seinen Rücken lehnen. Ein paar Leckerlis überzeugen den Vierbeiner schnell, dass ihm von diesem »Raubtier« im Nacken keine Gefahr droht. Man kann sich dann von einem Helfer ein paar Schritte führen lassen, während man über dem Rücken liegt. Das Jungpferd soll keine Angst haben, mit dem Gewicht zu laufen.

REITEN Wenn das Pferd das Aufsitzen problemlos duldet, können die Hilfen zum Anreiten erarbeitet werden. Auch hier geht man langsam vor. Das Tier muss sich erst im Schritt unter dem neuen Gewicht ausbalancieren. Bis es sich auch im Trab und Galopp sicher trägt und die Hilfen so weit verstanden hat, dass es selbst von einem mittelmäßigen Reiter gut nachgeritten werden kann, vergehen mindestens drei Monate.

Von null auf hundert?

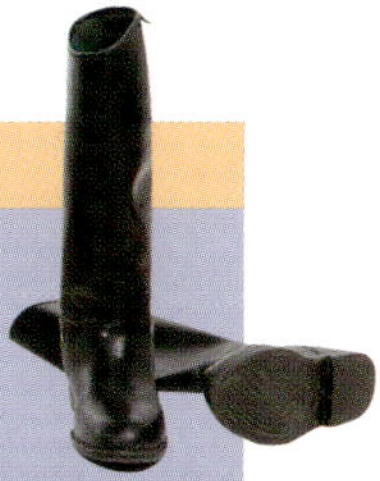

So lange dauert Anreiten? Und wie ist es mit den »körpersprachlichen« Methoden, die einen Wildling binnen weniger Stunden zum Galopp unter dem Reiter befähigen? Sie funktionieren, zweifellos. Aber nach psychologischen wie physiologischen Gesichtspunkten sind sie rundum abzulehnen. Das junge Tier wird hier geistig und körperlich überfordert. Warum es dennoch galoppiert? Stellen Sie sich vor, Sie stünden vor einem Drahtseil über dem Grand Cañyon. Nun gibt Ihnen jemand den Befehl, darüber zu gehen. Ohne Not würden Sie ihn wahrscheinlich nicht ausführen. Wäre allerdings ein Typ mit einem Messer hinter Ihnen her, sehe die Sache anders aus. Dem Pferd im Roundpen geht das ähnlich. Es tut sein Bestes, um vor dem Reiter wegzurennen. Aber mit »Reiten« und »zwischenartlicher Kommunikation« hat das nichts mehr zu tun.

▸ Ein Balanceakt – Aufsitzen

Idealerweise sollte ein Pferd beim Aufsitzen ruhig stehen. Tut es das nicht, so ist meist etwas faul. Zum Beispiel sollte überprüft werden, ob das Sattelzeug richtig angepasst ist. Manchmal hat das Pferd auch schlechte Erfahrungen mit früheren Reitern gemacht und steht jetzt jedem Reitversuch mit Skepsis gegenüber. Und mitunter ist das Tier einfach nur ungeduldig und schlecht erzogen. Letztere Fälle sind am leichtesten zu korrigieren. Geduld und der im Kasten erklärte Trick, dazu ein Belohnungsleckerbissen, und schon ist das Problem gelöst. In allen anderen Fällen ist es nicht so einfach. Hier sollte man sein Verhalten auch als Reiter kritisch betrachten.

GEKONNT AUFSITZEN

Aufsitzen ist für das Pferd keine besonders angenehme Sache. Während man den linken Fuß in den Steigbügel setzt und sich in den Sattel schwingt, wird sein Rücken einseitig belastet. Das kann auch ein guter Reiter kaum vermeiden. Unbewegliche Reiter belästigen das Tier noch über Gebühr, indem sie sich mühsam an seiner Seite hochhangeln, mit dem rechten Bein seine Kruppe berühren und ihm schließlich wie ein Mehlsack ins Kreuz fallen. Kein Wunder, wenn der Vierbeiner dann versucht, sich der Sache zu entziehen. Die Lösung für das Problem ist längst gefunden – wird hierzulande aber meist als »unsportlich« abgelehnt. In den USA, vor allem in den bequemlichkeitsbewussten Südstaaten, gibt es dagegen vor manchem Stall eine Aufstiegshilfe.

Aufsitzen: So funktionierts:

Mit Schwung hochziehen,

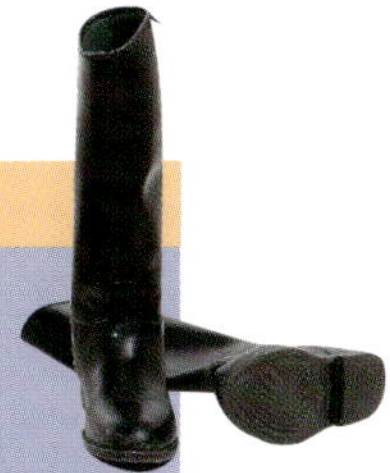

Aufsitzen – der Trick

Das Pferd hampelt beim Aufsteigen herum, der Reiter schimpft und verkürzt den linken Zügel. Ergebnis: Das Pferd tänzelt weiter, während der Reiter ihm um die Runde nachhüpft. Kommt er doch vom Boden los, so hangelt er sich mühsam und schwunglos in den Sattel. Von Eleganz ist das weit entfernt – und das Pferd hat dabei auch nichts gelernt. Alte Kavalleristen wussten es besser und empfahlen ihren Schülern eine andere Vorgehensweise. Statt den linken Zügel verkürzt man dazu den rechten, und zwar möglichst weit. Das Pferd soll den Hals deutlich biegen. Kommt es dabei so weit, dass seine Nase neben dem Steigbügel steht, wird es wahrscheinlich gar nicht mehr hampeln. Bewegt es sich aber doch, kommt es dabei unweigerlich auf den Reiter zu, verstärkt seinen Schwung und »hilft« ihm damit in den Sattel. Wenn der Reiter oben ist, hat sich das Pferd eine Belohnung verdient. Und am besten steigt man gleich wieder ab und wiederholt die Sache so oft, bis es auch ohne Zwangsmaßnahmen ruhig steht.

Mensch besteigt ein Treppchen und gleitet entspannt in den Sattel. Zwei- und Vierbeiner sind zufrieden. Das Pferd muss allerdings erst lernen, sich neben einer solchen Aufstiegshilfe aufzubauen. Schimpfen Sie also nicht, wenn es nicht gleich stillsteht, sondern stellen Sie einen Strohballen als Begrenzung auf die andere Seite.

das rechte Bein sollte die Kruppe nicht berühren.

Startklar!

Ein flotter Ausritt ist Balsam für die Reiter- und Pferdeseele, solange die Verständigung stimmt

▸ Verständigung – die Hilfen

Vom »Reiten als Sprache« war in diesem Buch schon öfter die Rede. Nun wollen wir uns das dazu nötige »Vokabular« aber etwas näher ansehen. Man bezeichnet diesen Zeichenkanon als »Hilfen«. Er wurde nicht willkürlich entwickelt, sondern entstand über Jahrhunderte hinweg. Ziel dabei war, Reiter und Pferd das gegenseitige Verständnis möglichst leicht zu machen. Vor allem Letzterem soll der Hilfenkanon entgegenkommen.

ZÜGELHILFEN Rechts ziehen: rechts, links ziehen: links. So stellt sich der Anfänger die Wirkung von Zügelhilfen vor. Ganz so klappt es jedoch nicht. Wenn der Reiter nämlich nur zieht, aber keine Gewichts- und Schenkelhilfen gibt, wendet das Pferd bestenfalls den Kopf in die gewünschte Richtung. Der restliche Körper biegt sich nicht, sondern driftet in die entgegengesetzte Richtung ab. Wir Menschen würden das genauso machen. Vielleicht erinnern Sie sich an kindliche Balgereien, bei denen Sie jemand an den Haaren in eine bestimmte Richtung zerren wollte. Sind Sie da willig mitgegangen? Mitnichten! Ziehen am Zügel bewirkt also kein freiwilliges nachgeben des Pferdes.

GEWICHTSHILFEN Wie Gewichtshilfen wirken, kann jeder leicht nachvollziehen, der jemals ein Kind auf den Schultern trug. Sitzt der kleine Passagier gerade, so geht man problemlos geradeaus. Verrutscht das Gewicht aber zum Beispiel nach rechts, so weicht auch der Träger rechts aus, um das Kind abzufangen. Auch das Pferd hat das Bedürfnis, stets unter den Schwerpunkt seines Reiters zu treten. Verlagert der also sein Gewicht in den rechten Steigbügel und nimmt dazu noch leicht den rechten Zügel an, weiß der Vierbeiner Bescheid: Rechts abbiegen wird verlangt.

Über das Abwenden hinaus werden Gewichtshilfen auch zum Anhalten des Pferdes und zum Treiben eingesetzt. Indem man sich im Sattel schwer macht, motiviert man das Pferd, die Hinterhand verstärkt zum Tragen einzusetzen.

SCHENKELHILFEN Bleiben wir noch kurz beim korrekten Abbiegen. Wenn wir das Pferd nicht einfach um eine Kurve reiten wollen, sondern dabei geschmeidig und beweglich halten möchten, soll es seinen ganzen Körper biegen. Das signalisieren wir

Die Hilfen eines guten Reiters sind unsichtbar

ihm, indem wir den rechten Schenkel auf Sattelgurthöhe anlegen (Das korrekte Kommando heißt: Rechter Schenkel am Gurt) und den linken etwas hinter dem Gurt platzieren.

Schenkelhilfen werden weiterhin benötigt, um das Pferd zu schnelleren Gangarten anzutreiben und ihm zu signalisieren, ob Rechts- oder Linksgalopp gewünscht sind. Wie alle anderen Hilfen setzt man sie allerdings nie isoliert ein. Grundsätzlich werden Zügel-, Schenkel- und Gewichtshilfen kombiniert, um das Pferd durch eine Lektion zu führen. Je jünger und unerfahrener das Tier ist, desto genauere Angaben braucht es, um alles richtig zu machen. Ein »alter Hase« versteht dagegen schon Andeutungen von Hilfen. Wenn er sie denn verstehen will ...

WENN DAS PFERD »NEIN« SAGT Hilfengebung ist eine Sprache, jedes Abfordern einer Lektion ist also eine Aufforderung zwischen Bitte und Befehl. Die Grenzen verlaufen hier fließend. So wird ein guter Reiter zum Beispiel stets erst »Bitte« sagen, bevor er Sporen, Gerte und schärfere Gebisse einsetzt, um das Pferd

Verschiedene Rassen und Reitweisen, doch alle arbeiten mit der gleichen Sprache

zu zwingen. Mitunter ist es allerdings nötig, sich etwas deutlicher auszudrücken, um sich als ranghöheres Mitglied der Zweiergruppe durchzusetzen. Was nämlich oft vergessen wird: Pferde sind keine Computer, die auf richtige Eingabe unweigerlich mit dem richtigen Output reagieren. Stattdessen kann der Vierbeiner jede Anfrage mit »Nein« beantworten. Er kann »Nein, ich kann nicht« sagen oder »Nein, ich will nicht« oder er führt den Befehl einfach deshalb nicht aus, weil er nicht verstanden hat, worum es geht. Um all diese Signale zu verstehen, braucht der Reiter Erfahrung und Bereitschaft, auf das Tier einzugehen. Wer Harmonie mit seinem Pferd anstrebt und sich auch in überraschenden Situationen auf es verlassen möchte, wird Zeit seines Reiterlebens damit zubringen, die Zeichen zu deuten, die das Pferd immer aussendet. Anfänger schaffen das natürlich nur mit Hilfe eines guten Reitlehrers, der ihnen die »Äußerungen« ihres Pferdes »übersetzt«. »Von Natur aus« bringt keiner das »Feeling« dafür mit, auch wenn es manchem leichter fällt, die Signale des Pferdes zu verstehen.

Bei der Westernreitweise setzt man auf Impulssignale als Hilfen

Trail-Parcours: Hier besteht nur das Pferd-und-Reiter-Paar, das sich miteinander verständigen kann

Beim Öffnen und Schließen des Gatters ist große Geschicklichkeit und Konzentration gefragt

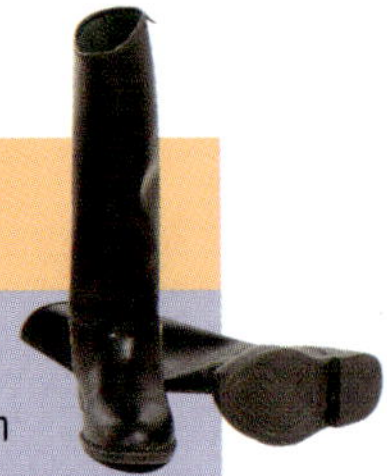

Verschiedene Reitweisen – verschiedene Hilfen?

In unterschiedlichen Teilen der Welt haben sich im Laufe der Zeit verschiedene Reitweisen entwickelt. So unterscheidet man zum Beispiel die englische Reitweise, die Westernreitweise, klassisch-iberisches Reiten und noch einige mehr. Diese unterschiedlichen Stile ergaben sich aus der speziellen Nutzung des Pferdes im Ursprungsland und arbeiten mit differierenden Zäumungen und Sätteln. Zum Springen und Jagdreiten brauchte man zum Beispiel einen anderen Sattel als zum Begleiten eines Viehtriebs. Sitz und Hilfengebung unterscheiden sich allerdings nicht so sehr, wie es auf den ersten Blick aussieht. Letztlich wollen ja alle Reitweisen das Gleiche: Pferde, die in gesunder Traghaltung arbeiten und auf möglichst leichte Hilfen reagieren. Wie man das genau bewerkstelligt und welche Hilfen die einzelnen Lektionen verständlicher machen, darüber ist man mitunter verschiedener Meinung. Die grundsätzlichen Möglichkeiten zur Einflussnahme – Gewichts-, Schenkel- und Zügelhilfen – bleiben sich allerdings gleich. Für welchen Reitstil man sich also auch entscheidet: Ums Erlernen der Hilfen kommt man nicht herum, und einfacher macht der Stilwechsel das Reiten auch nicht.

▸ Auf dem Reitplatz

Dressurreiten auf einem 20 x 40 Meter großen Reitplatz ist für das Pferd keine besonders logische Sache. Ein freies Pferd bewegt sich, um von Punkt A nach Punkt B zu kommen, nicht zwecks systematischen Muskelaufbaus und Gymnastizierung. Auch viele Freizeitreiter haben wenig Lust auf das Training auf dem Platz. Trotzdem: Wer sein Pferd optimal für den Reiteinsatz schulen möchte, kommt an einer gelegentlichen Dressurstunde nicht vorbei. Der ebene, griffige Boden auf dem Reitplatz, die Begrenzungen, die das Geraderichten des Pferdes erleichtern, – und die Möglichkeit, sich von einem guten Lehrer korrigieren zu lassen, ermöglichen effektiveres Arbeiten als der Geländeritt.

Der Reitplatz ist immer die beste Vorbereitung fürs Gelände – hier kann Neues ausprobiert werden und gefahrlos auch mal was schief gehen. Auch für das Pferd muss Dressurreiten in der Reitbahn oder der Reithalle nicht langweilig sein. Es gibt viele Möglichkeiten, die Reitstunde interessanter zu gestalten. So kann man die immer gleichen Bahnfiguren zum Beispiel durch Slalom um Pylonen oder Arbeit an Bodenhindernissen ergänzen. Oder man legt eine Musikkassette ein und probiert aus, ob das eigene Pferd musikalisch ist. Sie werden überrascht sein, wie viele Pferde ihre Bewegungen selbstständig dem Takt der Musik anpassen.

Eine abwechslungsreiche Reitstunde lässt das Pferd aufmerksam mitarbeiten

Reitbahnregeln

Reitbahnregeln dienen der Unfallvermeidung und dem reibungslosen Ablauf des Reitbetriebs. Auch im Interesse der Pferde sollten sie eingehalten werden, denn je mehr Reiter sich auf einem Platz aufhalten, desto irritierender wird es für die beteiligten Vierbeiner. Das Pferd begegnet Artgenossen, die es womöglich noch nie gesehen hat, oder kreuzt den Weg eines ranghöheren Weidegenossen. Kennt man die anderen Pferde, erleichtert das die Situation. Rücksicht auf die anderen Reiter und das eigene Pferd muss absolute Priorität haben. Es sollte sich von selbst verstehen, dass man mit einem extrem schwierigen, schlagenden und noch nicht voll zu kontrollierenden Pferd nicht auf einen überfüllten Reitplatz geht. Je mehr Reiter in der Bahn sind, desto besser müssen die Pferde an den Hilfen stehen. Sowohl »Durcheinanderreiten« als auch Abteilungsreiten will übrigens geübt sein. Wenn ein Pferd gewöhnlich allein auf dem Viereck arbeitet, wird es sich kaum konzentrieren können, wenn auf dem Turnier plötzlich »Gegenverkehr« herrscht.

- Vor dem Betreten des Platzes werden die anderen Reiter mit dem Ruf »Tür frei!« auf den Neuankömmling aufmerksam gemacht. Erst nachdem die Bestätigung »Tür ist frei!« erfolgt ist, darf die Reitbahn betreten werden.
- Zum Nachgurten, Steigbügelverstellen o. Ä. reitet man in die Mitte der Bahn.
- Im Schritt ist der Hufschlag freizumachen. Man begibt sich dann auf den »zweiten Hufschlag« zwei Meter weiter innen.
- Teilweise einigen sich die Reiter auf einem Platz darauf, alle in eine Richtung zu reiten. Dann wird der Wunsch nach einer Richtungsänderung mit dem Ruf »Handwechsel bitte!« angekündigt. Ist das nicht der Fall, so hat der Verkehr auf der linken Hand Vorfahrt. Wer rechts herum reitet, weicht möglichst frühzeitig auf den zweiten Hufschlag aus.
- Beim Hintereinanderreiten hält man stets mindestens eine Pferdelänge Abstand.
- Hufschlagfiguren sind möglichst korrekt auszureiten. Die anderen Reiter müssen schließlich wissen, an welcher Stelle sie mit dem Pferd zu rechnen haben. Kommt ein Reiter zum Beispiel nach einem Wechsel durch die ganze Bahn zu früh wieder auf den Hufschlag, kann es zu »Zusammenstößen« kommen.

▸ Ausritt in der Gruppe

Der Sonntagsausritt gemeinsam mit Freunden, eventuell ein Halt an einer netten Gaststätte – für viele Reiter der Höhepunkt der Woche. Allerdings verläuft nicht immer alles so harmonisch wie geplant, – was wiederum mit dem typischen Herdenverhalten unserer Vierbeiner zu tun hat.

MINIHERDEN Reiten in der Gruppe will geübt sein. Die Pferde müssen begreifen, dass sich hier viele »Zweierherden« nebeneinander bewegen, ohne direkten Kontakt miteinander aufzunehmen. Grundsätzlich ist ihnen so etwas nicht fremd. Auch in Freiheit teilen sich zum Beispiel mehrere Familien eine Wasser- oder Wälzstelle ohne sich zu vermischen oder Rangordnungskämpfe auszutragen.

SCHLÄGER Wie schon erwähnt gehen Pferde in Freiheit nicht neben, – sondern fast immer hintereinander. Haben sie nicht verinnerlicht, dass ihnen von einem anderen Reitpferd keine Gefahr droht, so können sie mit nervösem Ausschlagen reagieren. Manche Pferde neigen allerdings schon zum Keilen, wenn ihnen ein anderes Tier nur auf ein paar Meter näher kommt. Das spricht erstens für versäumte Erziehung, aber auch für eine äußerst gereizte Grundstimmung des betroffenen Tieres. Von harmonischer Zusammenarbeit mit ihrem Menschen sind solche

Reiten in der Bahn muss nicht langweilig sein

Schläger meist weit entfernt. Gestresst und frustriert suchen sie nur nach einer Möglichkeit, Spannung zu entladen: Frustration erzeugt Aggression. Jede Strafe für den Schlag ist hier nur ein Herumlaborieren an den Symptomen. Wichtiger wäre die Kontrolle des Sattelzeugs und des eigenen Reitstils. Wenn das Pferd in Einzelhaltung oder gar Boxhaltung steht, ist eine Überführung in Gemeinschaftshaltung dringend anzuraten.

ZACKELN Alle Pferde gehen entspannten Schritt, aber eins trabt verspannt mit hochgestrecktem Kopf und bretthartem Rücken. Nach einer Stunde sind Pferd und Reiter gleichermaßen erschöpft. Zackeln ergibt sich meist daraus, dass ein Pferd befürchtet, nicht mitzukommen. Vielleicht fühlt es sich auch unsicher in der Gruppe und möchte sich nach vorn absetzen. Oder es kennt Gruppenausritte nur in Form gemeinsamen Rennens und steht deshalb ständig »in den Startlöchern«. Abhilfe schafft hier bloß

systematische Arbeit. Das Pferd sollte zunächst nur in kleinen Gruppen – möglichst Zweiergruppen – mitgehen, und ruhige Ausritte müssen garantiert sein. Die anderen Gruppenmitglieder sollten den Zackler zunächst vorn gehen lassen und sich seiner Schrittgeschwindigkeit anpassen. Auch dann, wenn sie dabei nur langsam vorwärts kommen. Es kann recht lange dauern, bis sich ein zackelndes Pferd entspannt, und so lange geht es fast zwangsläufig eher kurzen, verhaltenen Schritt.

DURCHGÄNGER Die gemeinsame Arbeit mit anderen Pferden wirkt auf jedes Pferd aufmunternd und motivierend. So manche »Schlafmütze« entwickelt hier plötzlich Ehrgeiz. Manche Pferde schießen dabei aber auch über das Ziel hinaus und neigen zu unkontrollierbaren Galoppaden. Auch das entspringt oft einer inneren Unsicherheit. Die Pferde wollen sich von den fremden Artgenossen absetzen.

Beim Ausritt sollte immer ein erfahrener Reiter dabei sein

Auf ein Handzeichen des ersten Reiters wird angehalten

Die »Therapie« ist letztlich die gleiche wie beim Zackeln: ruhige Ausritte, zunächst möglichst mit bekannten Stallgenossen, vor denen das Pferd sich nicht fürchtet. Außerdem ist zu häufigeren, längeren Geländeritten zu raten. Wenn ein Pferd nur einmal pro Woche für höchstens eine Stunde an die Luft kommt, ist es kein Wunder, wenn es die Chance zum Rennen nutzt.

Ungestüme Pferde brauchen erfahrene Reiter

DIE PAUSE Jedes Pferd sollte sich bereitwillig vor einem Gasthaus »parken« lassen. Es ist keine Zumutung, es warten zu lassen, sondern gehört zu seinem Job als Reitpferd. Nichtsdestotrotz will es geübt sein. Ein Pferd, das sich schon zu Hause nicht sicher anbinden lässt, wird in fremder Umgebung erst recht nicht stillstehen. Außerdem sollte man dem Vierbeiner die Wartezeit angenehmer gestalten, indem man ein Stallhalfter mitbringt. Bei warmem Wetter gehört auch ein Klappeimer zum Tränken ins Ausrittgepäck. Während der Wartezeit sollte außerdem der Sattelgurt gelockert werden. Ist es sehr warm, so tut man das jedoch nicht sofort, sondern erst nach etwa zwanzig Minuten. Sonst kann es zu Hitzeschwellungen kommen.

Wer mit wem? – Die Gruppenzusammenstellung

Ein erwachsenes, voll zugerittenes Pferd sollte sich in jeder Gruppe problemlos reiten lassen. Bei jungen und schwierigen Pferden – und auch wenn man selbst zu den eher ängstlichen Reitern gehört – ist etwas Umsicht angesagt.

- Meiden Sie Gruppen, in denen »geheizt« wird. Viele Reiter finden Spaß daran, den Ausritt zum Galopprennen umzufunktionieren und plötzlich ohne Vorwarnung loszupreschen. Das ist die sicherste Methode, unkontrollierbare, zum Durchgehen neigende Pferde zu produzieren.
- Meiden Sie extrem furchtsame Begleiter. Schon deshalb, weil deren ständiges Anhalten, Absteigen und Führen bei den nichtigsten Anlässen Sie und Ihr Pferd nervös machen. Außerdem steckt Angst an, sowohl Pferde als auch Reiter. Besonders wenn Sie selbst eher ängstlich sind, wird sich Ihre Vorsicht in der entsprechenden Gruppe schnell zur Panik steigern.
- Bemühen Sie sich um eine Gruppe, in der zügiges, gleichmäßiges Tempo geritten wird. Dauernde Gangartenwechsel irritieren besonders junge und nervöse Pferde.
- Bemühen Sie sich um die Begleitung routinierter Reiter, die Verständnis für mögliche Probleme aufbringen. Mit denen können Sie dann Dinge wie Nebeneinanderreiten, Positionswechsel in der Gruppe usw. gezielt üben.

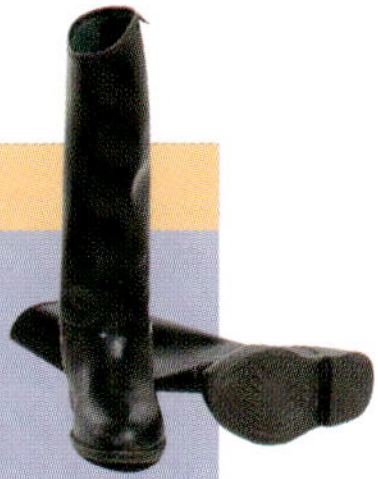

Reiter im Straßenverkehr

Auf der Straße gelten Reiter als »Fahrzeuge«. Für Gruppen gibt es spezielle Regeln, die unbedingt zu beachten sind.

- Gewöhnlich reitet man rechts und hintereinander. Nur bei größeren Gruppen dürfen je zwei Reiter nebeneinander reiten. Ist ein junges oder unsicheres Pferd dabei, so kann es sinnvoll sein, sich über diese Regel hinwegzusetzen und das scheue Tier mit dem anderen abzuschirmen. Auch in Gruppen geht grundsätzlich das jüngere und nervösere Pferd vom Verkehr abgewandt.
- Beim Reiten im Dunkeln sind Positionslampen Pflicht. Gruppen oder Einzelreiter sollen nach vorn mit einer weißen, nach hinten mit einer roten Lampe sichtbar gemacht werden. Es gibt dazu Stiefellampen, die in jede Satteltasche gehören. Zusätzliche reflektierende Sicherheitswesten und Bandagen fürs Pferd sind sinnvoll.
- Autofahrer sollten beim Überholen eines Pferdes einen Sicherheitsabstand einhalten. Leider tun sie das nicht immer. Der Trick, sie dazu zu zwingen: Gerte quer zur Straße halten. Das dünne Stöckchen ist für die Fahrer schwer zu taxieren. Sie halten also nicht nur Abstand, sondern verringern meist auch die Geschwindigkeit.

Am schönsten ist ein Ausritt gemeinsam mit Freunden

PROFI·TIPP

Dr. med. vet. Barbara Schöning

Reiten »ohne alles«

Reiten ohne Zaum und Zügel ist eine schöne Übung und immer wieder eine faszinierende Schaunummer. Man darf aber nicht vergessen, dass auch das besttrainierte Pferd ein Fluchttier bleibt und Panikreaktionen zeigen kann. Deshalb sollte jede Arbeit ohne Kopfstück nur auf sicher umzäunten Reitplätzen stattfinden.

Harmonie – gemeinsam sind wir stark

Reiten ohne Zaum und Zügel

Auf Schauveranstaltungen sieht man immer wieder Reiter, die ihr Pferd ohne Kopfstück, nur mit einem Drahtring oder einem Bändchen um den Hals in allen Gangarten reiten. Mitunter überwinden sie dabei sogar Hindernisse. Magie? Seltene, besondere Übereinstimmung zwischen Pferd und Reiter?

Natürlich nicht. Im Grunde kann jedes Pferd lernen, leichten Hilfen zu gehorchen. Das ist letztlich eine Frage der »Generalisierung«: Das Pferd erhält zunächst klare, unmissverständliche Hilfen und lernt, ihnen zu folgen. Später interpretiert es dann auch angedeutete Hilfen richtig. Bedingung dafür: Während des Lernens muss eine entspannte Atmosphäre herrschen – nur so kann Harmonie entstehen. Ein Pferd, das nur aus Angst gehorcht, spielt ohne Zaum und Zügel nicht mit.

Freiheitsdressuren sind schön anzuschauen, aber nur etwas für Profis

SICHERHEIT »So was würde ich mich nie trauen!«.– »Eigentlich ist das fahrlässig« – neben den bewundernden Äußerungen hört man auch solche Stimmen. Gerade hier hilft die Show ohne Zaum und Zügel jedoch Grundlegendes zu verstehen: Pferde sind ungemein kräftig. Wenn sie wirklich durchgehen wollen, sind sie auch an scharfen Zäumungen kaum zu halten. Letztlich beherrschen wir sie durch Schulung und gezielte Hilfengebung, nicht durch Kraft.

In Harmonie mit dem Partner Pferd

Wer Pferde wirklich verstehen und Harmonie mit seinem »Partner Pferd« will, sollte zunächst eines begreifen: Das Pferd ist kein Mensch, es verfolgt weder böse noch hehre Ziele. Wenn es uns bereitwillig an seinem Leben teilhaben lässt, so geschieht das nicht aus »Großmut«, sondern aus Neugierde und Interesse, die vom Menschen gezielt genutzt werden. Machen wir Zweibeiner dabei alles richtig, so nimmt das Pferd uns freudig mit in seine Welt. Es bringt uns die Natur näher, stellt uns seine Kraft und Energie bereitwillig zur Verfügung und gibt uns dabei das Gefühl, gern mit uns zusammen zu sein.

Pferd und Reiter werden niemals »gleich« sein. Wir können Verhaltens- und »Sprachbarrieren« nicht vollständig überwinden. Aber wollen wir das überhaupt? Wollen wir Unterschiede auf Biegen und Brechen ausgleichen oder können wir uns nicht gerade

an der Vielfalt freuen? Es wäre Zeit, das Pferd als Persönlichkeit zu akzeptieren, als Freund und Partner anzuerkennen, ohne jede Seelenregung ausloten oder gar teilen zu wollen. Freuen wir uns, wenn es zu uns kommt, aber lassen wir es auch gehen und sein »Privatleben« auf der Weide genießen. Wir können ein paar Worte seiner Sprache lernen, wie das Pferd auch etliche der unseren versteht. Im Wesentlichen sollten wir uns aber auf die gemeinsame Sprache »Reiten« konzentrieren. Hier laufen Mensch und Pferd nämlich zusammen zu voller Form auf. Der Verstand des Zweibeiners und die Kraft und Willigkeit des Vierbeiners haben eine einzigartige Partnerschaft ermöglicht. Gemeinsam sind wir stark, und mit jedem harmonischen Ritt, jeder genüsslichen Putzstunde wächst unser gegenseitiges Verständnis. Verstehen ist mehr als Sprache. Hören wir also auf zu reden und gehen wir reiten. Ich wünsche Ihnen und Ihrem Pferd viel Spaß dabei!

Serviceteil

NÜTZLICHE ADRESSEN

TTEAM Deutschland
Bibi Degn
Hassel 4
D – 57589 Pracht
Tel. +49-(0)2682-8886
Fax +49-(0)2682-6683
gilde@tteam.de
www.tteam.de

TTeam Österreich
Martin Lasser
Spitalgasse 7
A – 2540 Vöslau / Gainfarn
Tel.: 0043-(0)664 – 12 50 252
e-Mail: tteam.office@aon.at
www.tteamoffice.at

TTeam Schweiz
TTeam,- Gilde für die Schweiz
c/o Christine Wittwer
Kornberg
CH – 3504 Oberhünigen
e-Mail: Gilde@tteam-ttouch.ch
www.tteam-ttouch.ch

Polarity Verband Deutschland
www.polarity-verband.de

Polarity Verband Österreich
www.polarity-austria.at

Polarity Verband Schweiz
www.polarityverband.ch

T.T.E.A.M.® News International – der sehr empfehlenswerte Newsletter mit Linda Tellington-Jones und vielen aktuellen Informationen und Artikeln zu TTouch und TTeam erscheint 4x im Jahr auf Deutsch und kann über www.tteam.de bestellt und abonniert werden.

Zu Seminaren, Lehrgängen und Prüfungen rund ums Pferd besuchen Sie die Homepage der Kölner Pferde-Akademie:
www.koelnerpferdeakademie.de

ZUM WEITERLESEN

BINDER, SIBYLLE LUISE: **Populäre Irrtümer.** Kurioses und Informatives, worüber selbst eingefleischte Reiter staunen werden. Kosmos Verlag, Stuttgart 2005.

DRESEL, BIRGIT UND CHRISTIANE GOHL: **Das schwierige Pferd.** Was tun, wenn ein Pferd sich nicht führen oder anbinden lässt, nach dem Menschen schlägt oder nach ihm beißt, beim Reiten durchgeht, steigt oder bockt? Das Buch gibt Hilfestellungen beim Lösen von Problemen mit Pferden. Kosmos Verlag, Stuttgart 1995/2002.

LIND, CAROLA UND MÜLLER, KARIN: **Der sechste Sinn.** Zwiesprache mit Pferden. Wer mit seinem Pferd eine telepathische Verbindung aufbauen möchte, erfährt hier Erstaunliches: Wie die Tierdolmetscherin Carola Lind mit Pferden kommuniziert, deren Bedürfnisse und Vorlieben entdeckt, Krankheiten auf die Spur kommt und zwischen Mensch und Tier vermittelt. Kosmos Verlag, Stuttgart 2001.

LIND, CAROLA UND MÜLLER, KARIN: **Gespräche mit Pferden.** Erstaunliche Erfahrungen mit dem sechsten Sinn. Zu lesen sind Tierprotokolle, die unter die Haut gehen und ergreifende Erfahrungsberichte von Pferdebesitzern, die endlich ein tiefes Verständnis ihres Tieres erlangen. Kosmos Verlag, Stuttgart 2004.

SCHÖNING, BARBARA DR.: **Das Kosmos Erziehungsprogramm Pferde.** Das kleine Einmaleins des guten Benehmens für Pferde und wie Sie es auch mit Ihrem Pferd spielerisch und mit Freude erreichen. Kosmos Verlag, Stuttgart 2004.

SCHWAIGER, SUSANNE E.: **Persönlichkeitstraining mit Pferden.** Das Praxisbuch. Mit Übungen und Spielen zu mehr Klarheit und Präsenz, Selbstbewusstsein und Durchsetzungsvermögen. Kosmos Verlag, Stuttgart 2001.

WELZ, HEINZ: **Entdecke den Horseman in dir.** Ein „Horseman" versteht, wie Pferde denken und fühlen – Kommunikation und Einfühlungsvermögen sind dazu der Schlüssel. In elf leicht nachvollziehbaren Lernschritten weist Ihnen der Autor den Weg zum wahren „Horsemanship". Kosmos Verlag, Stuttgart 2003.

BARTZ, DR. MED. VET. JÜRGEN: **Husten und Allergien bei Pferden.** Maßnahmen zu Vorbeugung und Heilung, Strategien zur Erkennung und Vermeidung von Allergien. Kosmos Verlag, Stuttgart 2004.

RASHID, MARK: **Denn Pferde lügen nicht.** Neue Wege zu einer vertrauten Mensch-Pferd-Beziehung. Nach der Methode Rashids schließen sich die Pferde dem Menschen freiwillig an, weil sie ihm vertrauen und sich in seiner Gegenwart wohl fühlen. Kosmos Verlag, Stuttgart 2000.

VANHALA, P./SEPPÄLA-VANHALA, S.: **Die Pferde aus Juhola.** Beschreibung eines Lebens mit Pferden, Tagebuch einer Pferdeherde. Der Traum von den eigenen Pferden „hinter dem Haus" wurde hier Wirklichkeit. Kosmos Verlag, Stuttgart 2004.

BILDNACHWEIS

Mit 128 Farbfotos von: J. Christen/Kosmos (S. 84, 99, 104 li., 104 re., 105 li., 105 re., 107), F. v. Döring, Hamburg (S. 89/90, 91, 96/97, 106), M. Dossenbach, CH – Siblingen (S. 31), E. Escher, Monheim (innere Umschlagklappe re.u.), K.-J. Guni, Böblingen (S. 12/13, 30, 102/103), I. Hohe, Lohndorf (innere Umschlagklappe re.o.), T. Höller, Kollmarsreute (innere Umschlagklappe li.u.), Krämer Pferdesport, Hockenheim (S. 85 o.), S. Küpper, Mühlheim an der Ruhr (S. 48 o.), G. Landau, Stuttgart (S. 9, 41, 44/45, 46, 47, 56/57, 60/61, 111), L. Lenz, Cochem (S. 4/5, 36, 72, 73), J. Rau, Mainz-Hechtsheim (S. 11, 40 u.), R. Roppelt/Kosmos (S. 97 o.), B. Schellhammer, Sigmaringen (S. 55), A. Schmelzer, Altrip (S. 3 o., 17, 50/51, 52/53), E. Schöpal, Düsseldorf (S. 28 u.), M. Schwöbel, Rehburg Loccum (S. 51), C. Salata/Kosmos (S. 10, 14/15, 62 o., 62 u., 63, 74 li., 74 re.,75 li., 75 re., 76, 77, 78, 81, 82, 83, 85 u., 88, 89 o., 92, 93, 94, 95, 113 li., 114/115, 115, 116, 117), C. Slawik, Würzburg (S. 4 u., 6/7, 16, 19, 21, 23, 24/25, 27, 32, 33 li., 33 re., 37, 43, 49, 54, 60 o., 64, 70/71, 100/101, 108, 113 re., 121, 122/123), H. Streitferdt, Böblingen (S. 8, 119), S. Stuewer, Darmstadt (S. 1, 3 /4, 4 o., 5, 18, 20, 22, 29, 30 o., 34/35, 38/39, 40 o., 42, 48 u., 57 u., 58, 59, 65, 66/67, 68/69, 69 o., 120) U. Tietje, Kirchlinteln (S. 109, 110 li., 110 re.), C. Toischel, Wiesbaden-Delkenheim (S. 25).

Die Graphik im Innenteil auf S. 80 erstellte R. Schale, Drochtersen-Hüll, alle anderen C. Koller, Schierhorn.

IMPRESSUM

Umschlaggestaltung von eStudio Calamar;
Titelfoto von Sabine Stuewer, Darmstadt. Foto auf dem Buchrücken von B. Schellhammer, Großstadelhofen.

Bibliografische Information der Deutschen Bibliothek
Die Deutsche Bibliothek verzeichnet diese Publikation in der Deutschen Nationalbibliografie; detaillierte bibliografische Daten sind im Internet über http://dnb.ddb.de abrufbar

Gedruckt auf chlorfrei gebleichtem Papier

ISBN 3-440-10228-9
Redaktion: Katja Pauls
Produktion: Kirsten Raue / Claudia Kupferer
Printed in Germany / Imprimé en Allemagne

Postfach 10 60 11
D-70049 Stuttgart
TELEFON +49 (0)711-2191-0
FAX +49 (0)711-2191-422
WEB www.kosmos.de
E-MAIL info@kosmos.de

REGISTER